Ἀπομνημονεύματα

Ἀπολογία Σωκράτους πρὸς τοὺς Δικαστάς

Ξενοφῶν

소크라테스 회상록
소크라테스의 변론

1판 1쇄 발행 2018년 11월 30일

지은이 | 크세노폰
옮긴이 | 오유석
발행인 | 신현부

발행처 | 부북스
주소 | 04601 서울시 중구 동호로17길 256—15 (신당동)
전화 | 02—2235—6041
팩스 | 02—2253—6042
이메일 | boobooks@naver.com

ISBN 979-11-86998-72-4

이 도서의 국립중앙도서관 출판예정도서목록(CIP)은 서지정보유통지원시스템 홈페이지
(http://seoji.nl.go.kr)와 국가자료공동목록시스템(http://www.nl.go.kr/kolisnet)에서 이용
하실 수 있습니다.(CIP제어번호: CIP2018036830)

부클래식

076

———

소크라테스 회상록
소크라테스의 변론

크세노폰

오유석 옮김

차례

소크라테스 회상록

1권

§1장

1. 나는 고소인들이 도대체 어떤 논증들로, 소크라테스가 폴리스(polis)[01]에 의해 사형당할 만하다고 아데나이 사람들을 설득했는지 종종 놀랐다. 왜냐하면 소크라테스에 대한 고소는 다음과 같은 것이었기 때문이다. "소크라테스는 폴리스가 신봉하는 신들을 믿지 않고 새로운 신적 존재들(daimonia)을 도입함으로써 불의를 저지르고 있다. 또한 그는 젊은이들을 타락시킴으로써 불의를 저지르고 있다."

2. 그렇다면 먼저, 폴리스가 신봉하는 신들을 그가 믿지 않았다는 것을 입증하기 위해 고소인들은 도대체 어떤 증거를 제시했는가? 왜냐하면 우리는 소크라테스가 자주 자신의 집이나 폴리스의 공공 제단에서 공공연히 제사지내면서, 신탁을 하는 광경을 볼 수 있었기 때문이다. 물론 소크라테스가 "신적 존재

---

01 폴리스: 고대 희랍의 자체적인 군사력과 법을 갖춘 독립적인 정치 공동체로 도시보다는 국가에 가깝다.

가 나 자신에게 계시한다."고 말했다는 소문이 널리 회자된 것은 사실이다. 내가 보기에는 바로 이런 이유 때문에 그가 새로운 신적 존재들을 도입했다고 사람들이 비난한 듯하다.

3. 하지만 새점과 하늘의 음성, 우연의 조짐, 희생 제사에 문의하면서 신탁(神託: mantikē)[02]을 믿는 사람들이 새로운 신을 믿는 것이 아니듯, 소크라테스도 새로운 것을 도입하지 않았다. 왜냐하면 이들은 새들이나 우연히 만나는 자들이 점치는 사람들을 위해서 유익한 것을 안다고 여기는 것이 아니라, 신들이 이러한 전조들을 통해 유익한 것들을 계시하는 것이라고 여기기 때문이다. 소크라테스 또한 그렇게 생각했다.

4. 그렇지만 대부분의 사람들은 자신들이 새들에 의해 또는 우연히 만나는 자들에 의해 단념하거나 고무되거나 한다고 말하는 반면, 소크라테스는 자신이 평가하는 대로 말하곤 했다. 왜냐하면 그는 신적 존재가 자신에게 계시한다고 말했기 때문이다. 그는 신적 존재가 미리 알려준 바에 따라서, 많은 동료들에게 어떤 일들을 하라고 명했고, 다른 일들은 하지 말고 명하곤 했다. 그리고 그의 말에 순종하는 자들에게는 유익이, 그의 말에 순종치 않는 자들에게는 후회가 따랐다.

5. 그가 동료들에게 어리석은 자나 허풍쟁이로 보이지 않기를 원했음을 누가 인정하지 않겠는가? 하지만 만약에 소크라테스가 자신에게 드러난 것들이 마치 신에 의해 계시된 것이

---

02 신의 계시 혹은 예언.

라고 공공연히 말할 때, 실제로는 거짓말하고 있음이 명약관화했다면, 그는 어리석은 자이며 허풍쟁이라고 여겨졌을 것이다. 그러니까 만일 자신이 말하는 것이 진실이라고 확신하지 않았다면 그는 아무것도 예언하지 않았을 것이 분명하다. 이런 일들과 관련해서 누가 신 아닌 다른 사람의 말을 믿을 수 있겠는가? 그리고 신들을 믿으면서 누가 신들이 존재하지 않는다고 생각할 수 있겠는가?

6. 게다가 소크라테스는 절친한 벗들에게 다음과 같이 행하기도 했다. 가령 그는 필연적인 것들과 관련해서는 최선이라고 생각되는 방식으로 행하라고 조언하곤 했다. 그러나 그 귀결이 어떻게 될지 불분명한 것들에 관해서는 그런 일들을 행해야 할지 신탁에 문의하도록 했다.

7. 그리고 그는 가정과 폴리스를 훌륭히 경영하고자 하는 자들에게는 신탁이 필요하다고 말했다. 왜냐하면 목수나 대장장이, 농부나 사람들의 지도자, 이런 일들의 감독관, 산술가나 경영인 혹은 장군의 일 같은 것들은 사람의 판단에 의해 배우고 획득해야 하는 것이라고 생각했기 때문이다.

8. 하지만 그는 이런 일들 중에서 최고의 것은 신들이 자신들을 위해 숨겨 놓았다고 말했다. 그래서 이런 일들 중 어떤 것도 인간들에게는 분명하지 않다는 것이다. 가령 훌륭히 밭을 경작한 자에게는 누가 그 열매를 거둘지가 분명치 않고, 훌륭히 집을 건축한 자에게는 누가 그 집에 거주할지 분명치 않으며, 장수에게는 군 통솔이 자신에게 이득이 될지 분명치 않고,

정치가에게는 폴리스에 명령을 내리는 일이 자신에게 이득이 될지 분명치 않다. 또한 행복해지기 위해 아름다운 여인과 결혼한 자에게는 이 여인 때문에 비통해지지나 않을지 불분명하며, 폴리스의 유력자들을 혼인을 통해 친척으로 얻은 자에게 이들로 인해 폴리스에서 추방당하게 되지나 않을지 불분명한 법이다.

9. 소크라테스는 위와 같은 종류의 것들 중 그 무엇도 결코 신적인 것이 아니며 이런 일들이 모두 인간의 판단에 속하는 일이라고 여기는 자들이야말로 정신 나간 사람이라고 말했다. 한편 인간들이 배워서 분별하도록 허락해 준 것들까지 신들에게 신탁을 받는 자들—이를테면 "마차 몰 줄 아는 사람을 마차에 태우는 것이 나은가 아니면 마차 모는 법을 모르는 자를 마차에 태우는 것이 나은가?" 또는 "배 조종하는 법을 아는 자를 배에 태우는 것이 나은가 아니면 조종술을 모르는 자를 배에 태우는 것이 나은가?"[03]라고 [신들에게] 묻거나, 혹은 계산하고 측량하고 무게를 달아 봄으로써 알 수 있는 것들에 대해서 신탁을 받는 자들—도 정신 나간 사람들이라는 것이다. 소크라테스는 위와 같은 일에 대해서까지 신들에게 문의하는 자들은 불경한 일을 행하는 것이라고 생각했다. 또한 그는 말하기를, 신들이 배워서 행하라고 허락한 일들은 우리가 마땅히 배워야 하는 반면, 사람들에게 확실치 않은 것들은 신탁을 통해 신들로

---

03 크세노폰, 《퀴로스의 교육》 I vi 6 참고.

부터 배우도록 노력해야 한다고 했다. 왜냐하면 신들은 친애하는 자들에게 계시하기 때문이다.

10. 그뿐만 아니라 소크라테스는 항상 개방된 곳에 거했다. 즉 그는 아침 일찍 산책하러 그리고 체육관(gymnasion)에 갔고, 아고라가 꽉 찼을 무렵 거기 나타났으며, 하루의 나머지 시간에는 대부분의 사람들과 함께 있을 수 있는 곳에 늘 있었던 것이다. 대부분의 경우 소크라테스가 주로 말했으며, 듣기를 원하는 사람이라면 누구나 그의 말을 들을 수 있었다.

11. 하지만 도대체 어느 누구도 소크라테스가 신에 반하거나 불경스러운 일을 행하는 것을 보았거나 말하는 것을 들은 적이 없다. 왜냐하면 그는 만물의 본성에 관해서 다른 사람들 대부분처럼 탐구하면서―즉 소피스테스(sophistēs)[04]들이 '우주(kosmos)'라고 일컫는 것이 어떻게 생겼으며 각각의 천체가 어떤 필연성에 의해 생성되는지― 논의한 바 없으며, 오히려 그러한 일들에 애쓰는 자들이 바보임을 보여주었기 때문이다.

12. 우선 소크라테스는 그들 자신이 이미 인간과 관련된 일들에 관해서는 충분히 안다고 여겼기 때문에 이와 같은 일들[05]에 관해 애쓰게 된 것인지, 아니면 그들이 인간적인 일들은 내팽개친 채 신적인 일들을 탐구하면서 스스로 적절한 일을 행하고 있다고 생각하는지 살펴보았다.

---

04 sophistēs의 본래 의미는 "전문적 지식을 가진 자"이다.

05 즉 우주와 천체에 관련된 일들.

13. 그리고 소크라테스는 인간이 이와 같은 일들을 발견할 수 없다는 사실이 그들에게 명약관화하지 않아 놀라곤 했는데, 왜냐하면 이와 같은 일들에 관해 논의하는 데 대단하다고 자부하는 자들조차 서로 동일한 견해를 가지지 않을뿐더러, 서로에 대해 마치 미친 사람들 대하듯 대하기 때문이다.

14. 미친 사람들 중 어떤 이들은 무서운 것들에 대해서도 두려워하지 않는 반면, 다른 이들은 무섭지 않은 것들에 대해서도 공포를 느낀다. 또한 어떤 이들은 군중 앞에서도 어떤 것을 말하든 행하든 부끄럽다고 생각하지 않는 반면, 다른 이들은 사람들 앞에 나가면 안 된다고 생각한다. 또한 어떤 이들은 신전이나 제단 혹은 다른 신적인 일조차 경외하지 않는 반면, 다른 이들은 우연히 발견한 나뭇조각 그리고 짐승들, 심지어 돌까지도 섬긴다. 한편 만물의 본성에 괸혜 노심초사하는 자들 중 어떤 이들은 존재는 오직 하나뿐이라고 생각하는 반면, 다른 이들은 존재는 수적으로 무한하다고 여긴다. 그리고 어떤 이들은 만물이 항상 운동하고 있다고 생각하는 반면, 다른 이들은 도대체 아무것도 운동하지 않는다고 생각한다. 또한 어떤 이들은 만물이 생성되고 소멸한다고 여기는 반면, 다른 이들은 아무것도 생성되거나 소멸하지 않는다고 생각한다.

15. 한편 소크라테스는 그들에 관해 다음과 같은 내용에 대해서도 살펴보았다. 인간적인 것들을 배우는 자들은 자신들이 배우는 것을 자기 자신의 유익을 위해 그리고 그들이 원하는 다른 어떤 사람을 위해 행할 것이라고 여긴다. 그러면 이와 마

찬가지로 신적인 일들을 탐구하는 자들도 각각의 일들이 어떤 필연성에 의해 생겨나는지 깨달은 후에는, 자신들이 원하면 아무 때나 바람이나 비, 계절 그리고 이와 같은 종류의 필요한 것들을 이룰 것이라고 여기는가? 아니면 그들은 이런 일을 희망할 수 없으며 다만 이와 같은 일들 각각이 어떻게 생겨나는지 깨닫는 것만으로 족하다고 여기는가?

16. 이러한 일들로 소일하는 자들에 대해 소크라테스는 위와 같이 비판하곤 했다. 소크라테스 자신은 항상 인간적인 일들에 관해 논의하곤 했다. 그는 "경건이란 무엇인가?", "불경이란 무엇인가?", "아름다움이란 무엇인가?", "추함이란 무엇인가?", "정의란 무엇인가?", "불의란 무엇인가?", "절제란 무엇인가?", "광기란 무엇인가?", "용기란 무엇인가?", "비겁함이란 무엇인가?", "폴리스란 무엇인가?", "정치가란 무엇인가?", "사람들을 통솔함이란 무엇인가?", "사람들을 통솔하는 자란 무엇인가?" 그리고 다른 것들—그가 생각하기에, 이것들을 아는 자야말로 훌륭하고 좋은 자(kalos k'agathos)[06]인 반면, 이것들을 모르는 자는 마땅히 '노예 같은 자'라고 일컬어져야 한다—에 관해 탐구했다.

17. 소크라테스가 어떻게 생각했는지 명확하지 않은 것들과 관련해서, 배심원들이 그를 잘못 판결한 것은 놀랍지 않다.

---

06 kalos는 "훌륭한" 또는 "아름다운"으로 번역 가능하며, agathos는 "선한" 또는 "좋은"으로 번역 가능하다.

하지만 모든 사람들이 알고 있던 것을 배심원들이 간과했다면 이것은 놀랍지 않겠는가?

18. 가령 일전에 소크라테스는 민회(dēmos)[07]에서 의회(boulē) 구성원이 되어 의장 자격으로, 의원 선서를 하고 법률에 근거해서 의정활동을 한 적이 있었다. 그때 민회는 법적 규정에 반하여 단 한 번의 투표로 모두 아홉 명의 장군들—트라쉴로스와 에라시니데스 및 그들의 동료들—을 사형시키고자 했다. 하지만 민회가 소크라테스에 대해 화를 내고 많은 유력자들이 협박했음에도 불구하고, 그는 이 사안을 표결에 부치고자 하지 않았다. 소크라테스는 정의에 반해서 민회를 기쁘게 하는 것보다 그리고 협박하는 자들로부터 자신을 수호하는 것보다 자신의 맹세를 지키는 것을 더 중히 여겼던 것이다.

19. 사실 소크라테스도 신들이 사람들을 돌보아 준다고 믿었다. 하지만 그의 믿음은 다른 사람들이 생각하는 방식과는 상이했다. 왜냐하면 사람들은 신들이 어떤 것들은 아는 반면 다른 것들은 알지 못한다고 여기지만, 소크라테스는 신들이 모든 것을 안다고 생각했기 때문이다. 즉 우리가 말하는 내용과 행하는 바 그리고 은밀한 의도까지 신들은 안다는 것이다. 또한 신들은 모든 곳에 임재하며, 일체의 인간적인 일들에 관해 사람들에게 계시한다는 것이다.

20. 이렇게 볼 때, 나는 도대체 어떻게 아테나이 사람들

---

07 또는 ekklēsia.

이 "소크라테스가 신들에 대해 사려 깊게 처신하지 않는다(me sōphronein)[08]"는 말에 설득되었는지 의아하다. 왜냐하면 그는 단 한 번도 신들에 관해 불경한 것을 말하거나 행한 바 없으며, 오히려 그가 신들에 관해 말하거나 행한 바는 실제로 가장 경건할뿐더러, 그러하다고 생각될 만한 사람이 말하거나 행할 법한 것이었기 때문이다.

§2장

1. "소크라테스가 젊은이들을 타락시켰다"는 말에 누군가가 설득되었다는 사실 또한 내게 놀라운 일로 보인다. 먼저 내가 앞서 말한 바 외에도, 소크라테스는 성욕과 탐욕에 있어서 모든 사람들 중에 가장 자제력 있는 자(enkratestatos)였다. 다음으로 그는 추위나 더위 그리고 모든 고통을 가장 잘 인내하는 자였다. 더구나 그는 필요를 중용에 맞추도록 교육받았기 때문에, 아주 적은 것을 소유하면서도 아주 쉽게 만족할 수 있었다.

2. 그렇다면 소크라테스가 이런 사람인데, 어떻게 다른 이

---

08 크세노폰의 저술에서 sōphrosynē는 enkrateia("절제", "자제력")와 동의어로 사용되지만, hybris(자신의 분수를 넘어섬, 오만)의 반의어로 사용되기도 한다. 이렇게 볼 때, sōphrosynē는 "자기 분수를 깨달음", "사려 깊음"으로 해석 가능하며, sōphronein은 "자기 분수에 맞게 처신함", "사려 깊게 처신함"으로 해석 가능하다.

들을 불경한 자, 불법한 자, 탐욕스러운 자, 성욕을 자제하지 못하는 자, 또는 고통에 나약한 자로 만들 수 있었겠는가? 오히려 그는 사람들로 하여금 탁월함[덕]에 대한 욕망을 가지게끔 하고, 그들이 스스로를 돌본다면 훌륭하고 좋은 자가 될 것이라는 희망을 제공하여, 많은 사람들을 위와 같은 질병에서 치유해 주었다.

3. 그럼에도 불구하고 소크라테스는 결코 자신이 이와 같은 일의 스승이라고 공언하지 않았다. 오히려 그는 자신이 그와 같은 사람임을 보임으로써, 자신과 함께 시간을 보내는 사람들이 그를 흉내 냄으로써 자신과 같은 종류의 사람[09]이 될 수 있다는 희망을 갖게끔 했다.

4. 더욱이 소크라테스는 자신의 몸을 등한히 하지도 않았고 몸을 능한히 하는 자들을 칭찬하지도 않았다. 그는 과식한 후 과도하게 힘쓰는 일은 적절치 않다고 여겼지만, 영혼이 기꺼이 감당할 만큼 충분히 운동하는 것은 적절하다고 생각했다. 왜냐하면, 그가 말하기를, 이런 상태[10]는 충분히 건전한 것이며 영혼을 돌보는 데도 방해가 되지 않기 때문이다.

5. 게다가 그는 의복이나 신발 또는 다른 종류의 생활방식에 있어서 겉멋을 부리거나 건방 떨지 않았으며, 자신의 동료들로 하여금 돈을 사랑하는 자가 되도록 허용하지도 않았다.

---

09 즉 훌륭하고 좋은 자.

10 혹은 습관.

왜냐하면 그는 사람들에게서 다른 욕망들을 제거해 주었지만, 자신과 함께 있고자 열망하는 자들로부터 돈을 취하지 않았기 때문이다.

6. 그는 이런 일을 삼가는 것이 자유를 담보해 준다고 생각했다. 또한 그는 교제의 대가로 보수를 취하는 자들은 자신을 노예로 팔아넘기는 자라고 비난했다. 왜냐하면 이런 사람들은 돈을 주는 사람들과 필수적으로 대화해야 하기 때문이다.

7. 한편 소크라테스는, 탁월함이 가르칠 수 있다고 공언하는 자가 돈은 요구하면서도, 좋은 친구를 얻는 일이 최고의 이득이라고 생각하는 대신, 훌륭하고 좋게 된 자가 최대의 은혜를 끼친 은인에게 최대의 사례를 표하지 않을까봐 두려워하는 일은 놀라운 일이라고 여겼다.

8. 소크라테스는 도대체 누구에게도 이러한 일을 가르친다고 공언하지 않았다. 오히려 소크라테스는 자신의 동료 중에서 자신이 승인한 바를 받아들인 자들이야말로 자신에게 그리고 서로에게 전 생애에 걸쳐 좋은 친구가 될 것이라고 믿었다. 그렇다면 이런 사람이 어떻게 젊은이들을 타락시킬 수 있겠는가? 탁월함[덕]을 돌보는 것이 타락이 아니라면 말이다.

9. 하지만 고소인이 말했다. "제우스께 맹세코, 소크라테스는 어느 누구도 키잡이나 목수, 플루트 연주자 혹은 이와 유사한 다른 일─이런 일들이 잘못 행해졌을 때 폴리스에 실수가 저질러졌을 때보다 훨씬 적은 해를 끼치지만─을 하는 자를 추첨으로 선발하여 사용하지 않는데, 폴리스의 지도자들을 추첨

으로 선출하는 것은 바보 같은 일이라고 주장하면서, 자기 동료들에게 제정된 법률들을 무시하도록 가르쳤습니다." 고소인은 이러한 유형의 논증들이 젊은이들로 하여금 확립된 국가정치제도를 무시하도록 충동하고 그들을 폭력적으로 만들었다고 주장했다.

10. 하지만 내가 생각하기에, 현명함(phronēsis)을 연마하여 시민들에게 유익한 것들을 가르치는 데 능숙하게 될 것이라고 생각하는 사람들은 거의 폭력적으로 되지 않는다. 왜냐하면 적대감과 위험은 폭력과 결부되어 있는 반면, 설득을 통해서는 동일한 결과가 위험 없이, 우호적으로 발생한다는 것을 그들은 알기 때문이다. 왜냐하면 폭력을 당한 사람들은 마치 자신들이 무언가를 강탈당한 것처럼 미워하기 마련인 반면, 설득된 자들은 마치 은혜를 받은 것처럼 친밀감을 느끼기 때문이다. 따라서 폭력적인 행동은 현명함을 연마하는 자들에게 속하는 것이 아니며, [그러한 행위는] 올바른 판단 없이 힘을 가진 자들에게 속하는 것이다.

11. 그뿐만 아니라 폭력 사용을 감행하는 자는 적지 않은 협력자를 필요로 하는 반면, 설득할 수 있는 사람은 아무도 필요치 않다. 왜냐하면 그는 혼자서도 설득할 수 있다고 생각하기 때문이다. 이런 사람들이 살인하는 경우는 거의 없다. 도대체 어떤 사람이 살아 있는 추종자를 상대하는 것보다 누군가를 죽이는 것을 선호하겠는가?

12. 그럼에도 불구하고 고소인은 말했다. "소크라테스의 동

료 중에는 크리티아스와 알키비아데스가 있었는데, 이들은 폴리스에 최대의 악을 행한 바 있습니다. 왜냐하면 크리티아스는 과두정 시대의 모든 이들 중 가장 도둑놈 같고 폭력적이었으며 살인자 같았고, 알키비아데스 또한 민주정 시대의 모든 이들 중 가장 자제력 없고 오만했으며 폭력적이었기 때문입니다."

13. 만약에 저 두 사람이 폴리스에 어떤 해악을 끼쳤다고 한다면, 나는 그들의 소행에 대해 변명하지 않을 것이다. 하지만 나는 이들이 어떻게 소크라테스와 동료가 되었는지 설명할 것이다.

14. 왜냐하면 이들 두 사람은 본성상 모든 아테나이 사람들 중 가장 명예를 사랑하는 자들이었기 때문이다. 이들은 모든 일들이 자신을 통해 행해지기를 원했으며, 자신들이 모든 이들 중 가장 유명해지기를 원했다. 그런데 그들은 소크라테스가 가장 적은 돈을 가지고도 가장 자족하게 살며 모든 쾌락에 관해 가장 절제하며 산다는 것을 알았다. 또한 논증에 있어서 소크라테스는 자신과 대화하는 자들을 자신이 원하는 대로 다룰 수 있었는데, 그들은 이러한 사실도 알고 있었다.

15. 이들 둘은 위와 같은 내용을 알고 있었고, 내가 앞서 기술한 바와 같은 사람들이었다. 그렇다면 이들이 소크라테스의 [난순한] 생활을 열망했고 소크라테스가 소유했던 절제 (sōphrosynē)를 열망했기 때문에 소크라테스와의 교제를 갈망했다고 말할 수 있겠는가? 아니면 그들은 소크라테스와 교제할 경우에 말하거나 행위하는 데 가장 유능해질 것으로 생각해서

소크라테스와 가까워지려 했던 것인가?

16. 나 자신이 생각하건대, 만약 신이 그들 둘에게 전 생애를 소크라테스가 사는 것처럼[11] 살거나 아니면 죽는 것 중에서 선택하라고 하면, 그들은 차라리 죽는 것을 고를 것이다. 이는 그들이 행한 바로부터 명백히 드러난다. 왜냐하면 이 둘은 소크라테스의 다른 동료들보다 자신들이 더 낫다고 생각하자마자 곧바로 소크라테스로부터 떨어져나가서 정치활동을 감행했기 때문이다. 그들이 소크라테스를 열렬히 원했던 것도 이 때문이었다.

17. 물론 아마도 혹자는 다음과 같이 대답할 것이다. "소크라테스가 자신의 동료들에게 정치적인 일들에 앞서 절제(sōphrosynē)를 가르쳤어야 했다." 나도 그 점에 대해서는 반대하지 않는다. 하지만 내가 본 바에 따르면, 모든 스승들은 배우는 자들에게 자신들이 가르치는 바를 어떻게 행하는지 몸소 보여주고 말로 제자들을 설득한다.

18. 내가 알기에, [다른 스승들처럼] 소크라테스도 자신의 훌륭하고 좋음을 동료들에게 보여주었고 탁월함이나 그 밖의 인간적인 일들에 관해 가장 훌륭하게 대화를 나누었다. 저 사람들[12]도 소크라테스와 함께 지내는 동안에는 절제하는 자들[13]이었

---

11 직역하면 "소크라테스가 사는 것을 그들이 목격한 바와 같이"

12 크리티아스와 알키비아데스.

13 또는 사려깊은 자들.

는데, 그것은 소크라테스로부터 처벌받거나 매 맞는 것을 두려워했기 때문이 아니라, 그때에는 그렇게 행동하는 것이 가장 좋다고 생각했기 때문이다.

19. 아마도 지혜를 사랑한다고 주장하는 많은 이들[14]은 정의로운 자가 결코 불의하게 될 수 없고, 절제하는 자(sōphrōn)가 자기 분수를 넘어서는 자(hybristēs)가 될 수 없으며, 그 어떤 배움의 대상에 대해서도 이미 배운 자가 무지한 자가 될 수는 없다고 말할 것이다. 하지만 나는 이와 같은 일들에 관해 그렇게 생각하지 않는다. 왜냐하면 내가 본 바에 따르면, 몸을 훈련하지 않은 자들이 몸과 관련된 일을 행할 수 없는 것처럼, 영혼을 훈련하지 않은 자들은 영혼과 관련된 일을 할 수 없기 때문이다. 이들은 마땅히 행해야 하는 바를 행하지도 못하며 마땅히 삼가야 하는 바를 삼가지도 못하기 때문이다.

20. 바로 이런 이유 때문에 아버지들은 설령 아들들이 절제하는 사람일지라도 사악한 자들로부터 멀리 하도록 하는 것이다. 좋은 자들과의 교제는 탁월함의 훈련인 반면 사악한 자들과의 교제는 탁월함의 소멸이라고 여기기 때문이다. 시인들 중 어떤 이는 다음과 같이 말하면서 이러한 사실을 증언한다.

"낭신은 고귀한 자들로부터 고귀한 것들을 배울 것이다. 하지만 나

---

14 혹은 철학한다고 주장하는 사람들 가운데 다수.

쁜 자들과 엮이게 되면 당신이 소유한 정신조차 잃게 될 것이다."**15**

또 다음과 같이 말하는 시인도 있다.

"그렇지만 좋은 사람도 어떤 때는 악하고, 다른 때는 고귀하다."**16**

21. 나도 이와 같은 것에 대해 증언할 수 있다. 왜냐하면 내가 목격하건대, 연습하지 않는 사람들이 운율에 맞추어 지어진 시구를 망각하는 것처럼, 그와 마찬가지로 교육적인 언사들을 소홀히 하는 자들에게는 망각이 생겨나기 때문이다. 또한 어떤 이가 훈계하는 연설을 망각하면, 영혼으로 하여금 절제(sōphrosynē)를 열망하게 하는 경험**17** 또한 망각하게 된다. 이러한 것이 망각되면 절제 또한 망각되는 것도 놀랍지 않다.

22. 또한 내가 목격한 바에 따르면, 술의 사랑에 빠져든 자들과 연애에 몰두한 자들도 마땅히 해야 할 일을 돌보고 해서는 안 되는 일들을 피하는 데 무능해진다. 왜냐하면 사랑하기 전에는 금전을 아껴 쓸 수 있었던 많은 사람들조차 일단 사랑에 빠지면 더 이상 그런 능력을 상실하기 때문이다. 또한 그들

---

15 테오그니스(기원전 530년 경). 크세노폰, 《향연》 II 4와 플라톤, 《메논》 95d에서 소크라테스는 탁월함이 가르쳐질 수 있는가와 관련해서 이 구절을 인용한다.

16 이 구절은 플라톤, 《프로타고라스》 344d에서 덕 있는 사람이 악하게 될 수 있음을 확증하기 위한 근거로 인용되고 있다.

17 직역하면 "그것을 영혼이 느꼈을 때 절제를 열망하게 되는 것들".

이 가진 돈을 탕진한 이후에는, 과거에 부끄러운 일이라고 생각해서 기피했던 이득까지도 마다하지 않게 된다.

23. 그렇다면 과거에 절제했던 사람이 나중에 절제하지 않는 것이 어떻게 불가능하겠으며, 과거에 정의로운 일을 행할 수 있었던 자가 그렇게 할 수 없게 되는 것이 어떻게 불가능하겠는가? 내가 생각하기에, 훌륭하고 좋은 모든 것들은 훈련의 결과이며, 이에 못지않게 절제 또한 그러하다. 왜냐하면 동일한 몸속에 영혼과 더불어 쾌락들이 함께 심어져 있어서, 영혼으로 하여금 절제를 버리고 최대한 신속히 쾌락 자체와 육체를 기쁘게 하라고 설득하기 때문이다.

24. 크리티아스와 알키비아데스는 소크라테스와 함께 지내는 동안에 그를 동맹군으로 활용하여, 좋지 못한 욕망들을 제압할 수 있었다. 하지만 이들 둘이 소크라테스로부터 떠나자, 크리티아스는 테살리아로 도망가서 정의보다 무법을 받아들이는 자들과 함께 지내게 되었고,[18] 알키비아데스는 자신의 아름다운 외모 때문에 여러 저명한 여인들의 구애를 받았고, 자신의 폴리스와 동맹국들에서 누렸던 권력으로 인해 아부 잘하는 많은 사람들[19]에 의해 방자하게 되었다. 또한 알키비아데스

---

18 기원전 407년 크리티아스는 아테나이에서 추방되어 테살리아로 갔다 (Hellenica II 3.15, 3.36). 그는 404년에 아테나이가 라케다이몬 사람들에게 항복했을 때 다른 추방자들과 함께 되돌아왔다.

19 사본에 kolakeuein이 생략되어 있다고 보면, 이 구절은 "많은 유력 인물들"로도 번역 가능하다.

는 데모스로부터도 명예를 얻고 쉽사리 일인자가 되었기 때문에, 마치 운동경기 선수들이 쉽게 일인자가 되면 훈련을 게을리 하듯, 그도 자신을 돌보지 않고 방치하였다.

25. 이런 종류의 일들이 두 사람에게 닥쳤다. 그래서 그들은 자신의 출생에 대해 뻐기고, 재산에 대해 잘난 체하며, 능력에 대해 우쭐대고, 여러 사람들에 의해 방자하게 되었다. 이들은 이 모든 일들로 인해 타락했으며, 소크라테스에게서 떠난 지도 한참 되었다. 그렇다면 그들이 오만하게 되었다고 한들 뭐가 그리 놀랄 만한가?

26. 한편 그들 둘이 잘못을 저질렀다손 치더라도, 이를 근거로 고소인이 소크라테스를 비난해야 하는가? 오히려 그들이 젊어서 당연히 가장 지각없고 가장 무절제했을 때 소크라테스가 그들을 질제하는 자들로 만들었음을 고려한다면, 고소인이 생각하기에 소크라테스는 칭찬받아야 마땅하지 않은가?

27. 물론 다른 일들은 이런 식으로 판정되지 않는다. 왜냐하면 플루트 교사나 키타라 교사 혹은 다른 스승이 제자들을 유능하게 만들었는데 나중에 제자들이 다른 사람들에게 간 후 별 볼 일 없어 보인다면, 이런 이유 때문에 [최초의 스승이] 비난받겠는가? 또한 만약 자기 아이가 어떤 스승과 함께 지내는 동안에는 절제하다가[20] 나중에 다른 어떤 자와 교제해서 사악하게 된다면, 어떤 아버지가 이전 스승을 비난하겠는가? 오히려 아

---

20 혹은 "사려 깊게 행동하다가(sōphronē)".

이의 아버지는 자기 아이가 나중 스승과 함께 지내면서 더 형편없게 된 그 만큼, 처음의 스승을 더욱 칭송하지 않겠는가? 아버지들도 자식들과 함께 거하지만, 아이들이 잘못을 저질렀을 때 비난의 대상이 되지는 않는다. 적어도 그 아버지들 자신이 절제한다면 말이다.

28. 소크라테스에 대해서도 이와 마찬가지로 판단하는 것이 정당할 것이다. 만일 소크라테스 자신이 어떤 저열한 행동을 저질렀다면, 마땅히 그가 악한 자라고 여겨질 것이다. 하지만 만일 그 자신이 늘 절제하며 지냈다면,[21] 어떻게 그에게 있지도 않은 악행 때문에 소크라테스가 비난받는 것이 정당하겠는가?

29. 한편 소크라테스 자신이 어떤 악행도 저지르지 않았더라도, 저 사람들[22]이 저열한 행동을 저지르는 것을 보고 칭찬했다면, 그는 마땅히 비판받아야 할 것이다. 하지만 마치 육체적 욕망에 탐닉하는 자들이 그러하듯 크리티아스가 에우튀데모스를 사랑하여서 탈선시키려 하는 것을 소크라테스가 알았을 때, 소크라테스는 다음과 같이 말하면서 제지하려고 했다. "훌륭하고 좋은 사람이 사랑하는 자—이 사람에게 그는 아주 쓸모 있는 사람처럼 보이고자 합니다—에게 좋지 않은 것을, 마치 거지처럼 애걸하면서 달라고 요구하는 것은 자유인에 합당하지도 않을뿐더러 걸맞지도 않습니다."

---

21 혹은 "늘 사려 깊게 지냈다면(sōphronōn dietelei)".

22 크리티아스와 알키비아데스.

30. 그런데 크리티아스가 이러한 권고에 귀 기울이지도 않고 단념하지도 않자, 소크라테스는 에우튀데모스와 다른 많은 사람들이 있는 곳에서 다음과 같이 말했다고 한다. "크리티아스는 지금 돼지 같은 욕망을 가지고 있는 것 같습니다. 마치 돼지들이 돌에 비비듯이, 크리티아스가 에우튀데모스에게 비비기를 간절히 원하고 있으니 말입니다."

31. 이런 일 때문에 크리티아스도 소크라테스를 미워하게 되었다. 그래서 크리티아스가 30인들 중 한 명이 되어서 카리클레스와 함께 입법자가 되었을 때, 그는 소크라테스를 기억하고서 "대화의 기술을 가르치지 말 것"이라는 조항을 법률에 명문화했던 것이다. 이로써 크리티아스는 소크라테스를 모욕하는 한편, 공격할 방법이 없었음에도 불구하고 많은 사람들이 일반적으로 철학자들에 대해 제기하는 비판을 소크라테스에게 제기함으로써 많은 이들 앞에서 소크라테스를 비방했다. 나 자신은 소크라테스에게서 직접 그런 이야기를 들은 바도 없으며, 다른 어떤 사람이 그런 소리를 들었다고 전하는 것을 본 적도 없다.

32. 하지만 진실이 명백히 드러났다. 왜냐하면 30인정이 많은 시민들 특히 가장 뛰어난 사람들을 살해하고 많은 이들로 하여금 불의를 행하도록 촉구했을 때, 소크라테스는 언젠가 다음과 같이 말했기 때문이다. "만약 어떤 사람이 소떼의 목동이 되어서 소들을 점점 줄어들게 하고 더 형편없어지게 하였는데도 자신이 나쁜 목동임을 고백하지 않는다면, 내가 생각하기

에, 그건 놀라운 일일 것입니다. 하지만 어떤 사람이 폴리스의 지도자가 되어서 시민들을 더 줄어들게 하고 더 형편없어지게 하였는데도 부끄러움을 느끼지 않고 자신을 나쁜 지도자라고 생각하지 않는다면 이것은 더욱 놀라운 일입니다."

33. 이런 이야기가 그들에게 전해졌을 때, 크리티아스와 카리클레스는 소크라테스를 소환해서 그에게 법률 조항을 보여주고 젊은이들과 대화하는 것을 금했다. 그러자 소크라테스는 그들에게 물었다. "만일 공포된 법률들에 관해 뭔가 모르는 게 있거든 질문해도 되겠습니까?" 이때 그들은 질문해도 된다고 답했다.

34. 그러자 소크라테스 말했다. "그러면 나는 법률에 따를 준비가 되어 있습니다. 하지만 혹시라도 내가 무지해서 법률을 위반하지 않도록, 당신들로부터 명확하게 배우고 싶군요. 당신들이 대화의 기술을 금한다고 명했을 때, 이 기술이 올바르게 말해진 것과 연관된다고 생각하시는 겁니까 아니면 올바르지 않게 말해진 것과 연관된다고 생각하시는 겁니까? 왜냐하면 만일 그 기술이 올바르게 말해진 것과 연관된다면, 명백히 저는 올바르게 말하면 안 되니까요. 반대로 그 기술이 올바르지 않게 말해진 것과 연관된다면, 저는 명백히 올바르게 말하도록 노력해야 합니다."

35. 그러자 카리클레스가 소크라테스에 대해 분노해서 답했다. "오! 소크라테스여! 당신이 무식하니까, 우리가 더 알기 쉽게 당신에게 다음과 같이 명령하겠소. 젊은이들과 아무런 대

화도 나누지 마시오."

그러자 소크라테스가 대답했다. "그러면 내가 명령된 바 이외의 다른 어떤 것을 행하는가에 대해 의심의 여지가 없도록, 당신들이 나에게, 사람이 몇 살까지 젊다고 생각해야 하는지 분명히 규정해 주십시오."

카리클레스가 말했다. "의회 구성원으로 허용되기 전까지죠, 이때까지는 아직 현명하지 않으니까요. 그러니 당신은 30세보다 어린 사람들과 대화하지 마시오!"

36. 소크라테스가 말했다. "가령 내가 뭔가를 사려고 하는데 서른 살에 못 미치는 사람이 판매한다면, 나는 그 사람에게 얼마에 물건을 팔지 물어보면 안 됩니까?"

카리클레스가 답했다. "그런 경우에는 물어봐도 됩니다. 하지만 오! 소크라테스여! 사실 당신은 대부분의 경우 그 답변이 어떠한지 이미 알면서도 습관적으로 질문을 던지는 경향이 있습니다. 이런 질문을 하지 말라는 겁니다."

소크라테스가 말했다. "그러면 만약 어떤 젊은이가 나에게 물었는데, 내가 그 답을 알고 있을 경우에도, 답변하지 말아야 합니까? 가령 '카리클레스가 어디 사나요?', '크리티아스가 어디에 있나요?' 같은 질문 말입니다."

카리클레스가 대답했다. "그런 경우에는 대답해도 됩니다."

37. 이때 크리티아스가 말했다. "하지만 오! 소크라테스여! 당신은 다음과 같은 사람들은 가까이 하면 안 됩니다. 즉 구두장이나 목수나 대장장이 말입니다. 왜냐하면 내가 생각하기에,

이 사람들은 이미 당신 입에 오르내리다가 만신창이가 되었기 때문입니다."

소크라테스가 말했다. "그렇다면 이에 따르는 주제들, 그러니까 정의나 경건함 그리고 그런 종류의 다른 주제들에 대해서도 논의하지 말라는 뜻인가요?"

카리클레스가 대답했다. "제우스께 맹세코, 그렇습니다. 게다가 당신은 목동들도 가까이 하면 안 됩니다. 그렇지 않을 경우, 당신이 소떼의 수를 줄이게 되지나 않을까 걱정됩니다."

38. 이로써 사실이 분명해졌다. 소떼에 관한 소크라테스의 말이 그들에게 전해졌기에 그들은 소크라테스에 대해 분노했던 것이다.

이로써 크리티아스가 소크라테스와 나누었던 교제가 어떠했으며 그들의 상호 관계가 어떠했는지에 관해 논의되었다.

39. 내 생각에는, 자기 마음에 들지 않는 사람으로부터는 어떤 교육도 받을 수 없다. 크리티아스와 알키비아데스는 소크라테스와 교제했던 시간 동안 그가 마음에 들어서 교제했던 것이 아니라, 오히려 애초부터 곧바로 폴리스를 다스리는 일에 착수했던 것이다. 왜냐하면 소크라테스와 함께 지내는 동안에도, 그들은 정치적인 일에 능숙한 자들 외에 다른 사람들과는 대화하려고 하지 않았기 때문이다.

40. 가령 알키비아데스는 스무 살이 되기도 전에, 자신의 후견인이자 폴리스의 수호자인 페리클레스와 법률에 관해 다음과 같은 대화를 나누었다고 전해진다.

41. 알키비아데스가 말했다. "오! 페리클레스여! 저에게 말해 주세요. 법률이 무엇인지 저에게 가르쳐 주실 수 있습니까?"

그러자 페리클레스가 말했다. "물론 당연히 가능하네."

알키비아데스가 이렇게 말했다고 한다. "그러면, 신들에게 맹세코, 저에게 가르쳐 주십시오. 왜냐하면 누군가가 법률을 준수하는 사람이라고 칭송되는 것을 제가 들을 때, 법률이 뭔지 알지 못하는 사람이 그런 칭찬을 받는 일은 정당하지 않다는 생각이 들기 때문입니다."

42. 그러자 페리클레스가 말했다고 한다. "오! 알키비아데스여! 자네는 전혀 어렵지 않은 일을 원하고 있군. 법률이 무엇인지 알고자 하니 말이네. 왜냐하면 다수가 모여서, 우리가 행해야 할 바와 행하면 안 되는 바를 동의하고 제정한 모든 것이 바로 법률이라네."

알키비아데스가 물었다. "그러면 군중은 선한 일을 행해야 한다고 생각합니까, 아니면 악한 일을 행해야 한다고 생각합니까?"

페리클레스가 답했다. "오! 소년이여! 제우스께 맹세코, 악한 일이 아니라, 선한 일이라네."

43. 알키비아데스가 물었다. "그렇다면 만일 과두정이 확립된 곳처럼, 군중이 아니라 소수의 사람들이 모여서 우리가 행해야 할 바를 제정한 것이라면, 그건 뭡니까?"

페리클레스가 이렇게 답했다고 한다. "우리가 무엇을 행해야 하는지, 폴리스를 다스리는 세력이 의사결정 과정을 거쳐 제정한 모든 것이 법률이라 일컬어진다네."

알키비아데스가 물었다. "그러면 참주(tyrannos)가 폴리스를 다스리면서 시민들을 위해 그들이 행해야 할 바를 제정한다면, 이것도 법률입니까?"

페리클레스가 이렇게 답했다고 한다. "참주가 다스리면서 제정하는 것 또한 법률이라 일컬어진다네."

44. 그러자 알키비아데스가 이렇게 말했다고 한다. "하지만 오! 페리클레스여! 그렇다면 폭력과 무법이란 무엇입니까? 더 강한 자가 약한 자를 설득하는 대신, 자신이 생각하는 바를 억지로 강요하는 것 아니겠습니까?"

그러자 페리클레스가 이렇게 답했다고 한다. "내가 보기에는 그렇다고 생각되네."

알키비아데스가 말했다. "그러면 참주가 시민들을 설득하지 않은 채, 제정하여 행하도록 강요하는 것은 무법입니까?"

그러자 페리클레스가 이렇게 답했다고 한다. "내 생각에는 그렇다네. 나는 참주가 설득 없이 제정하는 것이 법률이라는 견해를 취소하네."

45. 알키비아데스가 말했다. "그러면 소수의 사람들이 많은 사람들을 설득하지 않은 채 힘으로 제압해서 제정하는 것들은 폭력이라고 불러야 할까요, 아니면 그렇게 부르지 말아야 할까요?"

그러자 페리클레스가 말했다고 한다. "설득하지 않고서 누군가에게 행하도록 강제하는 것은 모두―기록해서 그렇게 하든 아니든 간에―법률이라기보다는 폭력이라고 생각하네."

알키비아데스가 말했다. "그러면 전 군중이 부를 소유한 자들을 설득하지 않고 힘으로 제압해서 제정하는 것 또한 법률이라기보다는 폭력이겠네요?"

46. 그러자 페리클레스가 답했다고 한다. "오! 알키비아데스여! 우리가 자네 나이일 때는, 그런 일들에 관해서 무시무시하게 유능했었네. 왜냐하면 그때 우리도 그러한 것을 연마했고, 자네가 지금 탐구하는 것 같은 정교한 논변을 제시했기 때문이네."

그러자 알키비아데스가 다음과 같이 말했다고 한다. "오! 페리클레스여! 당신이 이런 일들에 가장 무시무시하게 유능했을 그 당시에, 제가 당신과 함께 했더라면 얼마나 좋았을까요?"

47. 이런 이유로, 그들[23]은 스스로 정치 활동하는 자들 중 최고라고 여기게 되자마자, 더 이상 소크라테스에게 다가가지 않았다. 왜냐하면 그들은 달리 소크라테스에게 흥미를 느끼지 못했고, 소크라테스에게 다가가면 자신들이 저지른 허물로 인해 논박당하는 것이 언짢았기 때문이다. 그래서 그들은 폴리스의 일들에 종사했는데, 사실은 그들이 소크라테스에게 접근했던 것도 바로 이 때문이었다.

---

23 크리티아스와 알키비아데스.

48. 하지만 크리톤은 소크라테스의 동료였고, 카이레폰과 카이레크라테스, 헤르모게네스, 심미아스, 케베스, 파이돈다스 그리고 소크라테스와 함께 지낸 다른 이들도 그러했다. 이들이 소크라테스와 함께 지낸 까닭은 대중연설가나 법률가가 되기 위함이 아니라, 훌륭하고 좋은 자가 되어서 자신의 가정과 식솔들과 친척들, 친구들 그리고 폴리스와 시민들을 훌륭하게 대하기 위함이었다. 또한 이들 중 어느 한 사람도, 젊어서든 늙어서든, 아무런 악행을 저지르지 않았고 비난을 받지 않았다.

49. 그런데도 고소인이 말했다. "하지만 소크라테스는 동료들에게 동료들의 부친을 모독하도록 가르쳤습니다. 소크라테스 자신이 그들의 부친보다 그들을 더 현명하게 만들어 줄 것이라고 설득하는 한편, [아버지가] 제정신이 아님을 확신할 경우에는 자식이 아버지를 구속하는 일까지도 법적으로 허용되어야 한다고 주장하면서 말입니다. 더 무지한 사람은 더 현명한 자에 의해 구속되는 것이 합법적이라는 근거를 대면서 말이지요."

50. 그런데 소크라테스가 생각하기를, 만약 어떤 사람이 다른 사람을 무지하다는 이유로 구속할 수 있다면, 그도 자신이 알지 못하는 바를 아는 사람들에 의해 구속되어야 함이 마땅하다. 이런 이유 때문에 소크라테스는 때때로 무지가 광기와 어떻게 다른지 탐구하곤 했다. 그래서 그는 미친 자들은 구속되는 편이 자신들이나 친구들에게 더 유익한 반면, 마땅히 해야 할 바를 알지 못하는 자들은 아는 사람들로부터 배우는 것이

합당하다고 여겼다.

51. 하지만 고소인은 다시 말했다. "그렇지만 소크라테스는 '아픈 자들이나 법정에 선 자들에게 유익을 주는 것은 친척이 아니라, 전자에게 유익을 주는 것은 의사이고 후자에게 유익을 주는 것은 변론할 줄 아는 사람이다.'라고 말하면서, 자신의 동료들 앞에서 그들의 아버지들뿐만 아니라 다른 친척들까지도 망신당하도록 만들었습니다."

52. 고소인은 소크라테스가 친구들에 관해 "만약 친구들이 유익을 줄 수 없다면, 친구들의 선의는 무익하다."고 말했다고 하고, "존경받을 가치가 있는 유일한 사람들은 마땅히 해야 할 바를 아는 자들과 그것을 설명할 수 있는 자들이다."라고도 말했다고 한다. 이로써 소크라테스는 자신이 가장 현명할 뿐만 아니라 다른 이들을 현명하게 만들어 주는 데 가장 유능하다고 젊은이들에게 믿도록 설득해서, 자신의 동료들이 생각하기에 다른 사람들은 소크라테스에게 비하면 아무것도 아니라고 여기도록 만들었다는 것이다.

53. 물론 나는 소크라테스가 실제로 아버지와 다른 친척들 그리고 친구에 관해 위와 같이 말했다는 것을 알고 있다. 그뿐만 아니라 그가 말하기를, 영혼―현명함(phronēsis)이 생겨나는 유일한 곳―이 가장 가까운 친지의 몸에서 떠날 때, 사람들은 그 시체를 가능한 한 빨리 치워서 무덤에 매장해야 한다고 했다.

54. 그는 이렇게 말하곤 했다. "각 사람이 살아있는 동안에

도, 자기 몸—사람들이 모든 것 중에서 가장 사랑하는 것—에서 불필요하고 무익한 것을 스스로 제거하기도 하고 다른 사람으로 하여금 제거하도록 용인하기도 합니다." 가령 사람들은 자신의 손톱과 머리카락 그리고 굳은살을 스스로 제거하고, 아프고 고통스럽더라도 의사에게 맡겨서 자르거나 태우도록 허용하며, 이 때문에 의사에게 보수를 지불해야 한다고 생각하기까지 한다. 또한 사람들은 자신의 입에서 가능한 한 멀리 침을 뱉는다. 왜냐하면 침이 몸 안에 있는 것이 그들에게 이롭지 않으며 오히려 훨씬 더 해롭기 때문이다.

55. 이렇게 볼 때 소크라테스는 위와 같은 것들을 말하곤 했지만, 이것은 아버지가 멀쩡히 살아 계신데도 생매장하거나 자기 몸을 토막 내라고 가르치기 위함은 아니었다. 오히려 그는 현명하지 않은 것은 불명예스러운 것임을 입증함으로써, 최대한 현명하고 유익하게 되도록 집중할 것을 촉구했다. 그래서 만약 어떤 사람이 아버지와 형제와 다른 어떤 사람에게 존경받고자 한다면, 친밀하다는 점을 믿고 이들을 무시해서는 안 되며, 자신이 존경을 얻고자 하는 사람들에게 유익하게 되도록 노력해야 한다는 것이다.

56. 한편 고소인은 주장하기를, 소크라테스가 가장 저명한 시인들의 가장 사악한 구절들을 발췌해서 이것들을 증거로 활용함으로써, 동료들을 교사하여 악당들과 폭군들로 만들었다고 한다. 가령 헤시오도스의 구절을 예로 들면,

"어떤 일도 불명예가 아니며, 일하지 않음이 불명예이다."[24]

    고소인에 따르면, 소크라테스는 이 구절에서 시인이 "어떤 일—가령 불의하거나 수치스러운 일까지도—도 기피할 것 없으며, 이득을 위해서라면 그러한 일들까지도 행하라."고 명령했다고 말했다는 것이다.

    57. 그런데 소크라테스가 "사람에게 있어서 일하는 자가 된다는 것은 유익하며 좋은 일인 반면, 일하지 않는 것은 해롭고 나쁘다."는 것과 "일하는 것은 좋고 일하지 않는 것은 나쁘다."는 것에 동의한 것은 사실이지만, 여기서 "일함" 또는 "일하는 자"는 무언가 좋은 일을 행하는 자를 가리키는 것이었다. 반면 소크라테스는 주사위놀이를 하거나 그 밖의 사악하고 유해한 일을 행하는 자들은 "일하지 않는 자"라고 불렀다. 이렇게 볼 때, "어떤 일도 불명예가 아니라, 일하지 않음이 불명예이다."라는 구절은 옳을 것이다.

    58. 한편 고소인이 말하기를, 소크라테스가 종종 오뒷세우스에 관한 호메로스의 구절을 인용했다고 한다.

"왕이나 뛰어난 사람을 발견했을 경우에, 그[25]는 옆에 서서 부드러운 말로 제지했다. '신과 같은 자여! 겁쟁이처럼 두려워하는 일은 당신

---

24   헤시오도스,《일과 나날들》309.

25   오뒷세우스.

에게 걸맞지 않소. 그러니 당신 자신도 앉으시고, 다른 사람들도 앉게 하시오.' 하지만 군중 가운데 외치는 사람을 발견했을 때, 그는 홀(笏)로 때려 몰아내면서 다음과 같은 말로 질책했다. '신과 같은 자여! 가만히 앉아서 당신보다 용감한 다른 사람들의 이야기를 들으시오. 당신은 전쟁에 적합하지도 않고 나약한 자요. 더구나 전쟁터에서나 의사결정에서 당신은 고려대상이 되지도 못하오.'"**26**

고소인에 따르면, 소크라테스는 위의 구절을 해석하기를, 여기서 시인이 군중들과 가난한 사람들을 때리는 일을 칭송했다는 것이다.

59. 하지만 소크라테스는 그런 말을 하고자 한 게 아니다. 왜냐하면 그럴 경우 소크라테스는 자기 자신이 매를 맞아야 한다고 생각했을 것이기 때문이다. 오히려 소크라테스가 말하기를, 말이나 행동으로 유익을 주지 못하는 자들, 즉 군대나 폴리스 또는 민회(dēmos) 자체에 뭔가 도움이 필요한데도 도움을 줄수 없는 자들은, 설령 아무리 부유한 자들이라 하더라도, 무슨수를 써서든 막아야 한다는 것이다. 더구나 그들이 [무능할뿐더러] 대담하기까지 하다면 특히 그렇다.

60. 하지만 소크라테스는 명백히 이와 같은 것들과는 정반대였다. 즉 그는 민중적이었으며 사람을 사랑했던 것이다. 왜냐하면 동료 시민이든 외국인이든 그와 교제하기를 바라는 사

---

26 호메로스,《일리아스》II 188—91, 198—202.

람이 많이 있었음에도 불구하고, 소크라테스는 교제의 대가를 한 푼도 받지 않았으며, 오히려 자신의 소유를 아낌없이 모든 이들에게 제공했기 때문이다. 심지어 그들 중 어떤 이들은 소크라테스로부터 공짜로 소량의 선물을 받은 후, 이를 다시 다른 이들에게 비싼 값에 팔아넘기면서도, 소크라테스처럼 민중적이지 않았다. 왜냐하면 이들은 지불할 돈을 소유하지 않은 사람들과는 대화를 나누려 하지 않았기 때문이다.

61. 하지만 소크라테스는 리카스가 라케다이몬 사람들의 폴리스에 제공한 영예(榮譽)—이로써 리카스는 명성을 얻게 되었다—보다 훨씬 큰 영예를 다른 이들의 면전에서 자신의 폴리스에 제공했다. 왜냐하면 리카스는 귐노파이디아 축제[27] 기간에 라케다이몬에 체류하는 외국인들에게 식사를 대접하곤 했지만, 소크라테스는 전 생애에 걸쳐 자신의 재산을 소비하면서 원하는 사람 모두에게 최대의 유익을 주었기 때문이다. 그는 자신과 교제한 동료들을 항상 전보다 더 훌륭한 사람으로 만들어서 내보냈던 것이다.

62. 내가 생각하기에, 소크라테스는 이런 사람이기 때문에, 죽어 마땅한 사람이 아니라 폴리스에서 명예를 얻을 자격이 있는 사람이었다. 또한 법률에 의거해서 고찰해 보아도 이런 점을 발견할 수 있다. 그 이유는 다음과 같다. 법률에 따르면, 만

---

27 에우세비오스에 따르면, 이 축제는 여름에 거행되었으며, 튀레아 점령을 위해 아르고스 인들과 싸우다가 전사한 스파르타 용사들을 기리기 위해 아폴론 신상 주위에서 청년들이 무용하는 축제였다.

일 어떤 사람이 명백히 도둑질하거나 옷을 훔치거나 지갑을 소매치기하거나 담장 밑을 파서 주거침입을 하거나 인신매매하거나 아니면 신전을 약탈했을 경우 그 처벌은 사형에 해당한다. 하지만 소크라테스는 모든 사람들 중에서 이와 같은 범죄들로부터 가장 거리가 먼 자였다.

63. 더구나 소크라테스는 불행한 결과로 끝난 전쟁의 원인 혹은 분쟁이나 배신의 원인 혹은 폴리스에 다른 어떤 나쁜 일의 원인이 된 적이 없다. 또한 사생활에 있어서도, 그는 그 누구에게서 좋은 것들을 빼앗은 적이 없으며, 누군가를 나쁜 일에 걸려들게 한 적도 없다. 오히려 소크라테스는 지금 언급된 것들 중 어떤 것에 대해서도 비난받을 일이 없다.

64. 그렇다면 어떻게 그가 고소에 대해 유죄일 수 있겠는가? "국가의 신들을 믿지 않는다."는 혐의와는 반대로 명백히 그는 모든 사람 중에서 신들을 가장 잘 섬겼고, "젊은이들을 타락시킨다."는 혐의—고소인은 이런 이유로 그를 기소했지만—와는 반대로, 만약 그의 동료들 중 어떤 사람이 사악한 욕망을 가지고 있었다면 그는 명백하게 이를 저지했고, 가장 훌륭하고 굉장한 탁월함—폴리스뿐 아니라 가정도 잘 경영해 나갈 수 있는—을 갈망하도록 권면했는데 말이다. 소크라테스가 이런 일들을 행했다면, 오히려 폴리스로부터 큰 명예를 받을 만한 가치가 있지 않은가?

1. 내가 생각하기에, 소크라테스는 때로는 행동으로 자기 자신이 어떤 사람인지를 보여주었고, 때로는 대화를 나누면서 동료들을 유익하게 하였는데, 나는 내가 기억할 수 있는 만큼 이에 관해 기록할 것이다.

먼저 신들과 관련해서, 그의 행위와 말은 명백히 퓌티아 여사제[28]—사람들은 제사에 관해 어떻게 해야 하는지, 조상 모시는 일에 관해 어떻게 해야 하는지 또는 이와 같은 종류의 다른 질문들을 퓌티아에게 묻는다—가 질문하는 자들에게 답변하는 바와 일치했다. 왜냐하면 퓌티아는 "폴리스의 법률에 따라 행동하라. 바로 그것이 경건하게 행하는 것이다."라고 대답하기 때문이다. 소크라테스는 자기 스스로도 그렇게 행동했을 뿐더러 다른 사람들에게도 그렇게 행동하도록 권유했고, 이와 다르게 행동하는 자들은 주제넘은 자이며 함부로 행동하는 자들이라고 생각했다.

2. 한편 소크라테스는 신들에게 기도할 때 단순히 좋은 것들을 달라고 했다. 왜냐하면 신들은 어떤 것이 좋은 것인지에 관해 가장 훌륭한 앎을 가지기 때문이다. 또한 소크라테스는 금이나 은 또는 왕권 혹은 이와 같은 다른 것을 위해 기도하는 자들은 주사위 놀이나 전투 또는 그 귀결이 어떻게 될지 분명치 않

---

28 델포이에서 신탁을 내리는 아폴론의 여사제.

은 다른 것들을 위해 기도하는 자나 다를 바 없다고 생각했다.

3. 그는 얼마 되지 않는 자신의 소유물 가운데서 보잘것없는 제사를 드리면서도, 막대한 재산 가운데서 대단한 제사를 많이 지내는 자들보다 별반 부족할 것이 없다고 여겼다. 왜냐하면, 그가 말하기를, 만일 신들이 작은 제사보다 큰 제사를 더 기뻐한다면, 이것은 신들에게 훌륭한 일이 아닐 것이기 때문이다. 그럴 경우에는 종종 진실한 사람들이 드리는 제사보다 사악한 자들이 드리는 제사가 신들에게 더 기쁠 것이니 말이다. 그리고 진실한 자들이 드리는 것들보다 사악한 자들이 드리는 것들에 신들이 더 기뻐하면, 사람들에게 사는 일은 가치 없는 일이 될 것이다. 소크라테스가 생각하기를, 신들은 가장 경건한 자들이 드리는 명예를 가장 기뻐한다. 이런 이유로 소크라테스는 다음 시구를 칭송했다.

"자기 능력에 따라, 불멸하는 신들께 제사를 드려라."[29]

또한 소크라테스가 말하기를, 친구들과 외국인들에 대해 그리고 그 밖의 생활방식과 관련해서 권면할만한 원칙은 "자기 능력에 따라 행하라"라는 것이다.

4. 만약 그에게 신들로부터 어떤 계시가 주어졌다고 생각이 들면, 계시된 바에 반해서 행동하라고 설득하는 것보다, 길을

---

29 헤시오도스,《일과 나날들》336.

아는 눈 뜬 사람 대신 차라리 길도 모르는 장님을 길 안내자로 택하라고 소크라테스를 설득하는 편이 더 쉬웠을 것이다. 한편 그는 다른 사람들의 어리석음을 비난하였는데, 그 이유는 이들이 사람들 사이에서 불명예를 얻게 되지 않을까 두려워한 나머지 신들로부터 계시된 바와 반대되는 일을 행했기 때문이다. 이렇듯 소크라테스는 신들로부터 주어지는 조언과 비교해서, 모든 인간적인 것들을 하찮게 여겼던 것이다.

5. 그는 섭생법을 통해서 자기 영혼과 육체를 교육하곤 했는데, 만약 누군가가 소크라테스의 섭생법을 따른다면—어떤 신적인 개입이 없을 경우에—, 자신감 있고 안전하게 삶을 영위할 수 있으며, 그토록 적은 생활 경비로도 부족함 없이 지낼 수 있었다. 가령 소크라테스는 너무나 검소하여서, 아무리 적게 일하는 사람이라도 소크라테스의 필요를 만족시키는 것들을 충분히 얻을 정도였다. 왜냐하면 소크라테스는 음식에 있어서도 자신이 즐겁게 만끽할 만큼만 취했기 때문이다. 또한 그는 준비된 상태에서 음식에 임했기 때문에, 그에게는 음식에 대한 욕망이 곧 반찬이었다.[30] 그리고 그는 목마르지 않을 경우에는 마시지 않았기 때문에 그에게 모든 음료가 감미로웠다.

6. 초대받아 만찬에 가려고 할 경우에도, 그는 한도를 넘어 과식하는 것을 아주 손쉽게 경계했다. 이런 일은 대부분의 사람들에게 가장 수고스러운 일인데도 말이다. 또한 그렇게 할

---

30 《퀴로스의 교육》I. v. 12.

수 없는 사람들에게는 "배고프지 않은데도 먹도록 설득하는 것들과 마시고 싶지 않은데도 마시도록 설득하는 것들을 경계하세요."라고 충고했다. 왜냐하면, 그가 말하기를, 이러한 것들은 배 속을 망치고 머리를 망치며 영혼을 망치기 때문이다.

7. 한편 그는 농담 삼아 말했다. "키르케도 이런 음식들을 많이 대접함으로써 사람들을 돼지로 만들었다[31]고 생각됩니다. 그럼에도 불구하고 오뒷세우스가 돼지로 변하지 않은 까닭은 한편으로 헤르메스가 경고했기 때문이고, 다른 한편으로 오뒷세우스 자신이 절제해서 이런 것들에 한도를 넘어 손대는 일을 기피했기 때문입니다."

8. 이처럼 소크라테스는 위와 같은 주제에 관해 농담하면서도 동시에 심각하게 논의했다.

한편 소크라테스는 아름다운 자들과의 성적 쾌락을 온 힘을 다해 피하라고 권유했다. 왜냐하면, 그는 말하기를, 이렇게 아름다운 사람들과 접촉하게 되면 절제하기 어렵기 때문이다. 그래서 언젠가 크리톤의 아들 크리토불로스[32]가 알키비아데스의 아름다운 아들과 키스했다는 사실을 전해 들었을 때, 소크라테스는 크리토불로스의 면전에서 크세노폰에게 다음과 같이 물었다.

9. "나에게 말해 주시오. 오! 크세노폰이여! 당신은 크리토불

---

31 호메로스, 《오뒷세이아》 X 281 이하.

32 크리토불로스는 크리톤의 아들이었으며, 크세노폰의 대화편 《향연》, 《경영론》에서 소크라테스의 대화상대로 등장한다.

로스가 성급한 자라기보다는 절제하는 자이며 개념 없고 무모한 자라기보다는 선견지명 있는 자라고 생각하지 않았던가요?"

그러자 크세노폰이 답했다. "물론 그렇습니다."

소크라테스가 말했다. "그러면 이제 당신은 그가 조급하고 아무런 일이라도 저지를 수 있는 사람이라고 생각하세요. 심지어 이 사람은 칼 위에서 재주를 넘거나 불 속에 뛰어들 수도 있을 겁니다."

10. 그러자 크세노폰이 말했다. "도대체 그가 무엇을 하는 것을 보셨기에 그렇게 생각하시는 건가요?"

소크라테스가 대답했다. "이 사람이 대담하게 알키비아데스의 아들과 키스하지 않았겠습니까? 알키비아데스의 아들은 용모가 가장 출중하고 한창때인데 말입니다."

그러사 크세노폰이 말했다. "하지만 만약 당신이 말씀하시는 무모한 행동이라는 게 바로 그런 일이라면, 제 생각에는 저자신도 그런 위험을 무릅쓰고 싶네요."

11. 소크라테스가 말했다. "오! 가련한 자여! 당신은 아름다운 사람에게 키스하고서 무슨 일을 당할 거라고 생각하나요? 곧바로 자유인 대신 노예가 될 것이고, 유해한 쾌락 때문에 많은 재산을 탕진하게 될 것이며, 훌륭하고 좋음[33]에 주의 기울일 여가가 아주 부족하게 될 뿐 아니라, 미친 사람조차 신경 쓰지 않을 일에 열중하도록 강요되지 않겠습니까?"

---

33 또는 "[어떤] 훌륭하고 좋은 사람".

12. 그러자 크세노폰이 말했다. "오! 헤라클레스여! 당신은 키스하는 일에 그토록 무시무시한 힘이 있다고 말씀하시는군요."

소크라테스가 다시 말했다. "그것 가지고 놀라십니까? 당신은 독거미가 크기는 1오볼[34] 동전의 반에도 미치지 못하지만 그 입에 닿기만 해도 큰 고통을 주어 사람들을 괴롭히고 현명하게 판단할 능력을 상실하도록 만든다는 것을 알지 못하나요?"

그러자 크세노폰이 답했다. "제우스께 맹세컨대, 물론 압니다. 왜냐하면 독거미가 물 때 뭔가를 주입하기 때문입니다."

13. 소크라테스가 말했다. "오! 바보 같은 자여! 당신은, 단지 보지 못했다는 이유로, 아름다운 자들이 키스할 때 무언가를 주입한다고 생각하지 않으시나요? '아름답고 한창때인 자'라고 일컬어지는 이 짐승이 독거미보다 훨씬 더 무시무시하다는 사실을 당신은 알지 못하나요? 독거미는 입에 닿아야 무언가를 주입하지만, 아름다운 자는 직접 접촉하지 않더라도 누군가가 그 사람을 보기만 하면 아주 멀리서도 모종의 독을 주입해서 다른 사람을 미치게 하지요. 아마도 에로스가 활 쏘는 자라고 일컬어지는 까닭도 아름다운 자들이 아주 멀리서도 상처를 입히기 때문일 겁니다. 하지만 오! 크세노폰이여! 당신에게 충고해 드리겠습니다. 누군가가 아름다운 자를 볼 때마다 36계 줄행랑치세요. 그리고 오! 크리토불로스여! 당신에게 충고하

---

34 오볼은 아테나이에서 가장 낮은 단위의 작은 동전이었다.

건대, 1년간 귀양 다녀오세요. 아마 적어도 그 기간이 경과되어야 당신의 물린 상처가 간신히 회복될 테니까요."

14. 한편 소크라테스는 성적 쾌락과 관련해서 진실로 이렇게 생각했다. 즉 성적 쾌락에 굳건하지 않은 자들은, 육체가 몹시 갈급하지 않으면 마음이 받아들이지 않을 사람과 관계해야 하고, 육체가 갈급할 경우에는 문제를 야기하지 않을 사람과 관계해야 한다는 것이다. 소크라테스 자신은 이런 문제에 있어 충분히 준비된 사람임이 분명했다. 왜냐하면 그는 다른 사람들이 매우 추하고 한창때 아닌 자들을 기피하는 것보다도 더 쉽게 가장 아름답고 한창때인 사람들을 멀리했기 때문이다.

15. 먹고 마시는 일 그리고 성적 쾌락과 관련해서 소크라테스는 위와 같이 처신하는 자였다. 자기 자신은 이런 문제들에 상당히 애쓰는 사람들 못지않게 충분히 즐기고 그들보다 훨씬 덜 고통 받는다고 그는 생각했다.

§4장

1. 만약 소크라테스에 관하여 몇몇 사람들이 기록하고 말하는 바를 토대로, 어떤 사람들이 "그가 사람들을 탁월함으로 권면하는 데는 으뜸이었을지 모르지만, 그들을 탁월함으로 인도할 만한 충분한 능력은 없었다."고 생각한다면, 그런 사람들은 소크라테스가 모든 것을 안다고 생각하는 자들을 훈계할 목적

으로 그들에게 질문하고 논박한 것들뿐 아니라, 그가 자기 동료들과 소일하면서 말하곤 했던 것들을 한번 검토해 보도록 하라. 그리고 나서 소크라테스가 자신과 함께 있었던 자들을 더 훌륭한 사람들로 만들 만한 충분한 능력이 있었는지 따져 보라.

2. 나는 먼저 그가 '작은 사람'이라는 별명을 가진 아리스토데모스와 신적인 존재(daimonion)에 관해 대화한 내용을 내가 들은 대로 말해 보겠다. 아리스토데모스가 명백히 신들에게 제사나 기도를 드리지도 않고 신탁에 문의하지도 않으며, 오히려 이런 일들을 행하는 자들을 비웃는다는 사실을 소크라테스가 발견하고서 이렇게 말했다. "나에게 말해 보세요. 오! 아리스토데모스여! 당신은 누군가의 지혜 때문에 감탄해본 일이 있나요?"

아리스토데모스가 답했다. "그렇습니다."

3. 소크라테스가 말했다. "그들의 이름을 말해 주세요."

아리스토데모스가 답했다. "그러니까 제가 서사시에 관해서 가장 감탄하는 사람은 호메로스, 디튀람보스[35]에 관해서는 멜라니피데스, 비극에 있어서는 소포클레스, 조각에 있어서는 폴뤼클레이토스, 회화에 있어서는 제욱시스입니다."

4. 소크라테스가 다시 말했다. "그렇다면 당신께서는 지각도 움직임도 없는 모상들을 제작하는 자가 더 경탄할 만하다고

---

35 디오뉘소스를 기념하기 위해 생겨난 합창곡.

생각하시나요, 아니면 지각도 활동도 가능한 동물들을 만든 자가 더 경탄할 만하다고 생각하시나요?"

아리스토데모스가 답했다. "그거야, 제우스께 맹세코! 동물들을 제작한 자이지요. 어떤 운이 아니라 설계에 의해서 동물들이 생겨났다면 말입니다."

소크라테스가 다시 물었다. "당신이 판단하기에, 존재하는 목적이 불분명한 것들과 명백히 유익한 것들 중 어떤 것이 운에 의해서 생겨난 것이고, 어떤 것이 설계에 의해서 생겨난 겁니까?"

아리스토데모스가 답했다. "유익을 위해 생겨난 것들이 설계의 결과물이어야 할 것 같네요."

5. 그러자 소크라테스가 말했다. "그렇다면 당신은 태초에 인류를 만든 자가 인류의 유익을 위해 인류에게 각각의 감각기관들을 제공했다고 생각하지 않으십니까? 가령 시각대상들을 보도록 눈을 주고, 청각대상들을 듣도록 귀를 주면서 말입니다. 만약 코가 주어지지 않았다면 냄새가 우리에게 무슨 쓸모가 있겠습니까? 또한 단 것과 쓴 것 그리고 입을 통한 모든 즐거움에 대해 무슨 감각이 있겠습니까? 만약 이런 맛을 판단할 혀가 입 속에 들어있지 않다면 말입니다."

6. 소크라테스가 계속 말했다. "게다가 다음과 같은 것들 또한, 당신이 생각하기에, 사전 숙고의 결과와 유사하지 않습니까? 즉 눈이 약하기 때문에 눈꺼풀이 눈을 덮고 있어서, 눈을 사용해야 할 필요가 있을 경우에는 열리고 잠잘 때에는 닫히는

것입니다. 또한 그 안에 속눈썹이 마치 체처럼 심어져서 바람이 해를 끼치지 못하도록 합니다. 눈썹은 눈 위에 처마처럼 돌출해서 머리에서 흘러내리는 땀이 해를 끼치지 않도록 보호합니다. 귀는 모든 소리를 들으면서도 먹먹해지지 않습니다. 모든 동물에게 앞니는 음식물을 자르기 위해 있고, 어금니는 앞니를 통해 받아들여진 음식물을 잘게 부수기 위해 있습니다. 그리고 동물들이 원하는 음식물이 배 속으로 들어가는 통로인 입은 눈과 코 가까이에 자리 잡고 있지만, 거기서 나오는 것들이 구역질나는 것이므로 음식물이 지나가는 식도가 반대쪽으로 돌려 있어서 가능한 한 감각 기관들로부터 멀리 떨어져 놓여 있는 깃입니다. 이처럼 사전에 숙고한 후 만들어진 신체 기관들이 과연 운의 결과물이겠습니까 아니면 설계의 결과물이겠습니까?"

7. 그러자 아리스토데모스가 답했다. "제우스께 맹세코, 우연의 결과일 수 없습니다. 이런 식으로 검토해 보니, 정말로 위와 같은 것들이 동물을 사랑하는 어떤 현명한 조물주(dēmiourgos)의 작품인 듯하네요."

소크라테스가 말했다. "그렇다면 자식을 낳고자 하는 에로스[36]와 자식을 기르고자 하는 엄마의 에로스 그리고 자식들의 살고자 하는 극도의 갈망과 죽음에 대한 극도의 두려움은 어떠한가요?"

---

36 사랑 혹은 열망.

아리스토데모스가 답했다. "말할 필요도 없어요, 이런 것들도 동물이 존재하는 것을 의도한 어떤 이의 고안물인 듯하네요."

8. 소크라테스가 말했다. "그러면 당신은 자신이 어떤 현명함(phronimon)을 가진다고 생각하나요?"

아리스토데모스가 말했다. "한번 질문해 보세요. 그러면 제가 답변하겠습니다."

소크라테스가 다시 말했다. "당신은 현명함이 다른 곳에는 존재하지 않는다고 생각하나요? 당신은 세상에 존재하는 많은 흙 중에서 아주 소량의 몫을 당신 몸 안에 가지고 있고, 다량으로 존재하는 물 가운데 적은 양을 가지고 있고, 각각의 다른 주요 원소들 가운데 작은 몫을 얻어서 당신의 몸을 구성한다는 것을 알지 않습니까? 그렇다면 오직 정신(nous)만은 어디에도 존재하지 않는데, 당신이 그것을 운 좋게 붙잡았다고 생각하나요? 당신이 생각하시기에, 그토록 거대하고 수적으로도 무한한 것들이 아무런 현명함 없이 그렇게 질서 정연한 상태일 수 있을까요?"

9. 그러자 아리스토데모스가 답했다. "제우스께 맹세컨대, 그렇습니다. 왜냐하면 저는 그 주인들(kyrioi)을 볼 수 없으니까요. 이 세상에서 생겨나는 것들에는 제작자들(dēmiourgoi)이 있는데 말입니다."

소크라테스가 말했다. "그러면 당신은 자신의 영혼도 보지 못하시는군요. 영혼이야말로 몸의 주인인데 말입니다. 당신 말씀에 따르면, 당신은 어떤 일도 계획하지 않고 모든 일을 운에 따라 행한다고 말할 수도 있습니다."

10. 그러자 아리스토데모스가 말했다. "오! 소크라테스여! 저는 신적인 것을 경멸하지 않습니다. 다만 이런 것은 너무 장엄해서 저의 돌봄이 필요치 않다고 생각할 따름입니다."

소크라테스가 말했다. "그렇다면 당신을 돌볼 가치가 있다고 여겨지는 대상이 더욱 장엄해질수록, 그것은 그만큼 더 존경받아야 할 것입니다."

11. 아리스토데모스가 답했다. "잘 알아 두세요. 만약 신들이 사람들을 보살핀다고 생각하면, 저도 신들을 무시하지 않을 겁니다."

소크라테스가 말했다. "그러면 당신은 신들이 사람들을 보살핀다고 생각하지 않나요? 먼저 신들은 모든 동물 중, 오직 인간만을 직립 보행하도록 만들었습니다. 똑바로 서 있음으로 인해 인간은 앞을 더 멀리 볼 수 있고, 위에 있는 것들도 더 잘 관찰할 수 있고, 나쁜 일을 덜 겪습니다. 다음으로, 신들은 다른 기어 다니는 짐승들에게 발을 주기는 했으나 이들에게는 다만 이동하는 일을 허용했습니다. 반면 신들은 인간에게 손도 주었습니다. 이로써 우리는 다른 짐승들보다 우리를 더 행복하게 해주는 것들 대부분을 제작할 수 있습니다.

12. 더구나 다른 동물들은 혀를 가지고 있지만, 신들은 오직 인간의 혀만이 입 안 여기저기를 시시각각으로 접촉해서 분절음을 내게 하고, 원하는 바, 모든 것을 서로에게 나타내도록 했습니다. 성적 쾌락은 어떤가요? 신들은 다른 동물들에게는

성적인 즐거움들을 1년 중 한정된 기간에만 제한해서 허용한 반면, 우리에게는 노년에 이르기까지 계속 누리도록 이런 즐거움들을 제공해 준 것 아니겠습니까?

13. 또한 신은 인간의 몸만 돌보는 데 만족하지 않고, 인간에게 최상의 부분 즉 영혼을 심어 놓았습니다. 이것이 가장 위대한 일이지요. 왜냐하면, 첫 번째로, 다른 어떤 동물의 영혼이 가장 위대하고 가장 아름다운 것들을 질서지운 신들이 존재한다는 것을 인지하겠습니까? 또한 인간 이외에 다른 어떤 종족이 신들을 섬기겠습니까? 어떤 종류의 영혼이 인간 영혼보다 더 능숙하게 배고픔이나 목마름, 추위나 더위를 예방하거나, 질병 치료에 도움을 주거나, 근력을 단련하거나, 배움을 위해 애쓰거나, 듣고 보고 배우는 것들을 기억하겠습니까?

14. 다른 동물들과는 달리 인간은 신들처럼 삶을 영위한다는 사실이 당신에게는 자명하지 않습니까? 인간은 본성적으로 육체나 영혼에 있어서 동물들 중 최고이기 때문입니다. 왜냐하면 소의 몸에 사람의 판단을 가지고 있을 경우 의도하는 바를 행할 수 없을 것이고, 손은 가지고 있으나 현명함을 결여하고 있을 경우(aphrona)에도 더 나을 바 없을 것이기 때문입니다. 하지만 당신은 최고의 가치를 가진 것을 두 개나 얻었으면서도, 신들이 당신을 돌보지 않는다고 생각하나요? 도대체 당신은 신들이 무슨 일을 해 주어야 당신을 배려한다고 생각하겠습니까?"

15. 그러자 아리스토데모스가 답했다. "저에게 조언자—신

들이 당신에게 보내준다고 당신이 말하는 것처럼—를 보내주어서, 무엇을 행해야 하고 무엇을 행하지 말아야 하는지 가르쳐준다면, 믿겠습니다."

소크라테스가 대답했다. "당신이 생각하기에, 신들이 신탁을 문의한 아테나이 사람들에게 무언가를 계시할 때, 그들이 당신에게도 계시한다고 보이지 않나요? 아니면 신들이 헬라스 사람들에게, 혹은 모든 사람에게 놀라운 징조를 보내어 계시할 때, 당신에게는 계시하지 않는다고 생각하나요? 혹시 당신은 신들이 당신을 따로 떼어놓아 돌보지 않고 방치해 두었다고 생각하는 건가요?

16. 또는 당신은 신들이 능력도 없으면서, '신들은 능히 좋게 행할 수도 악하게 행할 수도 있다.'는 견해를 사람들에게 심어 놓았다고 생각하나요? 사람들이 이제껏 속았는데도 이를 파악하지 못했다는 건가요? 인간의 제도들 중 가장 오래되고 가장 현명한 것들—즉 폴리스들과 민족들—이 신들을 가장 경외하며, 가장 현명한 세대는 신들을 가장 잘 돌본다는 사실을 당신은 알지 못합니까?"

17. 소크라테스가 계속 말했다. "오! 좋은 자여! 당신 안에 존재하는 정신이 당신 몸을 의도하는 대로 조종한다는 것을 알아 두세요. 그렇다면 만물 안에 거하는 현명함(phronēsis)도 자기 좋을 대로 만물을 배열함이 분명하다고 생각해야 합니다. 또한 당신의 눈은 먼 거리까지 시야가 미칠 수 있는 반면 신의 눈은 동시에 모든 것을 볼 수 없다고 생각해서는 안 됩니다. 또 당신

의 영혼은 여기서 일어나는 일들 그리고 아이귑토스에서 일어나는 일들 그리고 시켈리아에서 일어나는 일들을 두루 배려할 수 있는 반면 신의 현명함은 모든 일을 동시에 돌보는 데 충분치 않다고 생각해서도 안 됩니다.

18. 당신은 사람들을 섬김으로써 섬김을 보답하려는 사람을 파악할 수 있고, 은혜를 베풂으로써 은혜를 되갚는 사람을 파악할 수 있으며, 조언해 줌으로써 현명한 사람들을 명확히 알 수 있습니다. 이와 마찬가지로, 신들을 섬김으로써 시험해 보세요. 그들이 사람들에게 불분명한 것들에 관해 조언하기를 원하는지 말입니다. 그러면 당신은 신적인 존재의 위대함과 본성이 그토록 대단해서 동시에 모든 것을 볼 수 있고 모든 것을 들을 수 있으며 모든 곳에 임재하고 동시에 모든 것을 돌볼 수 있다는 것을 알게 될 것입니다."

19. 내가 생각하기에, 소크라테스는 위와 같은 것들을 말하면서, 다른 사람들이 보고 있을 때뿐 아니라 혼자 있을 때에도 그의 동료들이 불경과 불의, 수치를 기피하도록 만든 듯하다. 왜냐하면 동료들은 자신들이 무슨 일을 하든 결코 신들의 눈길을 피할 수 없다고 여겼기 때문이다.

§5장

1. 만약 자제함(enkrateia) 또한 인간에게 훌륭하고 좋은 소유

물이라면, 소크라테스가 다음과 같은 것들을 말하면서 사람들을 자제함으로 이끌었는지 한번 검토해 보자.

소크라테스가 말했다. "오! 사람들이여! 만약 우리가 전쟁 중이어서 우리를 가장 잘 구하고 적들을 정복할 사람을 지도자로 선출하고자 한다면, 우리가 보기에 식욕이나 술, 성적 욕망이나 잠을 이기지 못하는 사람을 선출해야겠습니까? 어떻게 그런 사람이 우리를 구하고 적들을 제압할 것이라고 생각할 수 있겠습니까?

2. 또한 만약 우리가 생애의 마지막에 이르러서, 사내아이들을 교육시키거나 계집아이들의 순결을 지키게 하거나 재산을 지키는 일을 누군가에게 맡기고자 한다면, 이런 일들에 자제력 없는 자(akratēs)가 믿을 만한 자라고 생각해야 하겠습니까? 혹은 자제력 없는 노예에게 소떼나 금고 또는 일의 감독을 맡기겠습니까? 아니면 이처럼 자제력 없는 종이나 심부름꾼을 선물로 받으려고 하겠습니까?

3. 더구나 만약 우리가 자제력 없는 노예조차 받아들이지 않는다면, 우리 스스로도 이처럼 자제력 없는 자가 되지 않도록 주의하는 것이 의미 있는 일 아니겠습니까? 왜냐하면 탐욕스러운 자는 다른 사람들의 재산을 빼앗아서 부유해진다고 생각되지만, 자제력 없는 자는 남들에게 해를 입히면서 자신에게 유익을 주지도 못하기 때문입니다. 그는 다른 이들에게 해를 입히면서 자신에게는 더 큰 해를 입힙니다. 만약 가장 큰 해악이 단순히 자신의 집을 망치는 것이 아니라 자신의 육체와 영

혼을 망치는 것이라면 말이지요.

4. 어떤 사람이 친구들보다 음식과 포도주를 더 즐거워하고, 동료들보다 창녀들을 더 사랑한다면, 도대체 누가 그런 사람과 교제하면서 즐거움을 얻을 수 있겠습니까? 그렇다면 모든 사람은 자제함을 탁월함의 기초로 여기면서 우선 이것을 영혼 속에 구비해 놓아야 하지 않겠습니까?

5. 왜냐하면 자제함이 없다면, 도대체 누가 좋은 것을 배우거나 합당한 방식으로[37] 좋은 것을 연마하겠습니까? 또는 어떤 사람이 쾌락에 노예이면서 자신의 육체와 영혼에 수치스럽게 처신하지 않겠습니까? 내가 생각하기에, 헤라 여신께 맹세코, 자유로운 사람은 이처럼 자제력 없는 자를 노예로 얻지 않도록 기도해야 합니다. 또한 이와 같은 쾌락들에 노예가 된 자는 좋은 주인을 얻게 해 달라고 신들에게 애원해야 합니다. 왜냐하면 바로 이것이야말로 이 사람이 구원을 얻을 수 있는 유일한 길이기 때문입니다."

6. 소크라테스는 위와 같이 말했지만, 말보다는 행동으로써 자신이 훨씬 더 자제력 있는 자임을 보여주었다. 왜냐하면 그는 육체로 인한 쾌락뿐 아니라 재산으로 인한 쾌락까지도 자제했으며, "우연히 만난 자로부터 돈을 받는 사람은, 자신의 주인을 세워 그 무엇보다 수치스러운 종살이를 하는 것이다."라고 믿었기 때문이다.

---

37 axiologōs : 언급할 가치가 있게끔.

§6장

1. 소크라테스와 관련하여, 그가 소피스테스인 안티폰[38]과 나눈 대화내용을 빼놓지 않는 것 또한 가치 있는 일이다. 언젠가 안티폰은 소크라테스의 동료들을 빼 가려는 목적으로 소크라테스에게로 왔다. 그들이 함께 있을 때 안티폰은 다음과 같이 말했다.

2. "오! 소크라테스여! 나는 철학하는 사람들이 더 행복해져야 한다고 생각했습니다. 하지만 내가 보기에는, 당신이 철학에서 거둔 것은 이와 반대군요. 이를테면 당신은 어떤 노예도 주인한테 남아있지 않을 만큼 형편없는 삶을 살고 계시네요. 즉 당신은 가장 형편없는 음식과 음료를 먹고 마시며, 형편없는 겉옷(himation)을 걸칠 뿐 아니라, 여름이든 겨울이든 늘 동일한 옷을 입고 다닙니다. 더구나 당신은 신발도 속옷(chitōn)도 없이 지냅니다.

3. 게다가 당신은 돈을 받지도 않는데, 돈이란 그것을 소유하는 자들을 기쁘게 할 뿐 아니라 더 자유롭고 즐겁게 살도록 해 주는 것입니다. 따라서 다른 일의 스승들이 제자들에게 자신을 모방하도록 하는 것처럼, 만일 당신이 동료들에게 그렇게

---

38 현대의 학자들은 크세노폰이 언급한 소피스테스 안티폰이 투키디데스의 저술(8.68, 90—91)에 등장하는 안티폰(기원전 411년 경 과두제 혁명을 일으킨 인물)과 다른 인물이라고 생각한다. 그러나 고대의 저술가들은 두 인물을 동일시했다.

한다면, 당신은 자신이 불행의 스승이라고 생각헤야 합니다."

4. 그러자 소크라테스가 이에 답했다. "오! 안티폰이여! 내가 보기에, 당신은 내가 그토록 비참하게 사는 것을 감내하기에, 나처럼 사느니 차라리 죽는 것을 선택할 정도라고 생각하는군요. 그렇다면 나의 삶에서 뭐가 그리 힘들다고 생각하는 건지 지금 한번 검토해 보기로 하지요.

5. 돈을 받은 자들은 보수를 받은 일을 반드시 행해야 하는 반면, 나는 돈을 받지 않으므로 원치 않는 사람과 대화를 나눌 필요가 없겠지요? 아니면 내가 당신보다 건강에 덜 좋은 음식을 먹거나 기력을 덜 제공하는 음식을 먹는다는 이유로, 당신은 나의 생활방식을 폄하하나요? 혹은 내가 먹는 음식이 구하기 힘들고 비싸기 때문에, 나의 먹거리가 당신 음식보다 조달하기 더 힘들다는 건가요? 혹은 당신이 스스로 제공하는 음식이 내가 나 자신에게 제공하는 음식보다 더 감미롭다는 건가요? 가장 즐겁게 식사하는 사람은 반찬이 가장 덜 필요하고, 가장 즐겁게 마시는 사람은 현재 가지고 있지 않은 음료를 가장 덜 열망한다는 사실을 당신은 모르나요?

6. 외투와 관련해서 생각해 보면, 당신도 알듯이, 외투를 갈아입는 사람들은 추위와 더위 때문에 옷을 갈아입습니다. 또한 발이 아파서 걸음을 걷지 못하면 안 되기 때문에 우리는 신발을 신습니다. 그렇다면 당신은 혹시라도 내가 추워서 다른 어떤 사람보다도 더 실내에 머무르거나, 아니면 더워서 그늘을 차지하려고 다른 어떤 사람과 다투거나, 아니면 발에 고통이

있어서 원하는 곳에 걸어가지 못한 것을 한 번이라도 본 적이 있나요?

7. 천성적으로 몸이 약한 사람들이라도 운동을 하면, 천성적으로 아주 세지만 운동을 안 하는 사람들보다 운동하는 데 있어 더 강해지고 체력단련도 더 쉽게 참게 된다는 사실을 당신은 알지 못하나요? 그렇다면 내 몸에 닥치는 것들을 인내하려고 늘 연마하는 내가 연마하지 않는 당신보다 모든 것들을 더 쉽게 참으리라는 것을 당신은 알지 못하나요?

8. 내가 식욕이나 잠이나 탐욕에 노예가 되지 않는 것은 이들보다 더 즐거운 어떤 것들을 가지고 있기 때문이 이니라면 다른 어떤 이유 때문이라고 생각하나요? 이처럼 나에게 더 즐거운 것들은 그것이 활용될 때 기쁨을 줄 뿐 아니라, 그것이 항상 유익하다는 희망을 준다는 점에서도 기쁨을 줍니다. 더구나 당신도 아시다시피, 자신이 잘 살고 있다고 여기지 않는 사람들은 기쁨을 얻지 못하는 반면, 농사에서나 항해에서나 또는 자신이 종사하는 무슨 일에서든 스스로 잘 해나가고 있다고 여기는 사람들은 잘 살고 있다는 생각 때문에 기쁨을 얻는 것입니다.

9. 그렇다면 이 모든 것에서 오는 즐거움이, 자기 스스로 더 나은 사람이 되고 더 좋은 친구들을 갖는다고 생각하는 즐거움만큼 크다고 생각하나요? 나는 이렇게 생각하면서 지금껏 살아오고 있습니다. 한편 만약 친구들에게 혹은 폴리스에 유익을 주어야 한다면, 이들을 돌볼 만한 여가가 지금 나처럼 사는 사

람과 당신이 행복하다고 여기는 사람 중에서 어떤 사람에게 더 많이 있겠습니까? 값비싼 생활방식 없이 살 수 없는 사람과 현재 주어진 것에 만족하는 사람 중에서, 어떤 사람이 더 병영생활을 더 쉽게 해나가겠습니까? 구하기 매우 힘든 것들을 원하는 사람과 아주 쉽게 얻을 수 있는 것을 활용하면서도 충분하다고 여기는 사람 중, 어떤 사람이 포위공격에 더 빨리 항복하겠습니까?

10. 오! 안티폰이여! 당신은 행복이 고가의 사치품이라고 여기는 자와 유사해 보입니다. 하지만 나는 아무것도 원치 않는 것이 신적인 일이라고 생각합니다. 즉 가능한 한 적은 것을 원하는 것이 신적인 것에 가장 가깝다는 말입니다. 또한 신적인 것은 최상의 것이며, 신적인 것에 가장 가까운 것은 최상의 것에 가장 가깝습니다."

11. 한 번은 안티폰이 소크라테스와 대화하면서 다시 다음과 같이 말했다.

"오! 소크라테스여! 나는 당신이 정의로운 사람이라고 생각하지만, 결코 현명한 사람이라고 생각하지는 않습니다. 내가 생각하기에 당신 자신도 그것을 알고 계시는 듯하군요. 여하튼 당신은 다른 이와 함께 지내는 대가로 금전을 요구하지 않습니다. 하지만 만약 당신의 외투나 집이나 다른 어떤 소유물이 금전의 가치가 있다고 생각하신다면, 당신은 그것을 공짜로 다른 사람에게 주지 않을 뿐 아니라 그 가치보다 적은 돈을 받지도 않을 것입니다.

12. 물론 만일 당신이 누군가와 함께 지내는 일에 금전적 가치가 있다고 생각하신다면, 그 값보다 적은 돈을 요구하지 않을 것이 분명합니다. 이렇게 볼 때, 당신은 더 많은 것을 가지려는 욕심으로 남을 속이지 않는다는 점에서 정의로울 수 있지만, 당신이 아는 것은 아무런 가치도 없는 것이므로 당신은 현명하지 않습니다."

13. 그러자 소크라테스가 이에 답했다. "오! 안티폰이여! 우리가 생각하기로는, 꽃다운 청춘과 지혜(sophia)는 동일한 방식으로 훌륭하게 갈무리되기도 하고 추하게 갈무리되기도 합니다. 왜냐하면 혹자가 자신의 꽃다운 청춘을 원하는 자에게 금전을 대가로 판매할 경우, 사람들은 이런 사람을 창녀라고 부르는 반면, 만약 어떤 사람이 훌륭하고 좋은 연인을 알게 되어 그를 자신의 친구로 삼으면, 우리는 이 사람이 사려 깊게 처신하는 자(sōphrōn)라고 생각하기 때문입니다. 마찬가지로 우리는 자신의 지혜를 원하는 자에게 마치 창녀처럼 금전을 대가로 판매하는 자들을 소피스테스(sophistēs)라고 부릅니다. 한편 훌륭한 천성을 가진 자를 알게 되어, 그에게 자신이 가진 좋음을 가르쳐서 친구로 삼는 사람이야말로, 우리가 생각하기에, 훌륭하고 좋은 자에게 합당한 일들을 행하는 사람입니다.

14. 그러니까, 오! 안티폰이여! 마치 다른 어떤 사람이 좋은 말이나 개 또는 새 때문에 즐거워하는 것처럼, 나 자신은 좋은 친구들로 인해 더 기뻐합니다. 그리고 내가 무언가 좋은 것을 가지고 있다면 나는 그것을 친구들에게 가르치며, 그들을 다른

사람들—내가 생각하기에, 이 사람들로부터 내 친구들은 탁월함에 관해 어떤 유익함을 얻을 것입니다—에게 소개합니다. 또한 나는 과거의 현명한 사람들이 남긴 보고(寶庫)—그들은 이것을 책에 써서 남겼습니다—를 친구들과 함께 읽으면서 낱낱이 검토합니다. 그러다가 어떤 좋은 것을 발견하면 우리는 그것을 발췌합니다. 한편 우리는 서로에게 유익한 자가 된다면 그것이 대단한 이득이라고 생각합니다."

내가 이런 말을 들었을 때, 소크라테스 자신이 행복한 자이며, 듣는 이들을 훌륭하고 좋음으로 인도하고 있다는 생각이 들었다.

15. 언젠가 안티폰이 또 다시 소크라테스에게 다음과 같이 물었다. "어떻게 당신은 다른 사람들을 정치가로 만들 수 있다고 생각합니까? 설령 낭신이 정치술을 알고 있더라도, 당신 스스로 정치적인 일에 관여하지 않는데 말입니다."

그러자 소크라테스가 말했다. "오! 안티폰이여! 다음 어떤 경우에 내가 더 정치적인 일에 연루되는 겁니까? 나 혼자서 이런 일을 하는 경우입니까, 아니면 가능한 한 많은 사람들이 그런 일을 하는 데 유능하게 되도록 돌보는 경우입니까?"

§7장

1. 다음으로, 소크라테스가 동료들에게 허풍을 만류함으로

써 탁월함을 돌보도록 권면했는지 검토해 보자. 왜냐하면 그는 항상 "명예에 이르는 가장 훌륭한 길은 자신이 명예를 얻고자 하는 것을 잘하는 사람이 되는 것입니다."라고 말하곤 했기 때문이다. 그는 자신이 말하는 바가 진실임을 다음과 같은 방식으로 가르쳤다.

2. "이렇게 생각해 봅시다. 만약 어떤 사람이 좋은 플루트 연주자는 아니지만 좋은 플루트 연주자로 명예를 얻고 싶다면 무엇을 해야 할까요? 그가 기술의 외적인 측면에서 좋은 플루트 연주자들을 흉내 내지 말아야 할까요? 우선 플루트 연주자들은 훌륭한 장비를 소유하고 있고 주위에 많은 수행인들을 거느리고 있으므로, 흉내쟁이 또한 그렇게 해야 합니다. 다음으로 많은 사람들이 훌륭한 플루트 연주자들을 칭송하므로, 흉내쟁이 또한 자신을 칭찬할 많은 박수부대를 구비해야 합니다. 하지만 흉내쟁이는 어느 곳에서도 연주를 맡으면 안 됩니다. 그렇지 않을 경우, 곧바로 자신이 형편없는 플루트 연주자일 뿐 아니라 허풍쟁이임이 탄로 나서 웃음거리가 되고 말 것입니다. 이렇듯 허풍쟁이는 많은 경비를 낭비하고서도 아무런 유익도 얻지 못했고, 그뿐만 아니라 오명을 얻게 되었는데, 어떻게 그가 고통스럽고 무익하며 우스꽝스러운 삶을 살지 않겠습니까?

3. 이와 마찬가지로, 어떤 사람이 좋은 장군이나 조타수가 아니면서 그렇게 보이기를 원한다면, 그에게 무슨 일이 벌어질지 생각해 봅시다. 만약 이런 일들을 하는 데 능숙하게 보이기

를 열망하면서도 남들을 설득할 수 없다면, 이것이야말로 고통스러운 일이 아니겠습니까? 하지만 만약 그가 자신의 능숙함을 다른 사람들에게 설득하게 된다면, 이것은 더 불쌍한 일이 아닐까요? 왜냐하면 배 조종법이나 군대 통솔법을 모르는 사람이 일을 맡게 될 경우, 이 사람은 자신이 파멸시키기를 원치 않은 사람들을 파멸시키게 될 것이고, 스스로도 수치스럽고 불행하게 자신의 직책에서 떠나게 될 것이니 말입니다."

4. 이와 마찬가지로 소크라테스는 실제로 부유하거나 용감하거나 강하지 않으면서 그렇게 보이는 것 또한 이롭지 않다는 것을 분명히 보여주었다. 왜냐하면 소크라테스에 따르면, 이런 사람들은 능숙하다고 생각되어서 자기 능력 이상의 임무를 부여받으나, 그 임무를 완수할 수 없으므로 동정을 얻지 못하기 때문이다.

5. 어떤 사람이 누군가를 설득해서 그로부터 금전이나 물품을 빼앗아 갈취했을 때, 소크라테스는 이런 사람을 작지 않은 사기꾼이라고 불렀다. 하지만 어떤 사람이 아무 가치도 없으면서 다른 사람들을 속여서 자신이 폴리스를 지도할 만한 능력이 있는 것처럼 설득한다면, 이 사람은 가장 큰 사기꾼이라는 것이다.

내가 생각하기에, 소크라테스는 이와 같은 대화를 나누면서 동료들로 하여금 허풍을 멀리 하도록 했다.

2권

§1장

1. 내가 생각하기에, 소크라테스는 다음과 같은 내용들을 말함으로써, 동료들로 하여금 먹을 것과 마실 것에 대한 욕망, 그리고 색욕과 잠, 추위, 더위, 노고와 관련한 욕망의 자제를 훈련하도록 권면하였다. 그의 동료들 중 어떤 이가 이와 같은 것들에 관해 무절제함을 알고서, 소크라테스는 다음과 같이 말했다.

"오! 아리스티포스[39]여! 나에게 말해 보시오. 당신이 두 명의 젊은이를 얻어다가 교육해야 한다고 합시다. 이들 중 한 사람은 다스리는 일에 유능한 사람이 되도록 교육해야 하고, 다른 사람은 다스리는 일에 나서지 않을 사람이 되도록 교육해야 한다면, 이들 각각을 어떻게 교육하겠습니까? 당신이 원한다면, 기본적인 문제인 음식 문제부터 검토해 봅시다."

---

39 퀴레나이 학파의 창시자. 그는 현재 존재하는 것만이 실재라고 주장했으며, 순간적, 육체적 쾌락을 추구했다.

그러자 아리스티포스가 대답했다. "제가 생각하기에도 음식이 우선인 듯합니다. 왜냐하면 그 누구라도 먹지 않으면 살수 없을 테니까요."

2. 소크라테스가 말했다. "그렇다면 적절한 때가 왔을 때 음식을 섭취하려는 욕망은 아마도 두 젊은이 모두에게 생겨나겠지요?"

아리스티포스가 말했다. "그렇지요."

소크라테스가 말했다. "그렇다면 배를 만족시키는 일보다더 시급한 일을 선택하는 것은 두 사람 중 누구에게 숙달시켜야겠습니까?"

아리스티포스가 대답했다. "그거야, 제우스께 맹세코, 다스리도록 교육받는 자입니다. 그렇게 해야 그가 다스리는 동안폴리스의 주요 현안이 실행되지 않고 방치되지 않겠죠."

소크라테스가 말했다. "그렇다면 마시고 싶을 때 목마름을참는 능력 또한 동일한 사람에게 부가해야겠지요?"

아리스티포스가 말했다. "물론 그렇습니다."

3. 소크라테스가 말했다. "늦게 자서 일찍 일어나고 필요할경우에는 밤을 새울 수 있게끔 잠을 절제하는 능력은 어떤 사람에게 주어야 할까요?"

아리스티포스가 답했다. "이 또한 동일한 사람에게 주어야합니다."

소크라테스가 말했다. "필요할 경우에 성적인 문제로 인해방해받지 않고 일할 수 있게끔 성적 쾌락을 절제하는 능력은 어떠합니까?"

아리스티포스가 답했다. "그런 능력도 동일한 사람에게 주어야겠지요."

소크라테스가 말했다. "고통을 피하지 않고 즐겨 감내하는 능력은 어떤 사람에게 주어야 할까요?"

아리스티포스가 답했다. "이 또한 다스리도록 교육받는 자에게 주어야 합니다."

소크라테스가 말했다. "적들을 제압하는 데 유용한 지식이 있다면 이를 배우는 것은 어떤 사람에게 주는 것이 더 적합하겠습니까?"

아리스티포스가 말했다. "제우스께 맹세컨대, 당연히 다스리도록 교육받는 자이지요. 왜냐하면 이러한 배움이 없다면 다른 능력은 아무 짝에도 쓸모없을 테니까요."

4. 소크라테스가 말했다. "그러면 당신이 생각하기에, 이렇게 교육받은 사람은 다른 짐승들이 적들에 의해 잡히는 것보다 덜 잡힐 거라고 보이나요? 왜냐하면 어떤 짐승들은 식욕으로 인해 붙잡히는 반면—특히나 몇몇 동물들은 아주 소심하지만 그럼에도 불구하고 먹고자 하는 욕망에 이끌려서 미끼에 걸려듭니다—, 다른 짐승들은 마실 것 때문에 붙잡히기 때문입니다."

아리스티포스가 대답했다. "물론 그렇지요."

소크라테스가 말했다. "한편 또 다른 짐승들은 색욕으로 인해 걸려들지 않나요? 가령 메추라기나 자고새는 성적 쾌락에 대한 욕망과 소망 때문에 암컷이 내는 소리 쪽으로 이끌리면서 무서움을 헤아리지 않다가 덫에 걸려들지요?"

아리스티포스가 다시 동의했다.

5. 소크라테스가 말했다. "그러면 당신 생각에, 사람이 가장 분별력 없는 짐승들과 동일한 일을 겪는다는 건 수치스러운 일이라고 보이지 않나요? 이를테면 간통자가 가옥의 여성 구역[40] 안으로 들어갈 때, 간통할 경우 법률이 경고한 벌을 받을 위험에 직면하고, 걸려서 붙잡히면 험한 꼴을 당할 수 있음을 압니다. 간통자에게 이만큼의 불행과 수치가 부과되는 한편, 성적 쾌락에 대한 욕망을 위험 없이 해소할 많은 방법이 있음에도 불구하고 간통자는 위험을 자처합니다. 그렇다면 이런 일은 완전히 정신 나간 자의 행동 아니겠습니까?"

그러자 아리스티포스기 답했다. "제가 보기에, 그러네요."

6. 소크라테스가 말했다. "가령 전쟁이나 농사 또는 그 이외의 하찮지 않은 대부분의 필수불가결한 인간 행위들이 실외에서 이루어진다는 점을 고려할 때, 많은 이들이 추위와 더위에 대비하는 훈련을 받지 않는다는 것은 당신이 생각하기에 심각한 태만이 아니겠습니까?"

아리스티포스가 여기에도 동의했다.

소크라테스가 말했다. "그러면, 당신 생각에, 다스리려는

---

40 고대 희랍의 가옥 안쪽에는 여성들만 거주하는 공간이 있었는데, 이는 외간 남자의 침입을 막기 위한 것이었다.

자는 위와 같은 것들을 쉽사리 이겨내도록 연마해야 하나요?"

아리스티포스가 답했다. "물론 그렇습니다."

7. 소크라테스가 말했다. "그렇다면 만약 우리가 위와 같은 모든 것들에 자제하는 자들을 다스리는 데 적합한 자로 삼는다면, 이런 일을 행할 수 없는 자들은 다스리는 권한을 주장할 자격이 없는 자들로 놓아야겠지요?"

아리스티포스가 이 말에 동의했다.

소크라테스가 말했다. "그러면 다음은 어떻습니까? 이제 당신은 이들 두 부류가 각각 어떤 지위에 속하는지 알게 되었는데, 그렇다면 당신은 자신을 이들 둘 중 어떤 지위에 귀속시켜야 할지 검토해 보신 적이 있나요?"

8. 그러자 아리스티포스가 답했다. "물론 저는 검토해 보았습니다. 하지만 저는 결코 제 자신을 다스리고자 하는 자들의 지위에 분류시키지 않습니다. 사실 제가 생각하기에, 사람이 자신에게 필요한 것들을 공급하는 것도 대단한 일인데, 이에 만족하지 않고 다른 시민들에게 그들이 필요로 하는 것들을 제공하는 짐까지 떠맡는 것은 분별력 없는 일처럼 보입니다. 그는 스스로 원하는 바 많은 것들을 포기하면서 폴리스의 의장직을 수행했지만, 폴리스가 원하는 모든 것을 철저히 이행하지 않을 경우 이로 인해 송사를 당하게 되는 것입니다. 어떻게 이것이 심각한 현명함의 결여가 아니겠습니까?

9. 왜냐하면 폴리스들은 제가 하인들을 부리는 것처럼 그들의 지도자들을 대하는 것이 합당하다고 여기기 때문입니다. 즉

저는 하인들이 저에게 물품을 풍성하게 제공해 주는 것이 합당하다고 생각하지만, 그들이 저의 물건에 손대지 않기를 기대합니다. 마찬가지로 폴리스들 또한 그들의 지도자들이 폴리스에 좋은 것들을 최대한 제공해야 한다고 여기면서도, 지도자들이 좋은 것들 모두를 멀리해야 한다고 생각합니다. 따라서 스스로에게나 남들에게도 많은 곤경을 겪고자 하는 사람들이 있다면, 저는 그들을 조금 전에 말한 방식으로 가르쳐서 다스리기에 적당한 자로 위치시키는 반면, 저 자신은 즐겁게 삶을 영위하고자 하는 자로 분류하는 것입니다."

10. 그러자 소크라테스가 말했다. "그러면 당신은, 다스리는 자들과 다스림 받는 자들 중 어떤 사람이 더 즐겁게 사는지를 우리가 검토하기 원하나요?"

아리스티포스가 답했다. "물론 검토하기를 원합니다."

소크라테스가 말했다. "그러면 먼저 우리가 알고 있는 민족들을 검토해 봅시다. 아시아에서는 페르시아 사람들이 다스리고, 쉬리아 사람들, 프뤼기아 사람들, 뤼디아 사람들이 다스림을 받습니다. 또한 유럽에서는 스퀴티아 사람들이 다스리는 반면, 마이오타이 사람들이 다스림을 받습니다. 그리고 리뷔아[41]에서는 카르케돈 사람들[42]이 다스리는 반면, 리뷔아 사람들이 다스림을 받습니다. 그러면 당신은 이들 중 어떤 민족이 더 즐

---

41 즉 아프리카 북부지역.

42 카르타고인들.

겁게 산다고 생각하나요? 아니면 헬라스 사람들을 예로 들어 볼까요? 당신 자신도 이들 중 한 사람이니 말입니다. 당신 생각에, 제압하는 종족과 제압당하는 종족 중 어느 종족이 더 즐거운 삶을 영위한다고 보이나요?"

11. 그러자 아리스티포스가 답했다. "저는 자신을 노예 종족에 귀속시키지 않습니다. 하지만 제 생각에 이들 가운데 어떤 중간의 길이 있는 듯하니, 저는 중간의 길을 걸어가려고 합니다. 이 길은 다스림이나 종살이가 아니라 자유를 통한 길입니다. 이 길이야말로 행복으로 인도하는 최선의 길입니다."

12. 소크라테스가 말했다. "만약 그 길이 다스림이나 종살이를 통한 길이 아니듯 사람을 통한 길도 아니라면, 당신의 말에도 상당히 일리가 있을 겁니다. 하지만 만약 당신이 사람들 가운데 있으면서, 다스리는 것도 다스림을 받는 것도 적절치 않다고 여겨서 통치자를 자발적으로 섬기지도 않는다면, 제가 생각하기에, 당신은 강자들이 어떻게 공적으로나 사적으로 약자들을 울게 하고 이들을 노예로 부릴 줄 아는지 파악한 듯합니다.

13. 혹시 당신은, 씨 뿌리고 심는 사람 다르고 베어내고 벌목하는 사람 다르다는 사실을 알지 못하나요? 또한 강자들은 약자가 강자와 싸우느니 차라리 종살이 하는 것을 택하도록 설득할 때까지, 모든 방식으로 약한 자들 및 강자를 섬기기 원치 않는 자들을 포위한다는 사실을 알지 못하나요? 더구나 사적으로도, 용감한 자들과 강한 자들이 용감하지 못한 자들과 힘

없는 자들을 노예로 삼아 열매를 거두어 간다는 사실을 당신온 알지 못하나요?"

아리스티포스가 답했다. "압니다. 하지만 저는 위와 같은 일들을 겪지 않기 위해서, 제 자신을 어떤 정치 제도에도 국한시키지 않고 어디서나 이방인으로 지냅니다."

14. 그러자 소크라테스가 말했다. "당신이 지금 말씀하는 것은 그야말로 대단한 기교입니다! 시니스와 스케이론과 프로크루스테스[43]가 죽은 이후, 아무도 이방인들에게 불의를 가하지 않으니 말입니다! 하지만 오늘날 조국에서 시민으로 살아가는 사람들은, 자신들이 불의를 당하지 않도록 법률을 제정해서 예방하고, 다른 사람들을 친구로 두어서 소위 '필수불가결한 일들'의 협력자로 삼으며, 폴리스 주위에 담장을 두르고, 불의한 자들을 막도록 무기를 갖출 뿐만 아니라, 외부로부터 다른 이들을 동맹군으로 준비하는 것입니다. 그런데도 이 모든 것들을 다 구비한 자들도 불의를 당합니다.

15. 그런데 당신은 이런 방비책을 하나도 가지고 있지 않고, 길—즉 대부분의 사람들이 불의한 일을 당하는 곳—에서 많은 시간을 보내며, 당신이 어떤 폴리스에 도착하든 그곳의 모든 시민들보다 약한 자이고, 해치기 원하는 자들의 주요한 공격 대상이 될 만한 사람인데도, 나그네라는 이유로 불의한

43　이들은 전설상의 악명 높은 강도였는데, 여행객들에게 잔인한 행동을 저지른 것으로 유명했다. 이들에 대한 이야기는 플루타르코스의 《테세우스의 생애》에 나온다.

일을 당하지 않을 것이라고 생각하나요? 혹시 폴리스들이 당신의 출입을 안전히 지켜주겠다고 공포했기 때문에 당신이 이처럼 당당한 건가요? 아니면 당신 자신이 어떤 주인에게도 쓸모없는 노예라고 생각해서 그런 건가요? 도대체 어떤 사람이 사치스러운 생활방식을 즐기면서 아무 일도 안 하려는 자를 자기 집에 두려고 하겠습니까?

16. 하지만 다음 사항도 검토해 봅시다. 즉 주인들은 그러한 하인들을 어떻게 다룰까요? 주인들은 하인들을 굶겨서 그들의 탐욕을 절제시키지 않나요? 또한 뭔가를 훔칠 만한 곳을 막아서 도둑질을 방지하지 않나요? 또한 하인들을 묶어 놓음으로써 도주하지 못하게 하지 않나요? 또한 때려서 게으름을 몰아내지 않나요? 아니면 당신 하인들 중 누군가가 위와 같은 자라는 것을 당신이 깨달았을 때, 어떻게 하나요?"

17. 아리스티포스가 답했다. "저는 모든 해로운 것들[44]을 가지고서 그들을 벌합니다. 그들이 강제로 일할 때까지 말입니다. 하지만 오! 소크라테스여! 왕의 기술—제가 생각하기에 당신이 행복이라고 여기는 바—을 교육받은 자들이 배고프고 목마르고 춥고 졸리고 그리고 그 밖의 다른 모든 고통을 자발적으로 감내해야한다면, 도대체 이들이 강제로 불행을 겪는 자들과 뭐가 다르겠습니까? 왜냐하면 저는 동일한 피부가 자발적으로 매를 맞든 아니면 비자발적으로 매를 맞든, 또는 일반적

---

44 또는 "나쁜 것들".

으로, 동일한 몸이 이러한 종류의 모든 것들에 의해 자발적으로 포위되든 아니면 비자발적으로 포위되든, 고통을 기꺼이 인내하려는 자가 사려 깊음을 결여하고 있다는 사실을 제외하면, 뭐가 다른지 알지 못하기 때문입니다."

18. 소크라테스가 말했다. "그러면 이건 어떻습니까? 자발적으로 고생하는 것과 비자발적으로 고생하는 것은 다음과 같은 점에서 다르다는 게 당신 생각 아닌가요? 즉 자발적으로 굶거나 목마른 자는 자신이 원하면 아무 때나 먹거나 마실 수 있고 다른 것들의 경우도 이와 마찬가지이겠지만, 강제로 이런 일들을 겪는 자는 자신이 원한다고 해서 그것을 그만둘 수 없겠지요? 게다가 자발적으로 어려움을 겪는 사람은 좋은 희망이 있기에 자신의 고통을 기쁘게 여깁니다. 이를테면 짐승들을 사냥하는 사람들은 잡으리라는 희망 때문에 기꺼이 고생을 무릅씁니다.

19. 고통에 대한 이러한 보상은 그 가치가 크지 않습니다. 하지만 좋은 친구들을 얻기 위해 또는 적들을 무력화하기 위해 또는 몸과 마음에 있어서 강력한 자가 되어 자신의 가정을 훌륭하게 경영하고 친구들을 선대하며 조국을 위해 좋은 일을 하기 위해 고통을 겪는 자들은 어떠한가요? 이 사람들은 위와 같은 보상을 얻기 위해 기꺼이 고통을 겪고 기쁘게 살며, 자신을 존중하는 동시에 다른 이들로부터 칭송받고 선망의 대상이 된다고 생각해야 하지 않겠습니까?

20. 더구나 트레이너들이 말하는 것처럼 게으름과 즉각적

인 쾌락은 몸에 강건함을 산출할 수도 없으며 합당한[45] 앎을 영혼 속에 심어주지도 못합니다. 반면 인내하며 돌보는 일은 훌륭하고 좋은 일들을 성취하도록 합니다. 선한 이들이 말하는 것처럼 말이지요. 헤시오도스도 어딘가에서 다음과 같이 말하고 있습니다.

> '악함을 풍족히 선택하는 일 또한 어렵지 않다네.
>
> 그 길은 평탄하고 아주 가까이 있다네.
>
> 하지만 불사의 신들은 탁월함 앞에 땀 흘려 일함을 두었다네.
>
> 탁월함에 이르는 길은 멀고 가파르며 처음에는 험하네.
>
> 하지만 당신이 꼭대기에 도달하면
>
> 그 다음부터는 쉽다네. 전에는 어려웠지만 말이네.'[46]

에피카르모스[47] 또한 다음 구절에서 증언하고 있습니다.

'신들은 우리 고통의 대가로, 모든 좋은 것들을 우리에게 제공한다.'

또 다른 곳에서 그는 이렇게 말합니다.

---

45 또는 "언급할 만한 가치가 있는".

46 헤시오도스, 《일과 나날들》 285.

47 에피카르모스(기원전 530—440)는 코메디의 창시자로 일컬어지고 있으며, 디오게네스 라에르티오스에 따르면 피타고라스학파 철학자였다(8.78).

'오! 악한 자여! 험한 것들을 얻지 않으려고 부드러운 것들을 열망하
지 마시오.'

21. 현자 프로디코스[48] 또한 《헤라클레스에 관하여》라는
글—그가 많은 군중 앞에서 낭송했던 글—에서 탁월함에 관해
이와 유사하게 주장하고 있습니다. 내가 기억하기에 그는 다음
과 같이 말했습니다.

헤라클레스가 소년기에서 청년기로 접어들 무렵이었습니
다. 젊은이들은 이 시기에 이미 자신의 주인이 되어 있으므로,
자기 삶에서 탁월함을 통한 길로 들어설 것인지 아니면 악을
통한 길로 들어설 것인지 명확히 보여야 하는 때이지요. 헤라
클레스는 조용한 곳으로 나가 앉아서, 어떤 길을 택해야 할지
고민하고 있었습니다.

22. 이때 큰 여인 둘이 그에게 다가오는 것이 보였습니다.
한 여인은 보기에 멋졌고 태생에 있어 자유인처럼 보였습니다.
즉 그녀의 몸은 순결함으로 장식되었고, 그녀의 눈은 겸손으로
장식되어 있었으며, 그녀의 외양은 절제로 장식되었고, 그녀의
옷은 흰색이었습니다. 반면 다른 여인은 잘 먹어서 토실토실했

---

48   프로디코스(기원전 5세기 경)는 소피스테스 중 하나이며 소크라테스와 동
시대 인물이었다. 플라톤의 대화편 《메논》, 《프로타고라스》 등에서 프로디코스
는 소크라테스의 스승으로 간주되고 있다. 소크라테스는 프로디코스의 정확한
어휘 사용과 동의어 의미 구별을 받아들인 듯하다.

고 부드러웠고, 그녀의 피부색은 실제보다 더 희고 붉게 보이도록 화장한 것 같았습니다. 또한 체격도 타고난 것보다 더 반듯하게 보이도록 꾸몄습니다. 눈은 크게 뜨고 있었고, 자신의 젊음을 가장 빛나게 해 주도록 옷을 입고 있었습니다. 그녀는 때때로 자기 자신을 바라보았고, 혹시 다른 어떤 사람이 자신을 쳐다보는지 살펴보았고, 또한 자신의 그림자에도 자주 눈길을 주었습니다.

23. 두 여인이 헤라클레스에게 접근하자, 처음에 언급한 여인은 동일한 속도로 걸어왔지만 다른 여인은 헤라클레스에게 먼저 도달하고 싶은 나머지 달려와서 이렇게 말했습니다.

'오! 헤라클레스여! 나는 당신이 인생에서 어떤 길로 가야 할지 고민하는 것을 압니다. 나를 친구로 삼으면, 가장 즐겁고 쉬운 길로 당신을 인도해 드리겠습니다. 당신은 모든 즐거움을 맛보게 될 것이고, 어떤 어려움도 경험하지 않고 살아갈 겁니다.

24. 우선 당신은 전쟁이나 걱정거리에 관해 고민할 필요가 없으며, 어떤 감미로운 음식이나 음료를 취할지, 어떤 것을 보거나 들으면서 즐길지, 무슨 냄새를 맡거나 무엇을 만지면서 즐거워할지, 어떤 연인과 교제하면서 기뻐할지, 어떻게 가장 달콤하게 잠들지, 어떻게 이 모든 것들을 고통 없이 얻을지 검토하면서 거닐게 될 것입니다.

25. 만약 이러한 즐거움의 원천이 희소하다는 의심이 생겨나더라도, 혹시라도 내가 당신의 몸과 마음을 고통스럽게 하고 고생시켜서 이런 즐거운 것들을 얻도록 인도하지나 않을까 걱

정하실 필요가 없습니다. 오히려 당신은 다른 사람들이 애써 일한 결과물을 누릴 것이며, 무언가 소득을 얻을 수 있는 경로는 아무것도 배제하지 않을 것입니다. 왜냐하면 나는 동료들에게 모든 곳에서 유익을 얻을 권한을 제공하기 때문입다.'

26. 그러자 헤라클레스가 이 말을 듣고 다음과 같이 말했습니다. '오! 여인이여! 당신의 이름이 뭡니까?'

그녀가 답했습니다. '내 친구들은 나를 행복(eudaimonia)이라고 부릅니다. 하지만 나를 미워하는 자들은 내 별명을 악덕(kakia)이라고 부르지요.'

27. 그 사이에 다른 여인이 다가와서 말했습니다.

'나도 당신에게 왔습니다. 오! 헤라클레스여! 나는 당신을 낳아주신 분들을 알고 있고, 당신이 교육받을 때 지켜보았기 때문에 당신의 본성을 압니다. 그래서 나는 희망합니다. 만약 나에게로 이르는 길을 따른다면, 당신은 진실로 훌륭하고 좋은 일들의 좋은 일꾼이 될 것이며, 나는 훨씬 더 존경받게 되고 선한 일들로 인해 더욱 저명하게 될 것입니다. 하지만 나는 쾌락에 관한 서언으로 당신을 기만하지 않을 것입니다. 오히려 나는 신들이 명령한 대로 사실을 진실 되게 기술하겠습니다.

28. 왜냐하면 신들은 인간에게 좋고 훌륭한 것들 중 어떤 것도 고통이나 돌봄 없이 얻을 수 있도록 허용하지 않았기 때문입니다. 신들이 당신에게 자비롭기를 원한다면 당신은 신들을 섬겨야 할 것이고, 친구들로부터 사랑받기 원한다면 친구들에게 선대해야 할 것이고, 어떤 폴리스로부터 존경을 얻고 싶

다면 폴리스에 유익을 주어야 할 것이고, 헬라스 전체가 당신의 탁월함에 대해 경탄하는 일을 가치 있게 여긴다면, 헬라스에 선을 행하도록 노력해야 할 것이고, 땅이 당신에게 풍성한 과실을 산출해 주기를 원한다면 땅을 가꾸어야 할 것이고, 소떼로부터 부를 얻어야겠다고 생각한다면 소떼를 돌보아야 할 것입니다. 또한 당신이 전쟁을 통해서 성장하기 시작하고 친구들을 자유롭게 하는 동시에 적들을 제압할 수 있는 능력을 얻고자 한다면, 전쟁 기술을 아는 사람들로부터 배워야 할 것이고, 그 기술을 어떻게 사용해야 할지 훈련해야 할 것입니다. 그리고 당신의 몸이 강력해지기를 원할 경우에도, 몸으로 하여금 심적 판단을 위해 봉사하는 데 익숙해지도록 만들어야 하고 고통과 땀으로 몸을 단련해야 합니다.'

29. 프로디코스에 따르면, 이때 악덕이 끼어들면서 말했습니다. '생각해 보세요. 오! 헤라클레스여! 저 여인이 당신에게 설명하는 즐거움에 이르는 길은 얼마나 힘들고 먼가요? 나는 행복에 이르는 쉽고 빠른 길로 당신을 인도할 겁니다.'

30. 그러자 탁월함이 말했습니다. '오! 불쌍한 자여! 당신이 무슨 좋은 것을 가지고 있나요? 또는 당신은 무슨 즐거운 것을 알고 있나요? 이런 것들을 위해 아무 일도 하지 않으려 하면서 말입니다. 당신은 쾌락에 대한 욕망조차 참고 기다리지 못해서, 원하기도 전에 모든 것들로 자신을 채우는군요. 즉 당신은 배고프기 전에 먹고, 목마르기 전에 마시며, 즐겁게 먹기 위해서 요리사들을 구하고, 즐겁게 마시기 위해서 값비싼 포도주

를 준비하고, 여름에 백설을 구하려고 이리저리 분주히 뛰어다니고, 즐겁게 잠들기 위해 부드러운 침대깔개뿐 아니라 침대 밑에 지지대까지 설치합니다. 당신은 일하기 위해서가 아니라 할 일이 아무것도 없기 때문에 잠을 열망하고, 갈급하지도 않으면서 성적 욕망을 억지로 만족시킵니다. 모든 방법을 고안해서 남자를 여자로 이용하면서 말입니다. 밤에는 분탕질하고 낮에는 가장 소중한 시간을 잠으로 허송세월하면서, 당신은 이처럼 자신의 친구들을 교육하고 있습니다.

31. 당신은 불사의 존재이지만 신들로부터 추방되었고, 좋은 사람들로부터도 무시당합니다. 또한 당신은 모든 음성 중 가장 즐거운 음성, 즉 자신에 대한 칭찬을 들어본 적 없으며 모든 광경들 중 가장 즐거운 광경을 본 적이 없습니다. 왜냐하면 당신은 자신의 훌륭한 행위를 본 적이 없으니까요. 당신이 무언가를 말할 때 누가 당신의 말을 믿겠으며, 당신이 무언가를 필요로 할 때 누가 당신을 돕겠습니까? 어떤 현명한 사람이 감히 당신의 패거리에 속하려고 하겠습니까? 당신 패거리들은 젊어서는 몸에 있어서 무기력하고, 나이 들어서는 마음에 아무런 생각이 없게 됩니다. 젊은 시절에는 고통 없고 안락하게 살아가지만 늙으면 고통스럽고 험하게 지내고, 행한 일들로 인해 부끄러워하고 행하는 일들로 인해 무거운 짐을 지며, 젊은 시절에는 즐거운 일들을 누비고 다니지만 노년을 위해서는 힘든 일들을 쌓아놓는 자들입니다.

32. 반면 나는 신들의 동료이자 좋은 사람들의 동료이며,

신적인 일이든 인간의 일이든 훌륭한[49] 일은 나 없이 생겨나지 않습니다. 또한 무엇보다 나는 신들에게 존경받으며, 존경받아 마땅한 사람들로부터도 존경받습니다. 왜냐하면 나는 장인들의 사랑스런 동역자이고 집 주인들에게 충실한 수호자이며, 종들에게는 친절한 조력자이고 평화의 일에는 좋은 도우미이며, 전쟁의 일에는 확실한 원군이고 우정의 가장 좋은 동반자이기 때문입니다.

33. 나의 친구들에게 음식과 음료의 만끽은 고통 없고 즐거운 일입니다. 왜냐하면 그들은 간절히 열망하기 전까지 먹고 마시는 것을 삼가기 때문입니다. 또한 내 친구들은 에써 일하지 않는 자들보다 더 즐겁게 잠듭니다. 잠을 거를 때도 짜증내지 않고 이를 핑계로 마땅히 해야 할 의무를 등한히 하지도 않습니다. 젊은이들은 연장자들의 칭찬으로 즐거워하고, 나이든 이들은 젊은이들의 존경으로 기뻐합니다. 또한 그들은 과거의 행동을 즐겁게 회상하고 현재의 번영을 즐거워합니다. 나로 인해 이들은 신들에게 친애하는 자이고 친구들에게 사랑받는 자이며 조국에서 명예로운 자가 된 것입니다. 또한 그들에게 정해진 최후가 닥쳤을 때, 그들은 망각되고 불명예스럽게 묻히는 대신 영원히 칭송되며 기억 속에 남습니다. 오! 좋은 부모의 자식, 헤라클레스여! 당신이 이와 같은 일들을 힘써 노력할 때 최고로 축복받은 행복을 얻을 수 있답니다.'

---

49 또는 "아름다운(kalon)".

34. 프로디코스는 헤라클레스가 탁월함에 의해 교육받은 일을 위와 같은 방식으로 설명했습니다. 물론 그는 자신의 생각을 지금 내가 한 것보다 훨씬 화려한 어휘로 장식했지요. 그러니까 오! 아리스티포스여! 당신이 이런 일들을 마음에 담아두고서 당신 삶의 미래 일들에 관해 숙고하는 것이 가치 있답니다."

§2장

1. 언젠가 자신의 맏아들 람프로클레스가 어머니에게 화 낸 것을 보고서, 소크라테스가 말했다. "나에게 말해보거라. 아들아! 너는 배은망덕한 자들이라고 일컬어지는 자들을 아느냐?"

젊은이가 답했다. "물론 알지요."

소크라테스가 다시 물었다. "그러면 그들이 무얼 했기에 이런 오명을 얻게 되었는지 아느냐?"

아들이 답했다. "예. 좋은 대우를 받고도 은혜를 보답할 수 있을 때 보답하지 않는 자들을 배은망덕한 자들이라고 부릅니다."

소크라테스가 말했다. "그러면 네 생각에는 배은망덕한 사람들이 불의한 자들에 속한다고 보이느냐?"

아들이 답했다. "제 생각에는 그렇습니다."

2. 소크라테스가 말했다. "친구들을 노예로 삼는 것은 불의한 반면 적들을 노예로 삼는 것은 정의롭다고 생각되듯이, 친

구들에게 배은망덕한 것은 불의하지만 적들에게 배은망덕한 것은 정의로운 것인지 검토해 본 적 있느냐?"

아들이 답했다. "예, 물론입니다. 제가 보기에, 누군가가 친구에 의해 선대 받든 아니면 적에 의해 선대 받든 은혜를 갚으려 하지 않으면 불의하다고 생각됩니다."

3. 소크라테스가 말했다. "만약 사정이 이와 같다면, 배은망덕은 순전히 불의이겠지?"

그의 아들이 이에 동의했다.

소크라테스가 말했다. "그러면 어떤 사람이 더 많은 은혜를 받고도 보답하지 않으면 그만큼 더 불의하겠지?"

아들은 여기에도 동의했다.

소크라테스가 말했다. "자식이 부모로부터 받는 은혜보다 더 큰 은혜를 누군가로부터 받는 사람이 있을까? 부모님들은 자식들을 무에서 유로 생겨나게 하고, 자식들로 하여금 아름다운 것들을 그토록 많이 보고 그토록 많은 좋은 것들—신들이 인간에게 허락하신 것—에 참여할 수 있도록 하잖니. 더구나 부모님들이 자식에게 주는 좋은 것들은 우리가 생각하기에 너무나 가치 있는 것이기 때문에, 우리는 그것을 잃는 것을 다른 모든 일보다 가장 기피하는 거야. 폴리스들이 최대의 불의에 대한 형벌로 사형을 집행하는 까닭도, [사형보다] 더 큰 불행에 대한 공포로 불의를 막을 수 없다[50]고 생각했기 때문이지.

---

50 즉 사형에 대한 공포야말로 배은망덕이라는 불의를 막을 수 있는 최선의 방

4. 더구나 너도 사람들이 성적 쾌락 때문에 지식을 낳는 것은 아니라고 생각할거야. 길거리나 집에는 성적 쾌락을 만족시켜줄 만한 수단이 널려 있거든. 하지만 분명히 우리는 어떤 여인들로부터 가장 좋은 자녀를 낳을지 따져보고, 이런 여인들과 결합해서 아이를 낳는 거란다.

5. 또한 남편은 자신에게 아이를 낳아줄 여인을 먹여 살리고, 미래에 태어날 아이들을 위해 모든 것들—그들의 삶에 도움이 될 만하다고 생각되는 것—을 가능한 한 많이 준비한단다. 한편 아내는 임신해서 무거운 몸을 이끌고, 자기 생명의 위험을 무릅쓰며, 자신이 먹고 살아야 할 음식을 자식에게 나누어 주는 거야. 그리고 엄청난 산고와 함께 아이를 낳아서 먹이고 돌보지만, 어머니는 태아로부터 좋은 것들을 미리 받은 적도 없고, 깃난아기는 누가 자신을 잘 대해 주는지 알지도 못할 뿐더러 자신이 필요로 하는 것을 어머니가 알 수 있도록 신호를 보내지도 못해. 어머니는 아기에게 유익하고 즐거운 것이 뭔지 추측해서 제공해 주려고 하지. 오랜 시간 동안 밤낮으로 고통을 참으면서 자식을 먹여 살리는 거야. 자신의 고통에 대한 대가로 무엇을 받게 될지 알지도 못하면서 말이야.

6. 더구나 부모님들은 자식을 먹여 살리는 것만으로 만족하지 않고, 자식들이 뭔가 배울만한 자질이 있다고 판단되면, 살아가는 데 좋은 것들을 부모님 자신이 할 수 있는 한 가르치기

비책이다.

도 하고, 다른 사람이 가르치는 편이 더 낫다고 판단되는 것들의 경우에는 경비를 쓰면서 자식을 스승에게 보내서, 자식들이 가능한 한 가장 좋은 사람이 되도록 전심전력으로 돌보는 거야."

7. 그러자 이러한 말에 소크라테스의 어린 아들이 답했다. "설령 어머니께서 이런 모든 일들을 해 주셨고 그 외에도 이와 유사한 다른 많은 것들을 해 주셨다 해도, 어머니의 까다로운 성격은 그 누구도 견디지 못할 거예요."

소크라테스가 답했다. "어떤 것이 더 견디기 힘들다고 생각하느냐? 짐승의 사나움이냐 아니면 어머니의 사나움이냐?"

아들이 답했다. "제가 생각하기에 어머니의 사나움 같아요. 우리 어머니 같은 분이라면 말이에요."

소크라테스가 말했다. "그러면 어머니가 때리거나 발로 차면서 너에게 무슨 해를 끼친 적이 있느냐? 많은 사람들이 짐승들로부터 그런 피해를 당하는 것처럼 말이야."

8. 아들이 답했다. "그런 건 아니지만, 제우스께 맹세코, 어머니는 사람들이 전 생애에 걸쳐서 절대로 듣고 싶어 하지 않을 말을 하세요."

소크라테스가 말했다. "그러면 너는 어머니께 참기 힘든 고통을 얼마나 많이 드렸다고 생각하느냐? 어렸을 때부터 말과 행동으로 힘들게 하고 밤낮으로 문제를 일으키면서 말이다. 또 네가 아팠을 때 어머니께 얼마나 큰 슬픔을 주었는지 아느냐?"

아들이 답했다. "하지만 저는 어머니를 부끄럽게 할 말을 하거나 행동을 한 적이 없어요."

9. 소크라테스가 말했다. "그러면 이건 어떨까? 너는 배우들이 비극 경연 중에 서로 주고받는 심한 말보다 어머니 말씀을 듣는 게 더 어렵다고 생각하느냐?"

아들이 답했다. "하지만 제가 생각하기에, 논박하는 자가 벌을 주기 위해 논박하는 것이 아니고 위협하는 자 또한 뭔가 해를 끼치려고 위협하는 것이 아니라고 배우들은 생각하기 때문에, 상대방의 말을 쉽게 참을 수 있어요."

소크라테스가 말했다. "그러면 너는 어머니가 너에게 말하는 것이 해를 끼치려고 의도한 것도 아닐뿐더러 누군가 다른 사람이 아니라 바로 너에게 좋은 일들이 생겨나기를 원해서 그런 것이라는 사실을 알면서도 언짢아하는 거냐? 혹시라도 어머니가 니를 해칠 의도를 가지고 있다고 생각하는 거냐?"

아들이 답했다. "물론 아닙니다. 그렇게 생각하는 것은 아니에요."

10. 소크라테스가 말했다. "네 어머니가 너에게 선의를 가지고 있고, 네가 아플 때 가능한 한 너를 잘 돌보아서 네가 건강해지고 어떤 물품도 부족하지 않도록 배려할 뿐 아니라, 너를 위해 신들에게 많은 좋은 일들을 기도해 주고 맹세한 바를 지키는데, 너는 이런 어머니가 까다롭다고 하는 거냐? 내가 생각하기에, 만일 이런 어머니를 견딜 수 없다면 너는 좋은 것들을 견딜 수 없을 것 같구나."

11. 소크라테스가 계속 말했다. "나에게 말해 보거라. 너는

다른 어떤 사람을 돌보아야 한다고 생각하느냐? 아니면 그 누구도 기쁘게 하지 않고, 장군에게도 다른 지도자들에게도 복종하지 않겠다고 작정한 거냐?"

아들이 말했다. "제우스께 맹세코, 그건 아닙니다."

12. 소크라테스가 말했다. "그러면 너는 이웃을 기쁘게 하기 원하느냐? 네가 필요할 때 그가 너에게 불을 켜주고, 너의 선의 조력자가 되며, 네가 실족했을 때 선의를 가지고 가까이서 너를 돕도록 말이다."

아들이 대답했다. "그렇습니다."

소크라테스가 말했다. "다음은 어떨까? 네가 함께 여행할 사람, 함께 항해할 사람 또는 다른 어떤 사람을 만날 때, 그가 너의 친구가 되든지 적이 되든지 아무 상관 없을까? 아니면 이들로부터 선의를 얻도록 이들을 돌보아야 한다고 생각하느냐?"

아들이 말했다. "돌보아야 한다고 생각합니다."

13. 소크라테스가 말했다. "너는 이 사람들을 돌볼 준비가 되어 있구나. 그러면 그 무엇보다 가장 너를 사랑하는 네 어머니를 섬겨야 한다고 생각하지 않느냐? 너는 알지 못하니? 폴리스 또한 다른 배은망덕에 대해서는 관심을 기울이지 않고 송사도 하지 않으며, 좋은 대우를 받고도 은혜를 갚지 않는 자들을 간과하지만, 만약 누군가가 부모님을 섬기지 않으면 그에게 벌을 부과하고, 이런 사람에게 통치하는 일을 허용하지 않는다는 사실 말이다. 이는 부모님께 배은망덕한 자가 폴리스를 위

해 제사지낼 때 제사가 경건하게 집행되지 않을 것이며, 이 사람이 다른 어떤 일을 행하더라도 훌륭하고 정의롭게 행해지지 않을 것이라고 판단되기 때문이다. 그래서 제우스께 맹세컨대, 부모님께서 돌아가셨는데 그 자식이 무덤에 경의를 표하지 않을 경우, 폴리스가 공직 후보자 심사(審査) 시에 이런 점을 따지는 거란다.

14. 따라서 내 아들아! 만일 네가 신들과 관련해서 사려 깊게 처신한다면, 어머니를 소홀히 한 일을 신들께 용서해 달라고 간구해야 할 거다. 네가 감사할 줄 모르는 자라고 신들이 생각한다면, 너에게 선대하려 하지 않을 테니 말이다. 그리고 네가 부모님을 무시한다는 것을 사람들이 알면 모두가 너를 모욕할 것이고, 필경 너는 나중에 친구들로부터 버림받을 테니, 이것도 유의해야 할 거다. 네가 부모님들에 대해 감사하지 않는다고 여겨지면, 너에게 선대해 줘도 은혜에 보답 받을 것이라고 아무도 생각하지 않을 테니 말이다."

§3장

1. 소크라테스는 일전에 카이레폰과 카이레크라테스—둘은 서로 형제지간이며 둘 다 소크라테스의 지인이다—가 말다툼하는 것을 보고서, 카이레크라테스를 향해 다음과 같이 말했다. "오! 카이레크라테스여! 말해 보시오. 설마 당신은 금전

이 형제보다 더 유익하다고 생각하는 그런 사람은 아니겠죠. 금전은 현명함을 결여한 것인 반면 형제는 현명한 자이고, 금전은 도움을 필요로 하는 반면 형제는 도움을 줄 수 있고, 그뿐만 아니라 당신에게는 많은 돈이 있지만 형제는 하나뿐이니 말이오.

2. 만약 어떤 사람이 형제의 재산까지 차지하고 있지 않으니까 형제가 자신에게 짐이라고 생각하면서도, 동료 시민들의 재산까지 가지고 있지 않더라도 동료 시민들이 자신에게 짐이라고 여기지는 않는다면, 이건 놀라운 일입니다. 물론 이 경우에 혼자 삶을 영위하면서 시민들의 재산 전부를 위험하게 소유하는 것보다 여러 사람늘과 안전하게 더불어 살면서 재산을 넉넉히 가지는 편이 더 낫다고 추론할 수 있겠지요. 하지만 형제들과 관련해서도 이런 사정이 동일하다는 것을 사람들은 알지 못합니다.

3. 경제적 여유가 있는 사람들은 함께 일할 사람을 얻기 위해 종들을 구입하고, 도와줄 사람을 필요로 하기에 친구들을 얻기도 합니다. 하지만 사람들은 형제들을 무시합니다. 마치 동료시민들로부터는 친구가 생겨나는 반면 형제들로부터는 친구가 생겨나지 않는 것처럼 말이지요.

4. 하지만 같은 부모님에게서 태어났다는 것은 우애를 위한 큰 자산이며, 함께 자라났다는 것도 우애를 위한 큰 자산입니다. 왜냐하면 짐승들의 경우에도 함께 자라난 형제자매들에 대한 모종의 애착이 생겨나기 때문입니다. 그뿐 아니라 다른 사

람들 또한 형제 있는 자들을 형제 없는 자들보다 더 존중하며, 형제 있는 자들과는 덜 다툽니다."

5. 그러자 카이레크라테스가 말했다. "하지만 오! 소크라테스여! 견해의 차이가 심대하지 않다면, 아마도 형제를 참고 견뎌야 할 것이고 사소한 문제로 인해 그를 기피해서는 안 되겠지요. 왜냐하면, 당신께서도 말씀하시듯이, 마땅히 갖추어야 할 면모를 가진 자라면 그런 형제는 축복이니까요. 하지만 형제가 모든 면에서 부족하고 이상적인 형제와 완전히 반대라면, 불가능한 일을 가지고 씨름할 까닭이 있겠습니까?"

6. 소크라테스가 말했다. "오! 카이레크라테스여! 카이레폰이 당신을 기쁘게 하지 못하듯이 어느 누구도 기쁘게 하지 못합니까, 아니면 그가 실로 누군가를 기쁘게 할 수 있습니까?"

카이레크라테스가 답했다. "오! 소크라테스여! 그가 바로 이런 점 때문에 제 미움을 받아 마땅한 겁니다. 카이레폰은 다른 사람들은 기쁘게 할 수 있는데도, 저와 함께 있는 곳이라면 어디서든지 유익이 되기는커녕 행동으로든 말로든 저에게 해가 되니 말입니다."

7. 소크라테스가 말했다. "말 다룰 줄 모르는 사람이 말을 몰려고 하는 경우에는 말이 해가 되는 것처럼, 어떤 사람이 형제를 다룰 줄도 모르면서 형제를 다루고자 하는 경우에는 그 사람에게 형제가 해가 되지 않나요?"

8. 카이레크라테스가 답했다. "어떻게 제가 형제를 다룰 줄 모르는 사람이겠습니까? 저는 저에게 좋게 말하는 사람에게

좋게 말하고, 저에게 선대하는 사람에게 선대할 줄 압니다. 하지만 말과 행동으로 저를 짜증나게 하는 녀석에게는 좋은 말을 하거나 좋은 응대를 할 수 없습니다. 그렇게 해 볼 생각도 없습니다."

9. 소크라테스가 말했다. "오! 카이레크라테스여! 당신은 실로 놀라운 말씀을 하시는군요. 만약 어떤 개가 양떼를 지키는 일에 적합하고 목자들을 잘 따르지만 당신이 다가갈 때 사나워진다면, 당신은 화나는 것을 무시하고 그 개를 잘 대해주어 길들이려고 노력할 겁니다. 당신은 형제가 당신을 마땅히 해야 하듯 대하면 큰 축복이라고 말했지요. 또한 당신은 자신이 다른 사람을 잘 응대하고 좋게 말할 줄 안다고 고백했지요. 그럼에도 당신은 형제가 당신에게 가장 좋은 사람이 될 수 있는 방안을 모색하지 않는군요."

10. 카이레크라테스가 말했다. "오! 소크라테스여! 저는 카이레폰이 저에게 마땅히 그렇게 해야 하듯 대하도록 만들 만큼 충분한 지혜(sophia)를 가지고 있지 않은지 두렵습니다."

소크라테스가 말했다. "내가 보기에, 형제를 대할 때 현란하고 새로운 방안이 필요치 않습니다. 오히려 내 생각에, 그를 사로잡아 당신을 높이 평가하게 할 방안을 당신 자신도 알고 있습니다."

11. 카이레크라테스가 답했다. "그러면 지체 없이 말씀해 주세요. 제가 모종의 사랑의 마법을 알고 있으면서도 미처 파악하지 못하고 있다는 것을 눈치 채셨다면 말입니다."

소크라테스가 말했다. "말씀해 보세요. 만약 지인 중 어떤 이가 제사지낼 때마다 당신을 식사에 초대하게끔 하고 싶다면, 당신은 어떻게 하시겠습니까?"

카이레크라테스가 말했다. "물론 저 자신이 솔선수범하여, 제사지낼 때마다 그를 초대하겠지요."

12. 소크라테스가 말했다. "만약 당신이 친구들 중 누군가에게 권면해서, 당신이 출타할 때마다 당신의 소유물을 돌보도록 하려면, 어떻게 하겠습니까?"

카이레크라테스가 말했다. "물론 그가 출타할 때마다 제가 먼저 그의 소유물을 돌보겠지요."

13. 소크라테스가 말했다. "당신이 타국에 갈 때마다 그 나라 사람이 당신을 환대하도록 만들고 싶다면 어떻게 하겠습니까?"

카이레크라테스가 말했다. "물론 제가 먼저 그가 아테네에 올 때마다 그를 환대하겠어요. 그리고 그로 하여금 저의 용무—이 일 때문에 제가 온—를 보려는 열의를 가지게 만들고 싶을 경우에도, 분명히 저 자신이 먼저 그에게 이런 일을 행해야겠지요."

14. 소크라테스가 말했다. "정말이지 당신은 사람들 사이의 모든 사랑의 마법을 이미 오래전부터 알고 계시면서도 숨기고 있었군요. 아니면 당신이 먼저 형제에게 잘 대해주면 창피할까 봐 시작하는 것을 주저하고 있나요? 적들에게는 앞장서서 해를 끼치는 한편 친구들에게는 앞장서서 선대하는 사람이 최고

의 칭찬을 받을 만한 가치 있는 사람일 겁니다. 따라서 내가 생각하기에, 만일 카이레폰이 이러한 우애(philia)로 인도하는 데 당신보다 더 뛰어나다면, 나는 그를 설득해서 먼저 당신을 친구로 만들도록 시도하게 할 겁니다. 하지만 정말로 내가 보기에 당신이 주도해야 이런 일을 더 잘 이룰 수 있을 것 같네요."

15. 그러자 카이레크라테스가 말했다. "오! 소크라테스여! 당신은 정말 이상한 말씀을 하시는군요. 제가 더 어린데도 저더러 앞장서라고 명령하는 것은 결코 당신과 걸맞지 않습니다. 세상 사람들의 통념은 당신 말씀과 정반대입니다. 즉 행동이든 말이든 연장자가 만사에 있어서 앞장서야 한다는 것이지요."

16. 소크라테스가 말했다. "어째서 그렇지요? 젊은 사람이 연장자와 마주치면, 길을 비켜주고,[51] 앉아 있다가도 일어서고, 편안한 자리를 양보해서 경의를 표하고, 연장자가 먼저 말씀하게끔 하는 것이 어떤 곳에서든지 통념 아닌가요?"

소크라테스가 계속 말했다. "오! 선한 자여! 망설이지 말고 저 사람을 달래도록 노력해 보세요. 그러면 그도 아주 금방 당신에게 순응할 겁니다. 저 사람이 얼마나 명예를 사랑하고 자유인으로서 합당한지 당신은 모르나요? 뭔가를 주지 않고서 사악한 사람들의 환심을 살 수는 없지만, 훌륭하고 좋은 사람들은 친절하게 대할 때 가장 잘 설득할 수 있는 것입니다."

17. 그러자 카이레크라테스가 말했다. "그렇다면 만약 제가

---

51 《퀴로스의 교육》 VIII vii 10.

아무리 이렇게 해도 그가 조금도 나아지지 않으면 어쩌지요?"

소크라테스가 말했다. "그럴 경우에 아마도 당신은 자신이 쓸 만한 사람(chrēstos)이고 형을 사랑하는 자임을 입증하는 반면 저 사람은 형편없고 잘 대해줄 가치도 없는 자임을 스스로 입증하게 되는 것 이외에 뭐가 있겠습니까? 하지만 저는 이런 일이 생겨나지 않을 것이라고 생각합니다. 왜냐하면 당신이 이런 경쟁에 도전하였다는 것을 그가 깨달으면, 당신 형도 이기고 싶은 마음이 굴뚝같아서 말과 행동으로 당신을 더 잘 대우하려고 애쓸 것이기 때문입니다."

18. 소크라테스가 이어서 말했다. "지금 당신들 둘은 마치 서로 돕도록 신이 만들었으나 이를 거부하고 서로 훼방하기로 작정한 양손과 같습니다. 또는 당신들은 신의 운명에 의해 서로 협력하도록 만들어졌으나 이를 무시하고 서로 방해하는 두 발과 같습니다.

19. 유익을 위해 만들어진 것들을 해악을 위해 사용한다면 이것은 큰 무지와 불행 아닐까요? 더구나, 신은 내가 생각하기에, 양손, 양발, 두 눈 또는 인류를 위해 동료들[52]로 생겨난 다른 것들보다 더 많은 유익을 두 형제가 서로에게 주도록 만든 것 같습니다. 왜냐하면 두 손은 한 길[53] 이상 떨어진 것들을 동시에 만져야 할 때 그렇게 할 수 없고, 두 발 또한 한 길 떨어진

---

52 또는 "형제들".

53 orguia : 양손을 벌린 길이. 대략 1.8미터 정도.

곳을 동시에 걸을 수 없으며, 두 눈은 먼 곳을 응시할 수 있다고 생각되지만, 가시거리보다 훨씬 가까운 곳에 있는 대상이라도 전방에 있는 대상과 후방에 있는 대상을 동시에 볼 수는 없기 때문입니다. 반면 두 형제가 서로 친하다면, 이들은 서로 멀리 떨어져 있더라도 동시에 서로의 유익을 위해 일할 수 있답니다."

§4장

1. 일전에 나는 소크라테스가 친구들에 관해 대화하는 것을 들었다. 내가 생각하기에, 친구들을 얻고 응대하는 데 특별히 이 대화에서 도움을 얻을 수 있을 것 같다. 왜냐하면 소크라테스는 모든 소유물 중 최상의 것이 확실하고 좋은 친구임을 여러 사람들로부터 들었다고 말했기 때문이다. 하지만, 그가 말하기를, 그 자신은 많은 사람들이 친구들을 얻는 일 이외에 다른 모든 것에 주의를 기울이는 것을 보았다고 한다.

2. 즉 소크라테스는 다음과 같은 현상을 목격했다고 말한다. 사람들은 집과 땅과 노예들과 소떼 그리고 가구들을 심혈을 기울여 소유하고 자신의 소유를 보존하려고 노력하면서도, 친구—그들이 최고로 좋은 것이라고 말하는 것—와 관련해서는 어떻게 하면 친구를 얻을 수 있는지 심사숙고하지도 않고 이미 자신들의 친구가 된 사람들을 어떻게 지킬 것인지 노심초

사하지도 않는다.

3. 그뿐만 아니라 소크라테스는 다음과 같은 것도 목격했다고 말한다. 친구들과 노예들 중 누군가가 아플 때, 사람들은 노예에게는 의사를 데리고 오고 건강을 회복시키도록 다른 일들을 주의 깊게 배려하는 반면, 친구들은 소홀히 한다. 또한 친구들과 노예들이 죽었을 때, 사람들은 노예에 관해서는 언짢아하고 그 죽음이 손해라고 여기는 반면, 친구와 관련해서는 그 죽음이 별반 손해가 아니라고 생각한다. 또한 사람들은 다른 소유물과 관련해서는 그 어떤 것도 보살펴지지 않거나 검토되지 않는 일을 허용치 않는 반면, 친구들은 보살핌이 필요할 경우에도 무시한다.

4. 그 밖에도, 많은 사람들은 다른 소유물의 수효가 아주 많더라도 그 수를 알지만, 친구들은 얼마 되지 않은데도 그 수를 모를뿐더러, 친구의 수를 물어보는 사람이 있어서 헤아려 보려고 할 경우에도 친구 가운데 포함시켰던 사람들을 나중에 다시 제외하기도 한다. 친구들에 대한 사람들의 배려가 이 만큼이다.

5. 하지만 다른 어떤 소유물과 비교하더라도, 좋은 친구가 훨씬 나아 보이지 않겠는가? 왜냐하면 어떤 말이나 한 쌍의 소가 유익한 친구만큼 유익할 수 있겠는가? 또한 어떤 노예가 친구처럼 선의를 가지며 한결같겠는가? 또는 어떤 소유물이 그토록 모든 점에서 유익하겠는가?

6. 왜냐하면 좋은 친구는 사적인 물품에 있어서든 공적인

행위에 있어서든 친구의 모든 결점을 보완하는 일에 스스로 매진하기 때문이다. 즉 누군가에게 잘 대우해야 할 경우 협조하며, 두려움이 엄습할 경우에는 경비를 지원하고 행동을 보조하며 설득하고 때로는 강제함으로써 돕는 것이다. 또한 좋은 친구는 친구들이 잘 해나가고 있을 때 진실로 기뻐하고, 친구들이 실족했을 때에는 일으켜 세워서 바로잡는다.

7. 각 사람이 손으로 행하는 것들과 눈으로 보는 것들 그리고 귀로 듣는 것들과 발로 성취하는 것들에 있어서, 친구는 선행을 하는 일에 그 누구보다 뒤지지 않는다. 또한 우리가 자신을 위해 행하거나 보거나 듣거나 성취하지 못한 것들을, 친구는 종종 자신의 친구를 위해 돕는다. 그럼에도 불구하고 몇몇 사람들은 열매를 위해 나무를 보살피려고 하지만, 대부분의 사람들은 가장 많은 열매를 맺는 소유물—친구라고 일컬어지는 것—에 대해서는 게으르고 부주의하게 돌본다.

§5장

1. 언젠가 나는 소크라테스의 다른 대화를 들었다. 내가 생각하기에 소크라테스의 말은 듣는 이로 하여금 자기 자신을 검토해서 자신이 친구들에게 얼마나 가치 있는 자인지 살피라고 권면하는 듯 했다. 소크라테스는 동료 중 어떤 사람이 가난에 찌든 친구를 소홀히 하는 것을 보고, 친구를 소홀히 여기는 자

와 다른 사람들 앞에서 안티스테네스[54]에게 다음과 같이 질문했다.

2. "오! 안티스테네스여! 노예들이 가치를 가지는 것처럼, 친구들도 가치가 있나요? 왜냐하면 한 노예는 2므나[55]의 가치가, 다른 노예는 반 므나에도 못 미치는 가치가, 또 다른 노예는 5므나의 가치가, 또 다른 노예는 심지어 10므나의 가치가 있기 때문입니다. 또한 니케라토스의 아들 니키아스[56]는 1탈란트[57]나 주고 은광 관리인을 구입했다고 합니다. 그러니 저는 노예들의 경우에서와 마찬가지로 친구들의 경우에도 서로 다른 가치들이 있는지 따져 보려고 합니다."

3. 안티스테네스가 말했다. "제우스께 맹세코, 그렇습니다. 적어도 저는 2므나보다 더 가지고 싶은 친구가 있습니다. 반면 어떤 친구는 반 므나의 가치도 없다고 생각되고, 다른 친구는 10므나보다 더 낫습니다. 전 재산과 노고를 감수하고서라도 친구로 삼고 싶은 사람도 있습니다."

---

54 안티스테네스(기원전 455—360)는 소크라테스의 사후 견유학파를 창시한 인물이다. 그는 젊었을 때에 고르기아스의 제자였고 한때 소피스테스로 활동하기도 했으나, 나중에 소크라테스의 충실한 제자가 되었다.

55 1므나는 100드라크마(1드라크마는 당시 군인의 하루 일당)에 해당하는 화폐 단위였다.

56 니키아스(기원전 470—413년 경)는 아테나이의 유명한 장군이었는데, 펠로폰네소스 전쟁 당시 쉬라쿠사이 원정의 사령관이었다. 그는 이 전쟁에서 포로로 잡혀서 사형당했으며, 아테나이 해군도 궤멸되었다.

57 60므나에 해당하는 화폐 단위.

4. 소크라테스가 말했다. "사정이 이와 같다면, 자기 자신이 친구들에게 얼마나 가치 있는 사람인지 검토해 보아서, 가능한 한 최고로 가치 있는 사람이 되도록 노력하는 게 좋겠지요? 친구들이 자신을 배신하지 않도록 하려면 말입니다."

소크라테스가 계속 말했다. "왜냐하면 나는 종종 사람들로부터 다음과 같은 이야기들을 듣거든요. '친구가 나를 배신했어요.', '친구라고 생각했던 사람이 1므나 때문에 나를 저버렸어요.'

5. 나는 이 모든 일을 검토합니다. 마치 어떤 사람이 받을 수 있는 가격에 나쁜 노예를 처분하여 팔아 치우듯이, 나쁜 친구의 경우에도 그 친구의 값어치보다 더 큰 액수를 받을 수 있다면 처분하려는 유혹이 드는지 말입니다. 하지만 내가 목격한 바로는, 쓸 만한 노예는 결코 처분되지 않듯이 좋은 친구는 배신을 당하는 법이 없습니다."

§6장

1. 내가 생각하기에, 소크라테스는 다음과 같은 것들을 말하면서, 어떤 종류의 친구가 얻을 만한 가치가 있는지 검사하는 방법을 가르쳤다고 보인다.

그는 말했다. "오! 크리토불로스여! 나에게 말해 보세요. 만약 우리가 좋은 친구를 원한다면 어떻게 이 문제를 해결해야 할까요? 먼저 식욕과 술에 대한 욕구, 탐욕, 잠 그리고 게으름을 다스리는 자를 찾아야겠지요? 왜냐하면 이런 욕망들에 의해 제압당한 사람은 자기 자신을 위해서나 친구를 위해서 마땅히 해야 할 일을 행할 수 없기 때문입니다."

크리토불로스가 대답했다. "제우스께 맹세코, 그럴 수 없겠지요."

소크라테스가 말했다. "그러면 당신이 생각하기에, 이런 것들에 지배받는 사람은 우리가 피해야 하겠지요?"

2. 크리토불로스가 말했다. "당연히 그렇습니다."

소크라테스가 말했다. "그러면 낭비벽이 있어 자족하지 못하면서, 이웃의 소유물들을 항상 요구하는 사람의 경우는 어떤가요? 이 사람은 이웃의 것을 얻은 뒤에는 갚을 수 없는 반면, 얻지 못하면 주지 않은 사람을 원망합니다. 당신이 보기에, 이런 사람 또한 까다로운 친구라고 생각되지 않나요?"

크리토불로스가 답했다. "물론 그렇습니다."

소크라테스가 말했다. "그러면 그런 사람도 멀리 해야겠네요?"

크리토불로스가 말했다. "당연히 멀리해야 합니다."

3. 소크라테스가 말했다. "그러면 어떻습니까? 돈을 벌 수 있으나 큰 부를 열망하기에, 이런 이유로 심하게 값을 깎으며, 얻는 일은 즐거워하는 반면 갚는 일은 원치 않는 사람의 경우는 어떤가요?"

크리토불로스가 말했다. "제가 생각하기에, 이 사람은 앞에서 말한 사람보다 더 나쁜 것 같습니다."

소크라테스가 말했다. "그러면 돈 버는 일을 사랑하기 때문에, 자신에게 이득을 줄 수 있는 것 외에는 다른 어떤 것에도 여가를 가지지 않는 사람은 어떤가요?"

크리토불로스가 말했다. "제가 생각하기에, 그 사람도 피해야 합니다. 그런 사람을 상대해 봐야 아무런 유익이 없을 테니까요."

4. 소크라테스가 말했다. "그러면 편파적인 성격이어서 친구들에게 많은 적을 만들어낼 사람은 어떨까요?"

크리토불로스가 말했다. "제우스께 맹세코, 그런 사람도 피해야겠지요."

소크라테스가 말했다. "만약 어떤 사람이 앞서 말한 나쁜 성품을 하나도 가지고 있지 않지만, 좋은 대우를 받을 때는 가만히 있다가 친절을 보답하는 데는 신경 쓰지 않는다면 어떤가요?"

크리토불로스가 말했다. "이 사람도 쓸모없을 것 같습니다. 그렇다면 오! 소크라테스여! 과연 우리는 친구를 어떤 사람으로 만들려고 노력해야 할까요?"

5. 소크라테스가 말했다. "내가 생각하기에, 앞서 말한 것과 반대되는 사람이어야겠지요. 즉 육체적인 쾌락을 절제하고 선의를 가지고 정직한 사람이고, 자신에게 선대한 사람들을 잘 대우함에 있어서 부족함이 없어서, 자신을 상대하는 사람들에게 유익한 사람입니다."

6. 크리토불로스가 말했다. "오! 소크라테스여! 그러면 그와 상대하기 전에, 우리는 어떻게 이런 자질을 평가할 수 있겠

습니까?"

소크라테스가 말했다. "우리는 조각가들을 그들의 말로 평가하는 것이 아니며, 우리가 보기에 과거에 훌륭한 조각품을 만든 사람이 앞으로도 잘 제작할 것이라고 신뢰합니다."

7. 크리토불로스가 말했다. "그러면 당신은 옛 친구들에게 잘 대했다고 생각되는 사람이 분명히 나중 친구들도 선대할 것이라고 말씀하시는 건가요?"

소크라테스가 말했다. "그렇습니다. 왜냐하면 나는 이전에 말들을 잘 다루었던 사람이 다른 말들도 잘 다룰 것이라고 생각하니까요."

8. 크리토불로스가 말했다. "좋습니다. 그러면 우리가 생각하기에 우정의 가치가 있는 사람을 어떻게 해야 우리 친구로 만들겠습니까?"

소크라테스가 말했다. "먼저 신들로부터의 계시를 살펴보아야 합니다. 그 사람을 친구로 삼으라고 신들이 조언하는지 말입니다."

크리토불로스가 말했다. "우리가 생각하기에 친구로 삼을 만하고 신들도 반대하지 않을 사람은 어떨까요? 이 사람을 어떻게 좋아야 할지 말씀해 주실 수 있을까요?"

9. 소크라테스가 말했다. "제우스께 맹세코, 토끼를 사냥하듯 발로 따라가서는 안 될 것이고, 새들을 사냥하듯 속임수를 써서도 안 될 것이며, 적들을 사냥하듯 폭력을 써서도 안 될 것입니다. 원치 않는 사람을 친구로 얻는 일은 성가신 일이며, 마

치 노예처럼 그를 결박해서 억류하는 일도 힘들기 때문입니다. 이런 일을 당하는 사람들은 친구라기보다는 적이 되는 법입니다."

10. 크리토불로스가 말했다. "그러면 친구는 어떻게 얻어야 할까요?"

소크라테스가 말했다. "사람들이 말하기를 모종의 주문이 있다고 합니다. 이 주문을 아는 자들은 자신이 원하는 사람들을 매혹시켜서 친구로 만든다고 합니다. 또한 사랑의 마법이 있는데, 이를 아는 사람이 자신이 원하는 사람들에게 사용하면 그들로부터 사랑을 얻을 수 있습니다."

11. 크리토불로스가 말했다. "이런 것들을 어디에서 배울 수 있나요?"

소크라테스가 말했다. "세이렌들이 오뒷세우스에게 걸었던 주문을 당신은 호메로스에게서 들었습니다. 이 주문은 다음과 같이 시작하지요.

여기로! 자! 오세요! 아카이아 사람들의 큰 영광이자, 많은 칭찬을 받는 자 오뒷세우스여![58]"

크리토불로스가 말했다. "그러면 오! 소크라테스여! 세이렌들이 이 주문을 가지고 다른 사람들도 홀려서 붙잡았나요?

---

58 호메로스, 《오뒷세이아》 xii 184.

주문에 매혹된 사람들이 자신들로부터 떠나지 않도록 말입니다."

12. 소크라테스가 말했다. "아닙니다. 세이렌들은 탁월함에 걸맞게 명예를 사랑하는 사람들에게만 주문을 걸었습니다."

크리토불로스가 말했다. "그렇다면 당신은 듣는 사람 각자에 맞게 주문을 외워야 한다고 말씀하시는 거군요. 칭찬의 말을 듣고 조롱하는 말로 여기지 않도록 말입니다."

소크라테스가 말했다. "그렇습니다. 왜냐하면 자신이 키가 작고 못생겼고 연약하다는 사실을 아는 사람에게 '당신은 아름답고 크고 강합니다.'라고 칭찬할 경우, 이 사람은 더 적대적이 되고 자신으로부터 사람들을 몰아낼 것이기 때문입니다."

크리토불로스가 말했다. "그러면 당신은 다른 주문을 알고 있나요?"

13. 소크라테스가 말했다. "아닙니다. 하지만 제가 들은 바로는, 페리클레스[59]가 많은 주문을 알고 있었다고 합니다. 그는 이 주문으로 폴리스를 홀려서 자신을 사랑하도록 만들었지요."

크리토불로스가 말했다. "그러면 테미스토클레스[60]는 어떻

---

59 페리클레스(기원전 495—429년 경)는 아테나이의 전성기부터 펠로폰네소스 전쟁 초기까지 활동했던 정치가이다. 그의 생애에 관해서는 투키디데스의 《펠로폰네소스 전쟁사》 1.24—2.65 및 플루타르코스의 《페리클레스의 생애》 참고.

60 테미스토클레스(기원전 528—462년 경)는 페르시아 전쟁 무렵 활약했던 정치가이다. 헤로도토스의 《역사》 8.56 이하 및 투키디데스의 《펠로폰네소스 전쟁사》 1.136—38 참고.

게 폴리스가 자신을 사랑하도록 했나요?"

소크라테스가 말했다. "제우스께 맹세코, 그는 주문을 걸지 않고 폴리스에 좋은 장식[61]을 달아줌으로써 사랑받았지요."

14. 크리토불로스가 말했다. "오! 소크라테스여! 제가 생각하기에, 당신은 우리가 좋은 친구를 얻으려면 우리 자신이 말하고 행동함에 있어서 좋은 사람이 되어야 한다고 말씀하시는 것 같네요."

소크라테스가 말했다. "그러면 당신은 사악한 자가 쓸 만한[62] 친구를 얻을 수 있다고 생각하나요?"

15. 그러자 크리토불로스가 답했다. "그럼요. 제가 목격한 바로는, 형편없는 웅변가들이 좋은 대중 연설가들의 친구이고, 군대를 통솔하는 데 능숙하지 못한 자들이 유능한 장군들의 동료이더군요."

16. 소크라테스가 말했다. "그렇다면 우리가 대화하고 있는 주제로 다시 돌아가서, 당신은 쓸모가 아무것도 없는 자들이 유익한 사람들을 친구로 만들 수 있는 경우를 아십니까?"

크리토불로스가 말했다. "제우스께 맹세코, 당연히 모릅니다. 하지만 만약 사악한 자가 훌륭하고 좋은 친구들을 얻을 수 없다면, 훌륭하고 좋게 된 사람이 훌륭하고 좋은 사람들과 친구 되기를 기꺼이 원할지 알고 싶습니다."

---

61 테미스토클레스는 1차 페르시아 전쟁 이후 선박과 성벽을 건설함으로써 아테나이를 지켰다.

62 chrēstos : agathos("선한", "좋은")와 동의어로 사용되고 있다.

17. 소크라테스가 말했다. "오! 크리토불로스여! 당신을 혼동시키는 것은, 훌륭한 일들을 행하고 수치스러운 일들을 기피하는 사람들이, 친구가 되기는 커녕 종종 서로 다투고 전혀 쓸모없는 사람들보다 더 혹독하게 서로를 대하는 현상을 목격한다는 겁니다."

18. 크리토불로스가 말했다. "그렇습니다. 개인들만 이런 일들을 행하는 것이 아니라, 훌륭한 일들에 무엇보다 주의를 기울이고 수치스러운 일들은 추호도 용인하지 않는 폴리스들 또한 종종 서로 적대관계에 있거든요.

19. 이런 일들을 헤아려 볼 때, 저는 친구들을 얻는 것에 낙담하게 됩니다. 물론 저는 사악한 자들이 서로 친구가 될 수 없다는 것은 압니다. 감사할 줄 모르는 사람들이나 무관심한 사람, 더 많이 소유하려는 사람들, 믿을 만하지 않은 사람들 또는 자제력 없는 사람들이 어떻게 친구가 될 수 있겠습니까? 따라서 제가 생각하기에, 사악한 자들은 본래 서로 친구라기보다는 확실히 서로 적인 듯합니다.

20. 더구나 당신이 말씀하신 것처럼, 사악한 자들은 결코 좋은 사람들과 우정으로 결합될 수 없습니다. 도대체 사악한 일들을 행하는 자들이 그런 것들을 미워하는 사람들과 어떻게 친구가 될 수 있겠습니까? 한편 만약 탁월함을 연마하는 자들이 폴리스에서 일인자가 되는 것을 놓고 서로 다투면서 시기하고 미워한다면, 도대체 누가 친구가 되겠으며 선의와 충성이 어떤 사람들 가운데 거하겠습니까?"

21. 소크라테스가 말했다. "오! 크리토불로스여! 이 문제는 다소 복잡합니다. 왜냐하면 사람들은 본성적으로 친밀한 측면을 가지고 있는 반면—사람들은 서로를 필요로 하고 동정하며 협조해서 유익을 끼치므로 이를 깨닫고는 서로 감사하니 말입니다—, 적대적인 측면도 가지고 있기 때문입니다. 즉 동일한 대상을 훌륭하고 즐거운 것이라고 생각할 경우에 그들은 이로 인해 다투며, 견해를 달리할 경우에도 서로 대립합니다. 또한 갈등과 분노는 적대감으로 이어지고 더 많은 것을 얻으려는 열망은 악의로 이어지며 시기는 미움으로 이어지는 법이지요.

22. 그럼에도 불구하고 우정은 이 모든 난관을 통과해서 훌륭하고 좋은 자들을 한데 묶습니다. 왜냐하면 그들의 탁월함으로 인해, 훌륭하고 좋은 자들은 전쟁을 통해 모든 것을 지배하는 것보다는 고통 없이 중도를 취하는 것을 선택하기 때문입니다. 또한 그들은 배고프고 목마르면서도 고통 없이 먹을 것과 마실 것을 나눌 수 있으며, 아름다운 자들과의 성적 쾌락을 즐기지만, 성관계하기에 적절치 않은 사람들에게 고통을 주지 않을 만큼 인내할 수도 있습니다.

23. 부와 관련해서도 그들은 더 많은 것을 가지려는 욕망을 삼가기 때문에 부를 합법적으로 공유할 수 있을 뿐 아니라, 서로 도울 수도 있습니다. 그리고 그들은 갈등을 조절해서 고통스럽지 않을 뿐더러 서로에게 이익이 되게 할 수 있으며, 분노가 후회할 만한 지점까지 나아가는 것을 막을 수도 있습니다. 또한 그들은 질투를 완전히 제거합니다. 왜냐하면 자신의 좋은

것들을 친구들의 소유로 만들며, 친구들의 좋은 것은 자신의 것으로 생각하기 때문입니다.

24. 그렇다면 정치적 영광에 있어서도 훌륭하고 좋은 사람들이 무해할뿐더러 서로에게 유익한 동반자가 될 법하지 않겠습니까? 왜냐하면 재산을 훔치고 사람들에게 폭력을 가하며 쾌락을 누릴 권한을 얻기 위해서 폴리스에서 명예를 얻고 다스리기를 열망하는 사람들은 불의하고 사악한 자이며 다른 사람과 조화롭게 살아갈 수 없기 때문입니다.

25. 하지만 만약 어떤 사람이 자기 스스로 불의를 당하지 않고 친구들에게 정의로운 일에 있어서 도움을 줄 수 있으며 다스리면서 자기 조국에 무언가 좋은 일을 행하려는 의도로 폴리스에서 명예를 얻고자 한다면, 어떻게 이런 사람이 자신과 유사한 다른 이와 조화롭게 살아갈 수 없겠습니까? 훌륭하고 좋은 사람들과 함께함으로써 친구들에게 유익을 줄 능력이 감퇴하겠습니까? 혹은 훌륭하고 좋은 사람들을 동료로 가짐으로써 폴리스를 위해 좋은 일을 할 능력이 줄어들겠습니까?

26. 운동 시합에 있어서도 가장 강한 선수들이 협력해서 뒤떨어지는 선수와 겨루는 것이 허용된다면, 분명히 이들이 모든 경기를 다 이겨서 모든 상을 차지할 겁니다. 물론 운동경기에서는 이렇게 하는 것이 허용되지 않습니다. 그런데 정치 영역―훌륭하고 좋은 자들이 가장 강력한 곳―에서는, 누군가가 자신이 원하는 사람과 힘을 합쳐 폴리스에 좋은 일을 행하는 것을 아무도 방해하지 않습니다. 그렇다면 가장 훌륭한 사

람들을 친구로 삼은 후 그들을 경쟁자가 아니라 동반자 내지 협력자로 삼아 정치 활동하는 것이 어떻게 유익하지 않겠습니까?

27. 그뿐만 아니라 어떤 사람이 누군가와 전쟁을 치를 경우 동맹이 필요하며, 만약 훌륭하고 좋은 사람들에 대항한다면 더 많은 동맹군이 필요할 것임이 분명합니다. 그런데 우리는 함께 싸우기를 원하는 사람들을 잘 대해주어야 합니다. 그들이 열의를 가지고 싸움을 원하도록 하려면 말이지요. 하지만 수적으로 더 많지만 열등한 자들보다는, 수적으로 적더라도 가장 훌륭한 사람들을 잘해주는 편이 더 좋습니다. 왜냐하면 악한 자들은 좋은 자들보다 좋은 대우를 훨씬 더 많이 받기 원하기 때문입니다."

28. 소크라테스가 계속 말했다. "용기를 내세요. 오! 크리토불로스여! 그리고 좋은 자가 되도록 노력하세요. 또한 당신이 이처럼 좋은 자가 되었을 때에는 훌륭하고 좋은 사람들을 찾으려고 시도하세요. 아마도 나 자신도 당신이 훌륭하고 좋은 사람들을 찾는 데 일조할 수 있을 겁니다. 나는 사랑하는 사람(erōtikos)이니까요. 어떤 사람들을 열망할 때, 나는 이들을 사랑하면서 이들로부터 사랑받도록 엄청나게 전심전력을 다해 달려들고, 그들을 간절히 원하면서 그들 또한 나를 간절히 원하도록 하며, 그들과 함께 있기를 열망하면서 그들 또한 나와 함께 있기를 열망하도록 만든답니다.

29. 내가 보기에는, 당신도 누군가와 우정을 맺고자 열망할

때 이런 것들이 필요할 듯합니다. 그러니 당신이 친구 삼고 싶은 사람들이 누군지 나에게 감추지 마세요. 왜냐하면 나는 나를 기쁘게 하는 사람을 기쁘게 하도록 주의를 기울이고 있어서, 내 생각에 나 자신이 사람을 좇는 데 아무 경험이 없는 것은 아니기 때문입니다."

30. 그러자 크리토불로스가 말했다. "예전부터 저는 그런 것을 배우기를 열망해 왔습니다. 특별히 동일한 앎이 좋은 영혼과 아름다운 몸 모두를 얻는 데 충분한지 말이지요."

31. 그러자 소크라테스가 말했다. "하지만 오! 크리토불로스여! 아름다운 사람에게 손을 내밀어서 굴복하도록 만드는 일은 나의 앎 속에 포함되지 않았습니다. 나는 사람들이 스퀼라[63]로부터 도망치는 이유도 스퀼라가 그들에게 손을 내밀기 때문이라고 확신합니다. 반면 세이렌들은 누구에게도 손을 내밀지 않고 멀찍이서 모든 사람에게 노래하기 때문에, 모든 사람이 견뎠고 이들의 노래를 듣다가 매혹되었다고 말해집니다."

32. 그러자 크리토불로스가 대답했다. "만약 당신이 친구들을 얻는 데 좋은 방법을 알고 있다면 저에게 가르쳐주세요. 제가 손을 내밀지 않아도 되도록 말입니다."

소크라테스가 말했다. "그러면 그들의 입술에 당신 입술을 대지도 않을 건가요?"

---

63 호메로스, 《오뒷세이아》 12.85 이하.

크리토불로스가 말했다. "용기를 내세요. 저는 누구에게도 입술을 대지 않을 테니까요. 그가 아름답지 않다면 말입니다."

소크라테스가 말했다. "오! 크리토불로스여! 당신은 유익한 것과는 정확히 반대되는 것을 말씀하시는군요. 왜냐하면 아름다운 자들은 이러한 행동을 견딜 수 없을 것이기 때문입니다. 반면 추한 자들은 이런 것을 기꺼이 허용합니다. 자신이 영혼으로 인해 아름다운 자라고 일컬어지는 것이라고 생각하기 때문이지요."

33. 그러자 크리토불로스가 말했다. "아름다운 자들에게는 키스하고 좋은 자들에게는 부드럽게 키스하려고 하니, 용기를 내서 친구 사냥법을 가르쳐 주세요."

소크라테스가 말했다. "그렇다면 오! 크리토불로스여! 당신이 누군가의 친구가 되기를 원할 때, 내가 그에게 당신에 대해 이렇게 경고해도 허용하겠습니까? 당신이 그를 흠모하고 있고 그와 친구가 되기를 열망하고 있다는 사실을 말입니다."

크리토불로스가 말했다. "저에게 그런 혐의를 제기하셔도 됩니다. 왜냐하면 제가 알기로, 그 누구도 자신을 칭찬하는 사람을 미워하지 않으니까요."

34. 소크라테스가 말했다. "당신이 그를 흠모하기 때문에 그에 대해 선의를 가지고 있다고 내가 추가 기소한다면, 내가 당신을 중상모략 한다고 생각하지 않겠죠?"

크리토불로스가 말했다. "오히려 반대입니다. 저 자신도 저에 대해 선의를 가지고 있다고 생각되는 사람들에게 선의를 가집니다."

35. 소크라테스가 말했다. "그러면 당신이 친구로 삼기를 원하는 사람들에게 당신에 관한 그런 내용을 말해도 되겠군요. 더구나 만약 당신이 나에게 다음과 같은 내용—'이 사람은 친구들에 주의를 기울이며, 다른 어떤 것보다 좋은 친구들로 인해 기뻐합니다.', '이 사람은 자신의 행동에 못지않게 친구들의 훌륭한 행동을 즐거워합니다.', '이 사람은 자신의 좋은 일 못지않게 친구들의 좋은 일들에 기뻐하며, 친구들에게 이런 일들이 생기게 노력하는 일에 싫증내지 않습니다.', '이 사람은 인간의 탁월함이란 친구들에게 선대하고 적들을 불행하게 만드는 데 있어서 다른 이들을 능가하는 데 있다고 판단합니다.'—을 말할 권한을 준다면, 진실로 내가 당신에게 좋은 친구 사냥의 유용한 동반자가 될 거라고 생각합니다."

36. 크리토불로스가 말했다. "어째서 당신은 이런 말씀을 저에게 하나요? 마치 당신께서 저와 관련하여 원하는 바를 말하는 것이 당신에게 달려있지 않은 것처럼 말입니다."

소크라테스가 말했다. "제우스께 맹세코, 원하는 대로 아무 말이나 할 수는 없지요. 내가 일전에 아스파시아[64]로부터 들은

---

64 아스파시아는 페리클레스의 애인이었는데, 페리클레스는 아테나이 인 아내와 이혼하고 여생을 아스파시아와 함께 보냈다(물론 외국인과 결혼하는 일이 불법이었으므로 재혼할 수는 없었다). 나중에 아스파시아는 불경죄 및 아테나이 여인들을 타락시킨다는 이유로 기소되었지만, 페리클레스가 그녀를 구제해 주었다. 플라톤의 《메넥세노스》 235e, 249c에서 소크라테스는 아스파시아가 그에게 수사학을 가르쳐 주었다고 말한다.

것처럼 말입니다. 그녀가 말하기를, 좋은 중매쟁이는 좋은 일들을 진실 되게 전함으로써 사람들을 혼사로 능숙하게 이끄는 반면, 칭찬하면서 거짓말하지는 않으려 한답니다. 왜냐하면 기만당한 사람들은 서로를 미워하는 동시에 중매해 준 사람도 미워하기 때문입니다. 나는 이것이 옳다고 확신하고 있기에, 당신을 칭찬하더라도 진실이 아닌 내용을 아무것이나 말할 수는 없다고 생각합니다."

37. 크리토불로스가 말했다. "그렇다면 오! 소크라테스여! 당신은 만일 저 자신이 친구를 얻는 데 뭔가 유익한 것을 가지고 있다면, 저에게 도움을 제공할 그러한 친구이시네요. 반대로 제가 친구를 얻을 자격이 없다면, 당신은 저의 이득을 위해서 무언가를 조작해서 말씀할 의향은 없는 것 같군요."

소크라테스가 말했다. "오! 크리토불로스여! 당신이 생각하기에, 내가 거짓말로 당신을 칭찬하는 것이 당신에게 더 유익하겠습니까, 아니면 당신으로 하여금 좋은 사람이 되도록 노력하기를 설득해야 당신에게 더 유익하겠습니까?

38. 만약 이 물음에 대한 답변이 당신에게 명확하지 않다면, 다음을 토대로 검토해 보시지요. 가령 제가 당신을 선주의 친구로 만들고 싶어서, 당신이 좋은 항해사라고 거짓말하면서 칭찬한다고 합시다. 사실 당신이 배를 조종할 줄 모르는데도 선주가 내 말에 설득되어 당신에게 배를 맡긴다면, 당신은 자신뿐 아니라 배도 망치지 않으리라는 희망을 가질 수 있겠습니까? 또한 당신이 타고난 장군이자 재판관이자 정치가라고 속

여서 폴리스의 운영을 당신에게 맡기도록 내가 공적으로 설득한다면, 당신으로 인해 당신 자신과 폴리스가 어떤 일을 겪을 것이라고 생각하십니까? 또한 만약 내가 사적으로 어떤 시민을 속여서, 당신이 유능한 경영인이자 관리인이므로 그의 소유물을 당신에게 맡겨야 한다고 설득한다면, 어떻게 될까요? 당신이 시험에 직면할 경우, 남들에게 해를 입히는 동시에 당신 스스로도 우스갯거리로 보이지 않겠습니까?

39. 그러니 오! 크리토불로스여! 원하는 영역에서 능숙하게 보이는 가장 빠르고 가장 안전하며 가장 좋은 길은 당신이 실제로 능숙하게 되도록 노력하는 것입니다.[65] 당신이 검토해보면, 사람들에게 있어 탁월함이라고 일컬어지는 것들이 모두 배움과 훈련을 통해 축적된다는 사실을 발견하게 될 겁니다. 그러니 오! 크리토불로스여! 나는 우리가 이렇게 친구를 찾아야 한다고 생각합니다. 만약 당신이 다른 견해를 가지고 있다면 가르쳐 주세요."

그러자 크리토불로스가 말했다. "오! 소크라테스여! 당신의 말씀에 제가 반박하는 것은 부끄러운 일일 것입니다. 그럴 경우에는 훌륭하지도 않고 참되지도 않은 것들을 말하게 될 것이니 말입니다."

---

65 《퀴로스의 교육》I vi 22.

§7장

1. 한편 소크라테스는 무지로 인한 친구들의 곤란을 자신의 조언으로 치유하고자 했고, 결핍으로 인한 곤란은 능력껏 서로 도와야 한다고 가르침으로써 해결하고자 했다. 이 문제와 관련해서 내가 소크라테스에 관해 아는 바를 말해 보겠다.

어느 날 소크라테스는 아리스타르코스가 침울한 것을 보고서 말했다. "오! 아리스타르코스여! 당신은 뭔가 무거운 짐을 지고 있는 것 같군요. 짐을 친구들과 나누어 져야 합니다. 아마도 우리가 어느 정도 당신의 짐을 경감시켜줄 수도 있을 테니까요."

2. 그러자 아리스타르코스가 말했다. "오! 소크라테스여! 저는 정말로 심각한 곤란에 처해 있습니다. 폴리스에서 폭동이 일어나서 많은 사람들이 페이라이에우스[66]로 피신했는데, 남겨진 누이들과 조카들 그리고 사촌들이 떼거리로 저에게 몰려와서, 우리 집에 자유인만 14명이나 거주하게 되었거든요. 하지만 반대파들이 우리 땅을 압류했기 때문에 우리는 땅에서 아무 소출도 거둘 수 없습니다. 도심에 거주하는 사람이 거의 없기 때문에, 집에서 얻을 수 있는 게 하나도 없습니다. 또한 아무도 가구를 매입하지 않고, 어디서도 금전을 빌릴 수 없

---

66 펠로폰네소스 전쟁 말기에 아테나이에서 일어난 소요사태에 관해서는《헬레니카》II 3.4 참고.

습니다. 차라리 제가 생각하기에 대출을 받는 것보다 길에서 구걸하는 편이 돈 구하기에 나을 듯합니다. 오! 소크라테스여! 자기 친족이 죽어가는 것을 목격하는 일은 힘든 일입니다. 하지만 이런 상황에서 그토록 많은 사람들을 부양할 수는 없는 노릇입니다."

3. 그러자 이 말을 듣고 소크라테스가 말했다. "도대체 어떻게 케라몬은 많은 사람들을 부양하면서도 자신과 식구들에게 생필품을 제공할 수 있을 뿐 아니라 저축까지 하여 부자가 될 수 있는 반면, 당신은 많은 사람들을 부양하면서 혹시라도 온 가족이 생필품 부족으로 죽게 되지나 않을까 걱정하나요?"

아리스타르코스가 말했다. "왜냐하면 제우스께 맹세코! 그는 노예들을 부양하는 반면, 저는 자유인들을 부양하기 때문입니다."

4. 소크라테스가 말했다. "그러면 당신 생각에 당신 곁에 있는 자유인들이 낫습니까, 아니면 케라몬 곁에 있는 노예들이 낫습니까?"

아리스타르코스가 답했다. "제가 생각하기에, 저의 곁에 있는 자유인들이 낫지요."

소크라테스가 말했다. "그렇다면 케라몬은 더 형편없는 사람들과 함께 살면서도 풍족한데, 당신은 훨씬 나은 사람들을 식구로 데리고 있으면서도 빈궁하다는 것이 부끄럽지 않나요?"

아리스타르코스가 말했다. "제우스께 맹세코, 그는 기술자들을 부양하는 반면, 저는 자유롭게 교육받은 사람들[67]을 부양합니다."

5. 소크라테스가 말했다. "기술자들은 뭔가 쓸 만한 것을 만들 줄 아는 사람이지요?"

아리스타르코스가 말했다. "물론입니다."

소크라테스가 말했다. "그러면 보릿가루는 쓸 만하나요?"

아리스타르코스가 말했다. "당연하지요."

소크라테스가 말했다. "그러면 빵은요?"

아리스타르코스가 말했다. "보릿가루에 못지않지요."

소크라테스가 말했다. "그러면 어떻습니까? 남성과 여성의 외투와 셔츠, 망토, 속옷은요?"

아리스타르코스가 말했다. "참으로 이것들 또한 모두 쓸 만한 것들입니다."

소크라테스가 말했다. "그러면 당신 곁에 있는 식구들은 위와 같은 것들을 하나도 만들 줄 모르나요?"

아리스타르코스가 말했다. "제가 생각하기에, 이것들 모두를 만들 수 있습니다."

6. 소크라테스가 말했다. "당신은 알지 못합니까? 앞서 언급한 것들 중 하나 즉 보릿가루 만드는 일을 통해 나우시퀴네스는 자기 자신과 식구들을 먹여 살릴 뿐 아니라, 많은 돼지와 소를 기른다는 사실을요. 그는 그토록 큰 이윤을 남기기 때문

---

67 또는 교양 교육을 받은 사람들.

에 종종 자기 경비로 폴리스를 위한 공적 의무를 이행하기도 합니다. 또한 퀴레보스는 빵 만드는 기술로 자기 가족 모두를 부양하며 풍족하게 산답니다. 한편 콜뤼토스의 데메아스는 망토 만드는 기술로, 메논은 양모 숄 만드는 기술로, 메가라 사람 대부분은 속옷 만드는 기술로 먹고 살지 않습니까?"

아리스타르코스가 말했다. "제우스께 맹세컨대, 그렇습니다. 왜냐하면 이들은 이방 노예들을 사서 소유하면서, 자신들에게 편익을 주는 것들을 제작하도록 강요하기 때문입니다. 반면 저의 친족들은 자유인입니다."

7. 소크라테스가 말했다. "그러면 당신은 당신 친족이 자유인이기 때문에, 그들 자신이 단지 먹고 자는 일 외에 다른 어떤 일도 할 필요가 없다고 생각하는 건가요? 당신이 보시기에 자유인들 중 이렇게 무위도식하는 자들이 남들보다 더 나은 삶을 영위한다는 건가요? 또한 당신은 이렇게 사는 사람들이 자기 삶에 유익하다고 여겨지는 것들을 돌보는 사람들보다 더 행복하다고 생각하는 건가요? 아니면 당신이 목격한 바로는, 게으름과 부주의함이 사람들에게 있어서 마땅히 알아야 할 것을 배우도록 하고 배우는 것을 기억하게 하며, 사람들을 건강하게 하고 신체를 강하게 하고, 삶을 영위하는 데 유용한 것들을 획득하고 보존하는 데 이롭다는 건가요? 반면 근면함과 주의 깊음은 아무 쓸모가 없다는 건가요?

8. 그들은 이러한 일들—그들이 알고 있다고 당신이 말하는—이 삶에 유익하지도 않고 이런 일을 하지도 않을 거라고

여기면서 배운 건가요? 아니면 이와 반대로 이런 일들에 주의를 기울여 유익을 얻으려고 배운 건가요? 도대체 사람들은 아무 일도 하지 않을 때 사려 깊게 되나요, 아니면 유익한 것들을 돌볼 때 사려 깊게 되나요?[68] 또한 사람들은 일할 때 더 정의로운가요, 아니면 아무것도 하지 않으면서 생필품들을 바라기만 할 때 더 정의로운가요?

9. 그뿐만 아니라 당신은 저 여인들[69]을 사랑하지 않고 저 여인들 또한 당신을 사랑하지 않는 것처럼 보입니다. 왜냐하면 저들이 당신 자신에게 해롭다고 당신이 생각하기에, 저들도 자신들로 인해 당신이 언짢아함을 알기 때문입니다. 이렇게 되면, 상호간의 반목이 더 커지는 반면 이전에 베푼 은혜에 대한 감사는 쪼그라들 위험이 있습니다. 하지만 만약 당신이 주도해서 저들로 하여금 일하도록 한다면, 저 여인들이 당신에게 유익하다는 것을 깨닫고 당신은 저들을 사랑하게 될 것이고, 저들도 당신이 자신들에 대해 기뻐함을 보고서 당신을 사랑할 겁니다. 또한 당신과 저들은 이러한 즐거운 기억으로 인해, 과거의 선행을 즐거이 상기함으로써 감사의 마음을 더해갈 것이고, 이를 통해 서로 더 친밀해지고 더 친숙해질 것입니다.

10. 만약 저들이 무슨 수치스러운 일을 행하고자 모의했다면, 차라리 죽는 편이 더 나을 것입니다. 하지만 실제로 저들은

---

68 sōphronoien : 절제하게 되나요.

69 아리스타르코스에게 신세지고 있는 친척들.

여인들에게 가장 훌륭하고 가장 적합한 것들을 시금 이해하고 있습니다. 또한 저들 모두는 자신들이 이해하는 것들을 가장 쉽고 가장 신속하고 가장 훌륭하고 가장 아름답게 행합니다. 그러니 당신은 물론이고 저들에게도 이득이 되는 일들을 저들에게 제안하는 것을 주저하지 마세요. 아마도 저들은 당신의 제안에 즐겁게 순종할 겁니다."

11. 아리스타르코스가 대답했다. "신들께 맹세컨대, 오! 소크라테스여! 제가 생각하기에 당신은 너무나 훌륭하게 말씀하고 계십니다. 당신 말씀 덕택에, 지금 저는 일을 시작하기 위해 대출 받는 일을 감내해야 한다고 생각하게 되었습니다. 이전에는 대출받는 일을 용납하지 않았지요. 가지고 있는 것을 다 탕진하고 나면 갚을 수 없다는 사실을 알고 있었으니 말입니다."

12. 그 실과, 대출이 진행되어 창업 자금이 구해졌고 그 돈으로 양모를 구입할 수 있었다. 여인들은 일하면서 아침 식사를 했고 일을 마친 후에 저녁 식사를 했다. 그들은 슬픈 안색 대신 기쁜 빛을 띠게 되었으며, 서로를 의심의 눈초리로 바라보는 대신 서로를 즐겁게 쳐다보게 되었다. 또한 여인들은 아리스타르코스를 책임자로 여기고 사랑했으며, 그도 여인들을 유익한 사람들로 여기며 사랑했다. 마침내 그는 소크라테스에게 와서 기뻐하며 위와 같은 사실과 함께 다음 내용을 실토했다. "그들은 제가 우리 집에서 놀고먹는 유일한 사람이라고 비난합니다."

13. 그러자 소크라테스가 말했다. "그러면 당신은 그들에게

개의 이야기를 말해주지 않으시겠습니까? 즉 짐승들이 말할 수 있었을 때, 양이 주인에게 이렇게 말했다고 하지요. '당신이 하는 짓은 정말 놀랍습니다. 우리는 당신에게 양털과 어린 양, 치즈를 제공해 주는데도, 당신은 우리에게 땅에서 얻는 것들 외에는 아무것도 주지 않으시니 말입니다. 반면 개는 우리가 제공하는 것처럼 유익한 것들을 당신에게 아무것도 제공해 주지 않는데도, 당신은 개에게 당신 자신의 음식 일부를 나누어 주시는군요.'

14. 그러자 개가 양의 이야기를 듣고 이렇게 말했답니다. '제우스께 맹세컨대, 물론 주인은 나에게 음식을 나누어 줍니다. 왜냐하면 나는 당신네 양들이 사람들에게 도난당하거나 늑대들에게 강탈당하지 않도록 지켜주는 자이기 때문입니다. 만약 내가 당신들을 지켜주지 않는다면 당신들은 죽을까봐 두려워서 풀도 못 뜯을 겁니다.'

그러자 양떼는 개가 주인의 총애를 받는 것을 용인했다고 합니다. 그러니 아리스타르코스여! 당신도 여인들에게 이렇게 말하세요. 당신이 개 대신 여인들을 지켜주는 자이자 돌보는 자이며, 그들이 어느 누구로부터도 불의를 당하지 않으면서 안전하고 즐겁게 일하며 살아가는 것은 당신 때문이라고 말입니다."

§8장

1. 일전에 소크라테스는 옛 동료를 오랜만에 보고서 말했다. "에우테로스여! 어디서 오는 겁니까?"

에우테로스가 말했다. "오! 소크라테스여! 전쟁이 끝나고 외국에서 왔습니다. 지금은 이곳에 살고 있지요. 하지만 타국에 있는 소유물을 빼앗긴데다가 아버지께서 저를 위해 아티카 지방에 아무것도 유산으로 남겨주지 않으셨기 때문에, 이제 저는 여기에 정착해 생필품을 마련하기 위해 몸으로 일할 수밖에 없습니다. 이렇게 일하는 편이 다른 사람에게 구걸하는 것보다 낫다는 생각이 듭니다. 특히나 저는 대출받는 데 필요한 담보물이 하나도 없거든요."

2. 소크라테스가 말했다. "그러면 당신이 생각하기에, 당신 몸이 얼마 동안이나 품삯으로 생필품을 마련하기를 감당할 수 있을 거라고 생각하시나요?"

에우테로스가 답했다. "제우스께 맹세코, 그리 오랫동안 버텨낼 수는 없지요."

소크라테스가 말했다. "당신이 더 나이가 들게 되면, 필경 돈 쓸 일이 있더라도 아무도 당신 몸으로 한 일에 대한 대가로 임금을 지불하지 않을 겁니다."

3. 에우테로스가 말했다. "옳은 말씀입니다."

소크라테스가 말했다. "그렇다면 당신이 더 늙어도 감당할 만한 일을 지금 당장 채택하는 것이 낫습니다. 또한 당신은 많은 재산을 소유하고 있으면서 도우미를 필요로 하는 사람을 찾아가서, 그의 일을 관리해주고 농작물을 함께 수확하며 재산을 함께 지킴으로써 그에게 유익을 주어서, 그 대가로 이익을 얻는 것이 좋습니다."

4. 에우테로스가 말했다. "오! 소크라테스여! 저로서는 노예노동을 감내하는 일이 어려울 것 같습니다."

소크라테스가 말했다. "하지만 폴리스에서 지도자가 되고 공무를 돌보는 사람들은 이로 인해 노예 같다고 여겨지는 것이 아니라, 오히려 더 자유롭다고 생각됩니다."

5. 에우테로스가 말했다. "오! 소크라테스여! 저는 결단코 누군가의 비난의 대상이 되는 것을 절대로 허용하지 않습니다."

소크라테스가 말했다. "하지만 에우테로스여! 비난받지 않을 만한 일거리를 발견하는 일은 결코 쉽지 않습니다. 왜냐하면 일하면서 실수하지 않는 것은 어렵기 때문입니다. 또한 설령 누군가가 아무 실수 없이 무언가를 했다 하더라도, 무지한 심판관을 만나지 않는 일은 어렵습니다. 그러니 당신이 지금 행하고 있다고 말하는 일과 관련해서도, 비난받지 않고 쉽사리 무사통과한다면 놀라운 일일 겁니다.

6. 그러므로 당신은 비난하기 좋아하는 사람들을 피하려고 노력해야 하며, 좋은 판단을 내리는 사람들을 추종해야 합니다. 또한 당신은 자신이 할 수 있는 일을 하는 것을 인내해야 하며, 할 수 없는 일을 하는 것을 주의해야 합니다. 그리고 당신

이 무슨 일을 하든 최대한 훌륭하고 열렬히 그 일에 주목해야 합니다. 왜냐하면 내가 생각하기에, 이렇게 해야 당신이 가장 덜 비난에 처하게 될 것이고, 어려움에 처했을 때 가장 잘 도움을 얻을 것이며, 가장 쉽고 가장 덜 위험하게, 그리고 노년에 이르기까지 넉넉하게 살 것이기 때문입니다."

§9장

1. 내가 알기에, 언젠가 소크라테스는 크리톤으로부터 아테나이에서 자기 사업을 하고자 하는 사람은 살기 힘들다는 말을 들었다. 크리톤이 말했다. "어떤 사람들이 지금 나를 재판에 회부하고 있는데, 나로부터 불의한 일을 당했기 때문이 아니라 내가 문제를 일으키느니 차라리 기꺼이 돈을 지불할 거라고 생각했기 때문입니다."

2. 그러자 소크라테스가 말했다. "오! 크리톤이여! 나에게 말해 주세요. 당신은 양떼로부터 늑대들을 쫓아내기 위해 개를 기르나요?"

크리톤이 답했다. "물론입니다. 왜냐하면 개를 기르지 않는 것보다 기르는 편이 더 나에게 이득을 가져다주기 때문이지요."

소크라테스가 말했다. "그러면 당신을 해치고자 하는 자들로부터 당신을 지켜주기 원하고, 지킬 수도 있는 사람을 당신은 부양하지 않나요?"

3. 크리톤이 말했다. "기꺼이 그렇게 하겠습니다. 만약 그가 나를 배신해서 돌아서지나 않을까 걱정되지 않는다면 말입니다."

소크라테스가 말했다. "당신과 같은 사람은 언짢게 하는 것보다 은혜를 베풀어서 유익을 이끌어내는 것이 훨씬 더 즐겁다는 사실을 알지 못하나요? 이곳에는 당신을 친구로 삼는 것을 매우 명예롭게 생각하는 사람들이 있다는 사실을 잘 알아두세요."

4. 그러고 나서 그들은 아르케데모스를 발견했는데, 그는 말과 행동에 매우 유능한 사람이었으나 가난했다. 아르케데모스는 모든 것에서 이득을 취할 만한 사람이 아니라, 정직함을 사랑하는[70] 사람이자, 중상모략하는 사람들의 것을 빼앗는 일이 쉽다고 말하는 사람이었다. 크리톤은 곡식, 올리브, 포도주, 양털 또는 농장에서 생겨나는 다른 어떤 것들―생계를 유지하는 데 유용한 것들―을 저장할 때면 일부를 떼어서 아르케데모스에게 주었고, 제사를 지낼 때도 아르케데모스를 초청했다. 또한 크리톤은 이런 종류의 모든 것들을 돌보아 주었다.

5. 그러자 아르케데모스는 크리톤의 집이 자신에게 피난처라고 생각하고서, 크리톤을 지정으로 존경했다. 곧 그는 크리톤을 중상모략하려는 자들의 많은 불의 및 많은 적들을 발견하고서 그들 중 어떤 이를 공공 법정으로 소환했는데, 거기서 중

---

70 또는 선을 사랑하는.

상모략자는 무슨 벌을 받고 무엇을 배상할지 판결 받아야 했다.

6. 그러자 중상모략자는 자신이 나쁜 일을 많이 저질렀음을 깨닫고, 아르케데모스로부터 벗어나기 위해 모든 일을 했다. 하지만 아르케데모스는 중상모략자가 크리톤을 가만히 내버려둘 뿐 아니라 돈을 줄 때까지 중상모략자를 놔두지 않았다.

7. 아르케데모스가 위와 같은 일과 함께 이와 유사한 다른 일들을 행하자, 크리톤의 많은 친구들은 아르케데모스를 자신의 수호자로 만들어 달라고 크리톤에게 사정했다. 마치 양치기가 좋은 개를 가지고 있으면, 다른 양치기들도 그의 곁에 양떼를 두어서 그 개의 혜택을 누리려 하는 것과 동일한 이치이다.

8. 아르케데모스는 크리톤에게 은혜 베푸는 일을 즐겼다. 이 때문에 크리톤뿐 아니라 그외 친구들 또한 평안을 얻게 되었다. 아르케데모스에 대해 언짢아하는 사람들 중 혹자가 "아르케데모스는 크리톤으로부터 유익을 얻었기 때문에 그에게 아부를 떤다."라고 비난하자, 아르케데모스는 말했다. "둘 중 어떤 것이 수치스러운가요? 좋은 사람들로부터 좋은 대우를 받고 이들의 은혜에 보답하며 이런 사람들과 친구가 되는 반면 악한 자들과는 소원한 관계를 가지는 것이 수치스러운가요? 아니면 훌륭하고 좋은 사람들에게 불의를 행하려고 하면서 그들을 적으로 만드는 반면, 악한 자들과는 함께 일하면서 그들을 친구 삼으려 하고 좋은 사람들보다 악한 자들과 상대하려고 하는 것이 수치스러운가요?"

이런 이유로 아르케데모스는 크리톤의 친구들 중 하나였으며, 크리톤의 다른 친구들로부터 존경받았다.

§10장

1. 내가 알기에, 소크라테스는 자기 동료 디오도로스와도 다음과 같은 대화를 나누었다.

소크라테스가 말했다. "나에게 말해 주세요. 오! 디오도로스여! 당신의 노예들 중 어떤 이가 도주한다면, 당신은 그를 되찾기 위해 주의를 기울이겠지요?"

2. 디오도로스가 말했다. "제우스께 맹세코, 다른 사람들의 도움을 요청할 겁니다. 노예의 무사귀환에 대해 보상을 약속하면서 말입니다."

소크라테스가 말했다. "그러면 만약 당신의 노예 중 누군가가 아프면 어떻습니까? 당신은 그가 죽지 않도록 그 사람을 돌보면서 의사에게 도움을 청하나요?"

디오도로스가 말했다. "당연하지요."

소크라테스가 말했다. "만약 당신의 지인들 중 누군가—노예들보다 훨씬 소중한 사람—가 궁핍해서 죽을 위험에 처했다면, 그가 생존할 수 있도록 돌보는 것이 가치 있는 일이라고 생각하지 않나요?

3. 당신은 헤르모게네스가 감사할 줄 모르는 사람이 아니라

는 것을 압니다. 즉 그는 당신에게서 유익을 얻고도 당신의 은혜에 보답하지 않을 경우 부끄러워 할 겁니다. 한편 내가 생각하기에, 자발적이고, 선의가 있고, 한결같고, 명령받은 일을 행하는 데 있어서 유능하고, 자기 스스로 유익할 뿐 아니라 미리 생각하고 계획할 수 있는 조수는 많은 노예들의 가치에 준합니다.

4. 더구나 좋은 관리인들은 큰 가치가 있는 대상을 저렴한 가격에 매입할 수 있을 때 사야 한다고 말합니다. 현재 주변 상황을 고려해 보면, 좋은 친구를 아주 싼 가격에 얻을 수 있답니다."

5. 그러자 디오도로스가 말했다. "오! 소크라테스여! 정말 훌륭한 말씀입니다. 헤르모게네스를 저에게 오라고 말씀해 주세요."

소크라테스가 말했다. "제우스께 맹세코, 나는 그렇게 말하지 않겠습니다. 내가 생각하기에, 당신 자신이 그에게 가는 것보다 그를 부르는 것이 더 훌륭하지는 않을 겁니다. 또한 이렇게 하는 것이 헤르모게네스보다는 당신에게 더 좋은 일이고요."

6. 그러자 디오도로스는 헤르모게네스에게로 갔다. 그는 많은 비용을 들이지 않고 친구를 얻었는데, 헤르모게네스는 무슨 말을 하고 어떤 행동을 함으로써 디오도로스를 유익하게 하고 기쁘게 할지 살피는 것을 자기 임무로 삼았던 것이다.

3권

§1장

1. 소크라테스는 훌륭한 것들을 열망하는 사람들로 하여금 자신이 열망하는 것을 돌보도록 함으로써 그들에게 유익을 주었는데, 지금부터 나는 이 점에 대해 설명할 것이다.

언젠가 소크라테스는 디오뉘소도로스가 폴리스에 와서 장군 되는 법을 가르칠 수 있다고 호언장담한다는 소식을 들었다. 그러자 소크라테스는 자기 동료들 중 이러한 명예[71]를 얻고자 하는 자가 있음을 깨닫고서 그에게 말했다.

2. "오! 젊은이여! 폴리스에서 장군 노릇 하는 자가 그것을 배울 수 있는데도 배움을 등한히 하는 것은 수치스러운 일이오. 또한 이런 사람은 조각하는 법을 배우지 않고서 조각하는 일을 맡은 사람보다 폴리스로부터 더 큰 벌을 받아야 마땅하오.

3. 왜냐하면 전쟁의 위기 상황에서 폴리스 전체가 장군에

---

71 장군이 되는 명예.

게 군 통수권을 맡기므로, 그가 올바르게 행동할 경우 큰 선이 발생하지만 그가 실수할 경우 아마도 큰 불행이 생겨날 것이기 때문이오. 그렇다면 이처럼 중요한 일을 배우는 것을 등한히 하면서 투표로 선출되는 것에 주의를 기울이는 자가 벌 받는 것이 어찌 합당하지 않겠소?"

소크라테스는 이와 같이 말하면서, 그 청년이 배움에 열의를 가지도록 설득했다.

4. 청년이 배우고 나서 돌아왔을 때, 소크라테스는 다음과 같이 말하면서 그에게 농담했다. "오! 사람들이여! 아가멤논이 위풍당당하다고 호메로스가 말한 것처럼, 당신들이 생각하시기에 장군 노릇 하는 법을 배운 이 사람 또한 더욱 위풍당당해 보이지 않습니까? 키타라 연주법을 배운 사람이 키타라를 연주하고 있지 않더라도 키타라 연주자이고, 의술을 배운 사람이 치료하고 있지 않더라도 의사인 것처럼, 여기 이 사람도 이 시간부터 계속 장군일 겁니다. 설령 아무도 이 사람을 장군으로 선출하지 않더라도 말이지요. 반면 배우지 않은 사람은 장군도 아니고 의사도 아닙니다. 설령 모든 사람들에 의해 만장일치로 선출되었더라도 말입니다."

5. 소크라테스가 이어서 말했다. "하지만 우리들 중 누군가가 당신 밑에서 연대장이나 중대장이 되어서 전쟁에 관해 더 나은 지식을 가지게끔, 당신이 우리에게 말해 주시오. 그가 당신에게 장군술에 관해 어떤 것부터 가르치기 시작했는지 말이오."

청년이 말했다. "첫 가르침은 마지막 가르침과 동일한 것이었습니다. 왜냐하면 선생님은 저에게 전술 외에 다른 것을 가르치지 않았으니까요."

6. 소크라테스가 말했다. "하지만 전술은 장군술의 많은 부분 중 하나일 뿐이오. 왜냐하면 장군은 전쟁을 위한 물자를 준비할 수 있어야 하고 군인들에게 생필품을 조달할 수 있어야 하고, 꾀 많고 부지런하고, 주의력 있고 참을성 있고, 상황판단이 빠르고 친절한 동시에 사납고, 솔직하면서도 의뭉스럽고, 지키는 데 능하면서도 도둑 같고, 후하면서도 탐욕스럽고, 선물 주는 것을 좋아하나 많은 것을 가지고자 하고, 굳건하고 공격적이어야 하기 때문이오. 또한 장군직을 훌륭히 수행하려는 사람은 다른 많은 덕목을 본성적으로 그리고 배움을 통해서 소유해야 하는 거요.

7. 전술을 아는 것도 좋은 일이오. 왜냐하면 질서정연하게 배열된 군대와 무질서한 군대는 엄청나게 다르기 때문이오. 이는 마치 돌과 벽돌, 나무와 진흙이 무질서하게 내던져져 있으면 아무 짝에도 쓸모없는 것과 같은 이치요. 하지만 썩지도 않고 녹지도 않는 재료 즉 돌과 진흙이 밑바닥과 꼭대기에 놓이고, 그 가운데 벽돌과 나무가 한데 결합—건물에서 그러하듯이—되면, 큰 가치를 지닌 수유물 다시 말해 집이 되는 거요."

8. 청년이 말했다. "오! 소크라테스여! 당신의 비유는 완벽합니다. 왜냐하면 전쟁에서도 가장 훌륭한 병사들을 전방과 후방에 배치해야 하며, 가장 열등한 병사들을 중앙에 배치해야

하기 때문입니다. 열등한 병사들이 전방에 위치한 병사들로부터 이끌리는 동시에 후방에 위치한 병사들로부터 추동되도록 말이지요."

9. 소크라테스가 말했다. "좋소. 만약 당신 스승이 당신으로 하여금 좋은 자들과 나쁜 자들을 구별하도록 가르쳤다면 말이오. 하지만 만약 그렇지 않다면, 당신이 배운 것들은 무슨 쓸모가 있소? 만일 당신 스승이 좋은 동전과 위조 동전을 구별하는 법을 가르쳐주지도 않고서 맨 앞과 맨 뒤에는 가장 훌륭한 은화를 놓고, 가운데는 가장 형편없는 동전을 놓으라고 당신에게 명령한다면, 이것은 당신에게 아무 이득이 없을 거요."

청년이 말했다. "제우스께 맹세컨대, 스승님은 그런 것을 가르쳐주지 않으셨습니다. 따라서 누가 좋은 사람이고 누가 나쁜 사람인지 판별하는 것은 우리 자신의 몫입니다."

10. 소크라테스가 말했다. "그러면 우리는 어떻게 해야 좋은 사람과 나쁜 사람을 혼동하지 않을 수 있는지 따져 봐야 하지 않겠소?"

청년이 말했다. "저도 그러고 싶습니다."

소크라테스가 말했다. "그러면 우리가 돈을 움켜쥐어야 하는 경우, 돈을 가장 사랑하는 사람을 맨 앞에 놓으면 옳겠소?"

청년이 대답했다. "제 생각에, 그렇습니다."

소크라테스가 말했다. "그러면 위험을 무릅쓸 사람들의 경우는 어떻소? 명예를 가장 사랑하는 사람들을 앞에 놓으면 되오?"

청년이 대답했다. "그렇습니다. 이 사람들은 칭찬을 받기 위해서 자발적으로 위험을 무릅쓰는 사람들입니다. 이 사람들이 누구인지는 불분명하지 않으며, 그들은 어디서나 눈에 잘 띄기 때문에 쉽게 발견할 수 있습니다."

11. 소크라테스가 말했다. "그런데 당신 스승은 당신에게 전술만 가르쳤소, 아니면 각각의 전열이 어디에 그리고 어떻게 활용되어야 하는지도 가르쳤소?"

청년이 말했다. "그다지 많이 가르치지 않았습니다."

소크라테스가 말했다. "동일한 방식으로 군대를 배열하거나 이끄는 것이 적합하지 않은 경우도 허다하오."

청년이 말했다. "하지만 제우스께 맹세컨대, 스승님은 이런 것들을 명확히 설명해 주지 않으셨습니다."

소크라테스가 말했다. "제우스께 맹세컨대, 그러면 다시 돌아가서 스승님께 여쭈어 보시오. 왜냐하면 만약 그가 이런 내용을 아는 자고 후안무치한 사람이 아니라면, 수업료를 받은 후에 당신을 이처럼 부족한 상태로 되돌려 보내는 일을 수치스럽게 생각할 테니 말이오."

§2장

1. 언젠가 소크라테스는 장군으로 선출된 아무개를 우연히 만났을 때 다음과 같이 말했다. "무엇 때문에 호메로스가 아가

멤논을 '백성들의 목자'[72]라고 불렀다고 당신은 생각합니까? 마치 목자는 양떼가 안전하고 먹을 것을 가져서 양떼를 치는 목적이 달성되도록 돌보아야 하는 것처럼, 이와 마찬가지로 장군 또한 자기 병사들이 안전하고 먹을 것을 가져서 군사작전의 목적이 달성되도록 돌보아야 하기 때문 아닌가요? 군사작전의 목적은 적들을 제압함으로써 더 행복해지기 위함이니까요.

2. 혹은 호메로스는 어째서 다음과 같이 말하면서 아가멤논을 칭찬했겠습니까?

> 그는 좋은 왕이면서 동시에 강력한 창병이다.[73]

아가멤논이 혼자서 적들에 잘 대항해서가 아니라, 군대 전체를 그렇게 만들 수 있기에 강력한 창병이라는 뜻이겠지요? 또한 그가 좋은 왕이라는 것도, 자기 혼자의 삶을 잘 주재해서가 아니라, 자신이 다스리고 있는 자들의 행복을 책임지기 때문이겠지요?

3. 왜냐하면 왕은 자기 자신을 잘 돌보기 위해 선출되는 것이 아니라, 자신을 선출한 사람들이 그로 인해 잘 돌보아지기 위해서 선출되는 것이니까요. 또한 모든 사람은 자신의 삶이 가능한 한 최선이 되게 하기 위해 원정을 떠나는 것이고, 이런

---

72 《일리아스》ii 243.

73 《일리아스》iii 179.

이유로 장군들을 선출하는 것입니다. 그리고 장군들은 이 일을 위해 지도자가 되는 것입니다.

4. 따라서 장군인 자는 자신을 장군으로 선출해준 사람들을 위해 이런 일을 준비해야 하는 것입니다. 왜냐하면 이보다 더 훌륭한 것을 발견하기 쉽지 않으며, 이와 반대되는 것보다 더 수치스러운 것을 발견하기도 어렵기 때문입니다."

좋은 지도자의 탁월함이 무엇인지를 이와 같이 검토함으로써, 소크라테스는 자신이 인도하는 자들을 행복하게 만드는 능력만 남겨 두고, 나머지 덕목들은 제외했다.

§3장

1. 한편 내가 알기로, 일전에 어떤 이가 기마부대를 이끄는 장군으로 선출되었을 때, 소크라테스는 다음과 같은 대화를 그와 나누었다. 소크라테스가 말했다.

"오! 젊은이여! 당신이 어떤 이유로 기마부대를 이끌고자 했는지 우리에게 말씀해 줄 수 있나요? 기마병 맨 앞에서 행진하기 위한 것은 아니겠지요. 이 위치에 합당한 것은 기마 궁수이니까요. 아무튼 기마 궁수들은 기마부대 장군 앞에서 행진하지요."

젊은이가 말했다. "옳은 말씀입니다."

소크라테스가 말했다. "또한 당신이 [장군으로 선출되고자 한 것은] 더 잘 알려지기 위한 것도 아닙니다. 미친 사람도 모든 이에게 잘 알려져 있으니 말입니다."

젊은이가 말했다. "그것도 맞는 말씀입니다."

2. 소크라테스가 말했다. "그러면 [장군이 되고자 하는 것은] 기마부대를 더 나은 모습으로 만들어서 폴리스에 넘겨주려고 생각해서지요? 또한 만약 기마부대 쓸 일이 생기면 당신이 기마부대를 이끌고 폴리스를 위해 어떤 좋은 일을 하려는 것이지요?"

젊은이가 말했다. "물론 그렇습니다."

소크라테스가 말했다. "제우스께 맹세컨대, 만약에 당신이 이런 일을 할 수 있다면 정말 훌륭합니다. 당신이 선출된 이유는 말들과 기병들을 지휘하기 위해서겠지요."

젊은이가 말했다. "그렇습니다."

3. 소크라테스가 말했다. "그러면 먼저 우리에게 말해 주세요. 당신은 어떻게 말들을 더 훌륭하게 만들 생각이신가요?"

그러자 젊은이가 말했다. "그것은 저의 일이 아니라고 생각합니다. 오히려 기병 각자가 개인적으로 자기 말을 돌보아야 하지요."

4. 소크라테스가 말했다. "그러면 만약 당신에게 어떤 기병들이 발이나 다리가 아픈 말을 가져오고, 다른 기병들은 제대로 먹지 못해서 행군을 따라올 수 없는 말을 가져오고, 또 다른 기병들은 제대로 훈련되지 않아서 당신이 명령하는 곳에 머무르지 못하는 말을 가져오고, 또 다른 기병들은 자꾸 발로 차서 정렬할 수도 없는 말을 가져온다면, 기마부대가 당신에게 무슨

쓸모가 있겠습니까? 어떻게 이런 기병을 이끌고 폴리스에 무슨 좋은 일을 할 수 있겠습니까?"

그러자 젊은이가 말했다. "훌륭한 말씀입니다. 이제부터는 최선을 다해 말들을 돌보도록 노력하겠습니다."

5. 소크라테스가 말했다. "그러면 어떻습니까? 당신은 기병들을 더 나은 자들로 만들도록 노력하지 않을 겁니까?"

젊은이가 말했다. "노력해야지요."

소크라테스가 말했다. "그러면 우선 기병들이 말을 더 잘 타도록 만들 건가요?"

젊은이가 말했다. "당연히 그렇게 해야지요. 그래야 말에서 어느 기병이 떨어지더라도 더 잘 살아날 수 있을 테니까요."

6. 소크라테스가 말했다. "그러면 어딘가에서 위험을 무릅써야 할 경우는 어떤가요? 이 경우에 당신이 말을 타는 데 익숙한 모래 위로 적들을 이끌도록 그들에게 명령할 건가요? 아니면 전쟁이 벌어지는 장소에서 훈련을 수행하려고 노력할 건가요?"

젊은이가 말했다. "앞쪽이 확실히 더 좋겠네요."

7. 소크라테스가 말했다. "그러면 다음은 어떤가요? 당신은 기병들이 말을 타고 적들을 최대한 많이 치는 것에 주의를 기울일 건가요?"

젊은이가 말했다. "그것 또한 좋은 방법이네요."

소크라테스가 말했다. "당신은 기병들의 마음을 고무시키고 적들에 대해 격분시켜서, 기병들을 더 굳세게 만들 생각인가요?"

젊은이가 말했다. "그렇게까지 못하더라도, 적어도 이제는 그렇게 하도록 노력하겠습니다."

8. 소크라테스가 말했다. "기병들이 어떻게 당신에게 복종할지 생각해 보셨나요? 왜냐하면 이것 없이는 제아무리 훌륭하고 굳센 말과 기병이라도 쓸모없을 테니 말입니다."

젊은이가 말했다. "옳은 말씀입니다. 하지만 오! 소크라테스여! 어떻게 해야 그들을 이처럼 복종하게끔 잘 권면하겠습니까?"

9. 소크라테스가 말했다. "당신도 아실 겁니다. 모든 문제에 있어서 사람들은 가장 뛰어나다고 생각하는 자들에게 가장 잘 복종하려 한다는 사실을 말입니다. 즉 아플 때는 가장 의술에 능하다고 생각되는 사람에게 가장 잘 복종하고, 배에 승선하고 있을 때는 조종술에 가장 능하다고 생각되는 사람에게 복종하고, 농사지을 때에는 농사에 가장 능한 사람에게 복종하는 법입니다."

젊은이가 말했다. "정말로 그렇습니다."

소크라테스가 말했다. "그렇다면 아마도 승마술에 있어서도, 해야 할 일을 가장 잘 안다고 보이는 자에게 다른 사람들이 복종하려 하겠지요."

10. 젊은이가 말했다. "그렇다면 오! 소크라테스여! 만약 제가 분명히 사람들 가운데 가장 뛰어나다면, 그들이 저에게 복종하는 데 그것으로 충분하겠습니까?"

소크라테스가 말했다. "이에 덧붙여서, 만약 그들이 당신에게 복종하는 것이 더 훌륭하고 안전하다는 것을 당신이 입증할 수 있다면, 그럴 겁니다."

젊은이가 말했다. "어떻게 제가 그것을 가르칠 수 있나요?"

소크라테스가 말했다. "제우스께 맹세코, [이렇게 가르치는 것은] 나쁜 일이 좋은 일보다 더 훌륭하고 이득도 된다고 가르치는 것보다 훨씬 쉽습니다."

11. 젊은이가 말했다. "지금 당신께서는 기마대 대장이 다른 능력 외에도 말할 수 있는 능력까지 갖추어야 한다고 말하는 건가요?"

소크라테스가 말했다. "그러면 당신은 기마대를 침묵으로 이끌어야 한다고 생각하는 건가요? 우리가 이제껏 관습적으로 가장 훌륭하다고 배워온 모든 것들—이를 통해 우리는 사는 법을 배웠지요—은 말에 의해 배운 것이라는 사실을 생각해 보지 않으셨나요? 또한 만약 누군가가 다른 어떤 훌륭한 것을 배운다면 말을 통해 배우는 것이며, 가장 잘 가르치는 사람들은 말을 가장 훌륭하게 사용하는 것 아닌가요? 그리고 가장 중요한 것을 가장 잘 아는 사람들이 가장 훌륭하게 대화하지 않나요?

12. 아니면 당신은 다음과 같은 사실을 고려하지 않으셨나요? 이 폴리스에서 마치 델로스로 보내어지는 합창단[74]과 같은 하나의 합창단이 뽑힌다면, 다른 어떤 곳의 합창단도 이에 견

---

74 4년마다 그리스의 각 도시들은 아폴론과 아르테미스를 기리는 축제를 위해 사절들을 파견했다.

줄 수 없으며, 다른 폴리스에는 이곳에 비견될 만큼 많은 훌륭한 인물들이 모이지 않는다는 사실 말입니다."

젊은이가 말했다. "옳으신 말씀입니다."

13. 소크라테스가 말했다. "아테나이 사람들이 다른 이들보다 그토록 뛰어난 것은 목소리가 좋아서도 아니고 몸집이 커서도 아니며 힘이 좋아서도 아닙니다. 그것은 오히려 명예에 대한 사랑 때문이지요. 이는 무엇보다도 훌륭함과 명성을 향한 자극제입니다."

젊은이가 말했다. "그것도 옳은 말씀입니다."

14. 소크라테스가 말했다. "만약 어떤 사람이 이곳의 기병대에 주의를 기울이면, 다른 무기들과 말들의 준비에 있어서, 질서정연함에 있어서 그리고 적들에 대해 위험을 무릅쓰려는 준비태세에 있어서도 다른 이들을 훨씬 능가할 것이라고 당신은 생각하지 않으시나요? 이런 행동을 하여 칭송과 명예를 얻을 것이라고 생각한다면 말입니다."

젊은이가 말했다. "그럴 것 같습니다."

15. 소크라테스가 말했다. "그러면 주저하지 마시고 사람들을 이러한 일들로 권면하세요. 이를 통해 당신 자신이 유익을 얻을 뿐 아니라, 다른 시민들도 당신으로 인해 유익을 얻도록 말입니다."

젊은이가 말했다. "제우스께 맹세코, 그렇게 하도록 하겠습니다."

§4장

1. 한번은 니코마키데스가 공직선거를 마치고 떠나는 것을 보고 소크라테스가 물었다. "오! 니코마키데스여! 누가 장군들로 선출되었습니까?"

니코마키데스가 대답했다. "오! 소크라테스여! 아테나이 사람들이란 바로 이런 사람들이 아닌가요? 제가 징병되어 중대에서나 연대에서 복무하면서 뼈 빠지게 일했고 적들에 의해 이토록 많은 부상도 당했는데도, 저를 장군으로 선출해 주지 않으니 말입니다."

이렇게 말하면서 니코마키데스는 옷을 벗어 상처로 인한 흉터를 보여주었다.

니코마키데스가 계속 말했다. "저 대신 안티스테네스를 뽑았지 뭡니까? 이 사람은 중장보병으로 군 생활을 한 적도 없고, 기마부대에서 괄목할 만한 무공을 세운 것도 아니고, 돈 모으는 것 외에는 달리 할 줄 아는 것도 없는데 말입니다."

2. 소크라테스가 말했다. "그가 병사들에게 생필품을 제공할 만한 능력이 있다면 좋은 일 아닌가요?"

니코마키데스가 답했다. "상인들도 돈 모으는 일에는 유능합니다. 하지만 그렇다고 해서 그들이 군대를 통솔할 수 있는 것은 아닙니다."

3. 그러자 소크라테스가 말했다. "하지만 안티스테네스는 이기는 것을 좋아하는 사람이기도 합니다. 이 점은 장군으로서

적합한 덕목이지요. 그가 합창단을 후원할 때마다 후원받은 모든 합창단이 승리했다는 사실을 당신은 모르나요?"

니코마키데스가 말했다. "제우스께 맹세코, 그렇습니다. 하지만 합창단과 군대 사이에는 하등의 공통점도 성립하지 않습니다."

4. 소크라테스가 말했다. "하지만 안티스테네스는 노래나 무용 교육에 대한 경험이 없음에도 불구하고 이런 일들에 가장 뛰어난 사람을 발굴하는 데 유능하답니다."

니코마키데스가 말했다. "그렇다면 군대에 있어서도 그 사람은 자기 대신 군을 통솔할 사람과 싸울 사람을 찾겠네요."

5. 소크라테스가 말했다. "만약 그가 합창경연에서처럼 전쟁에서도 가장 뛰어난 사람을 찾아서 발탁한다면, 아마도 전쟁에서도 승리를 가져올 겁니다. 또한 그는 합창경연에서 자신의 종족과 더불어 승리하는 것보다는, 아마도 폴리스 전체와 함께 전쟁에서 승리하는 일에 십중팔구 자본을 투자하기 원할 것입니다."

6. 니코마키데스가 말했다. "오! 소크라테스여! 지금 당신은 합창단을 훌륭히 후원하는 사람이 훌륭한 장군이 된다고 말씀하는 겁니까?"

소크라테스가 말했다. "내가 말하는 바는, 누군가가 무엇을 다스리든, 만약 그가 필요한 것을 알아서 이를 제공할 수 있다면, 좋은 지도자가 될 것이라는 점입니다. 합창단을 지도하든 가정을 지도하든 폴리스를 지도하든 군대를 지도하든 말입니다."

7. 그러자 니코마키데스가 말했다. "제우스께 맹세컨대, 오! 소크라테스여! 저는 당신으로부터 '좋은 가정 경영인이 좋은 장군이다.'라는 말을 듣게 되리라고 생각해 본 적이 없습니다."

소크라테스가 말했다. "자! 그러면 그 역할들이 동일한지 아니면 뭔가 다른 점이 있는지 알도록 이들 각각의 역할을 검토해 봅시다."

니코마키데스가 말했다. "물론입니다."

8. 소크라테스가 말했다. "양자의 과제는 다스림을 받는 자들로 하여금 자신의 말에 경청하고 순종하도록 준비시키는 것이겠지요?"

니코마키데스가 말했다. "물론 그렇습니다."

소크라테스가 말했다. "그러면 어떤가요? 일하기에 합당한 자들에게 각각의 일을 하도록 명령하는 것도 다스리는 자의 임무인가요?"

니코마키데스가 말했다. "그것도 맞습니다."

소크라테스가 말했다. "그뿐만 아니라 내가 생각하기에, 양자[75]는 나쁜 자들에게 벌을 주고 좋은 자들에게 명예를 주는 것이 합당합니다."

니코마키데스가 말했다. "물론입니다."

9. 소크라테스가 말했다. "한편 시중 드는 자들이 선의를 가지도록 만드는 일이 어찌 양자에게 좋은 일이 아니겠습니까?"

---

75 가정 경영인과 장군.

니코마키데스가 말했다. "그것도 맞습니다."

소크라테스가 말했다. "당신이 생각하시기에, 협력자와 도우미를 자기 쪽으로 끌어들이는 일이 양자에게 유익하겠습니까, 아니겠습니까?"

니코마키데스가 말했다. "물론 유익하겠지요."

소크라테스가 말했다. "양자는 마땅히 재산을 지켜야하지 않을까요?"

니코마키데스가 말했다. "당연히 그렇습니다."

소크라테스가 말했다. "그러면 양자는 자신의 과제에 관하여 마땅히 주의를 기울이고 근면해야겠지요?"

10. 니코마키데스가 말했다. "이 모든 일들이 양자에게 유사하게 해당됩니다. 하지만 싸우는 것은 양자에게 공통된 것이 아닙니다."

소크라테스가 말했다. "하지만 어쨌든 양자에게 적들이 생겨나지요?"

니코마키데스가 말했다. "물론 그렇지요."

소크라테스가 말했다. "그러면 적들을 능가하는 일은 양자에게 이롭겠지요?"

11. 니코마키데스가 말했다. "물론입니다. 하지만 당신은 다음과 같은 사실을 간과하고 있습니다. 즉 싸워야 할 경우에 경영술에 무슨 유익이 있을까요?"

소크라테스가 말했다. "거기에 최대의 유익이 있을 겁니다. 왜냐하면 좋은 경영인은 적들과 싸워서 이기는 것보다 더 이득이 되고 더 유리한 일은 없으며, 패배하는 것보다 더 이득 없고 손해 막심한 일이 없음을 알기에, 이기는 데 유익한 것을 열렬히 찾아 준비하고, 패배를 가져오는 요인을 주의 깊게 탐구하여 방지하기 때문입니다. 또한 자신의 준비가 승리를 가져올 것임을 명확히 아는 경우에 그는 열심히 싸우겠지만, 이에 못지않게, 만약 자신이 준비되어 있지 않다면 싸움에 말려들지 않도록 주의할 것입니다."

12. 소크라테스가 이어서 말했다. "오! 니코마키데스여! 가정 경영을 하는 사람을 깔보지 마세요. 왜냐하면 사적인 일들을 돌보는 것은 공적인 일을 돌보는 것과 단지 규모에 있어서만 다르기 때문입니다. 다른 공통점들도 존재하지만 가장 큰 공통점은 둘 다 사람 없이 가능하지 않고, 사적인 일과 공적인 일이 서로 다른 사람들에 의해 행해지는 것도 아니라는 점입니다. 왜냐하면 공적인 일들을 돌보는 사람들이 사적인 일들을 경영할 때 상대하는 사람과 다른 사람들을 상대하는 것은 아니기 때문입니다. 또한 사람들을 다룰 줄 아는 이들은 사적인 일이든 공적인 일이든 훌륭하게 성취하는 반면, 사람들을 다룰 줄 모르는 이들은 두 경우 모두 불협화음을 낸답니다."

§5장

1. 소크라테스는 어느 날 위대한 페리클레스의 아들 페리클

레스 2세[76]와 대화하면서 다음과 같이 말했다. "오! 페리클레스여! 이제 당신이 장군이 되었으니, 나는 폴리스가 전쟁에 더 강해지고 명성도 더 많이 얻게 되며 적들을 제압할 것이라고 소망합니다."

그러자 페리클레스 2세가 답했다. "오! 소크라테스여! 저도 당신이 말씀하는 대로 되기를 원합니다. 하지만 어떻게 이런 일들이 가능한지 알 수가 없군요."

소크라테스가 말했다. "그러면 우리가 이런 일들에 관해 대화하면서 현재 가능한 것이 무엇인지 검토해 볼까요?"

페리클레스가 말했다. "네, 그러고 싶습니다."

2. 소크라테스가 말했다. "당신은 아테나이 사람들이 보이오티아 사람들보다 수적으로 적지 않다는 것을 알지요?"

페리클레스기 말했다. "알지요."

소크라테스가 말했다. "아테나이 사람들보다 보이오티아 사람들 중에서 탁월하고 아름다운 신체를 더 많이 골라낼 수 있다고 생각하나요?"

페리클레스가 말했다. "제가 생각하기에 아테나이 사람들이 이 점에 있어서도 부족하지 않은 듯합니다."

소크라테스가 말했다. "어느 나라 사람들이 자기 나라 사람들에 대해 더 선의를 가지고 있다고 생각하나요?"

---

76 아테나이의 정치가 페리클레스와 그의 정부 아스파시아 사이에서 태어난 서자. 페리클레스 2세는 훗날 아르기누사이 해전에서 선원들의 시체를 구조하지 못했다는 이유로 불법 재판을 받아 사형당한 장군 중 하나였다.

페리클레스가 말했다. "제가 생각하기에 아테나이 사람들이 더 그런 것 같습니다. 왜냐하면 보이오티아 사람들 중 다수는 테바이 사람들의 지나친 욕심에 희생되어서 이들에 적의를 품고 있기 때문입니다. 반면 아테나이 사람들에게는 이런 것을 발견할 수 없습니다."

3. 소크라테스가 말했다. "더구나 아테나이 사람들은 더 명예를 사랑하고 모든 이들 중에서 가장 인심이 후합니다. 이런 점들은 무엇보다 명성과 조국을 위해 위험을 무릅쓰도록 촉구하는 특징이기도 합니다."

페리클레스가 말했다. "아테나이 사람들은 이런 점에서 비난받을 만하지 않습니다."

소크라테스가 말했다. "그뿐만 아니라, 아테나이 사람들보다 조상들의 훌륭한 업적을 더 크고 더 많이 소유하는 사람들은 없습니다. 이로 인해 많은 이들이 자부심을 느끼며, 용기를 얻어 탁월함을 돌보고 담대해지는 것입니다."

4. 페리클레스가 말했다. "오! 소크라테스여! 당신이 말하는 것들은 모두 진실입니다. 하지만 당신도 아시다시피, 톨미데스와 레바데이아의 1000명에게 닥친 재앙 그리고 델리온에서 히포크라테스에게 닥친 재앙[77] 이래로, 보이오티아 사람들

---

[77] 기원전 456년 이후 아테나이 사람들은 보이오티아를 점령했으며 거기에 민주정을 수립했다. 하지만 이때 추방당한 과두제 집권층이 447년 경 보이오피아의 레베데이아 근처 코로네아에서 아테나이 군대를 궤멸시키고 독립을 쟁취했다(투키디데스 I. 108—113). 한편 424년에는 아티카와 보이오티아의 접경지

에 대한 아테나이 사람들의 견해는 겸손해진 반면, 아데나이 사람들에 대한 테바이 사람들의 자부심은 드높아졌습니다. 그래서 전에는 보이오티아 사람들이 라케다이몬 사람들과 다른 펠로폰네소스 사람들의 도움 없이는 감히 자기 땅에서조차 아테나이 사람들에 대항하지 못했지만, 지금은 그들 스스로 아티카 지방까지 침범하려고 위협하고 있습니다. 반면에 한때는 보이오티아를 유린했던 아테나이 사람들은 보이오티아 사람들이 아티카를 약탈하지나 않을까 두려워하고 있습니다."

5. 그러자 소크라테스가 말했다. "나도 사정이 그렇다는 것을 압니다. 하지만 내가 생각하기에, 폴리스의 현 상황이 좋은 지도자에게 더 긍정적인 듯합니다. 왜냐하면 용기는 부주의함과 나태 그리고 불순종을 낳는 반면, 두려움은 사람들을 더 주의력 있고 순송석이며 질서 정연하게 만들기 때문입니다.

6. 배에 승선한 사람들로부터도 위와 같은 내용을 추론할 수 있습니다. 왜냐하면 그들이 아무것도 두려워하지 않을 때에는 무질서가 만연하기 때문입니다. 반면 선원들이 폭풍이나 적들에 대해 두려워하고 있을 때에는, 모든 명령을 순순히 이행할 뿐 아니라 마치 합창단원들처럼 조용히 명령을 경청합니다."

7. 페리클레스가 말했다. "하지만 만약 사람들이 현재 가장

역인 델리온에서 히포크라테스가 지휘한 아테나이 군대가 보이오티아 군대에 패퇴했다(투키디데스 IV. 96 이하). 플라톤에 따르면(《향연》221a 및 《라케스》 181b), 소크라테스도 이 전투에 참전했다고 한다.

잘 순종한다면, 어떻게 우리가 이들로 하여금 과거의 탁월함과 명성 그리고 행복을 다시 사랑하도록 권면할 수 있을는지요.[78]"

8. 소크라테스가 말했다. "만약 우리가 그들에게 다른 사람들이 가진 돈을 자기 것이라고 주장하도록 만들기 원한다면, 그 돈은 자기 조상의 것이고 지금은 그들에게 속한다는 것을 보여주면 될 겁니다. 이런 식으로 우리는 그들이 달려들어서 그 돈을 자기 것이라고 주장하도록 잘 만들 수 있습니다. 하지만 지금 우리가 원하는 것은 그들이 탁월함에 일등을 차지하는 데 주의를 기울이게 하는 것이므로, 우리는 이것이 예전부터 그들에게 속하는 것이었고, 이들이 탁월함을 돌봄으로써 모든 이들 중 가장 뛰어난 자들이 될 것임을 입증해야 합니다."

9. 페리클레스가 말했다. "그러면 우리가 어떻게 이것을 가르칠 수 있나요?"

소크라테스가 말했다. "내 생각에는, 만약 그들의 아주 오래된 조상들—우리가 들은 바—이 가장 탁월한 자들이었다는 이야기를 그들이 누누이 들어왔음을 우리가 그들에게 상기시켜 준다면 가능할 겁니다."

10. 페리클레스가 말했다. "당신은 신들의 판결—케크롭스[79]의 곁에 있던 자들이 탁월함 때문에 심판관이 되었던—에 대해 말씀하고 계시는 건가요?"

---

78 직역하면 "권면하도록 말해야 할 때입니다."

79 케크롭스는 아테나이의 전설적 왕이었는데, 그는 아티카의 수호신 자리를 놓고 아테나 여신과 포세이돈이 다투었을 때 재판관이 되었다.

소크라테스가 말했다. "그렇습니다. 또한 내가 말씀드리는 것은 에렉테우스[80]의 양육과 출산 및 그의 시대에 발발한 인접한 모든 내륙지역과의 전쟁, 또한 헤라클레스의 아들 시대의 펠로폰네소스 사람들과의 전쟁,[81] 그리고 테세우스[82] 시대의 모든 전투들입니다. 이 모든 사건들에서 그들은 명백히 자기 시대의 사람들 중 가장 뛰어난 사람들이었지요.

11. 당신께서 원하신다면, 그들의 후손이 나중에 행한 일들[83]도 덧붙일 수 있습니다. 이들은 우리보다 아주 예전에 살았던 사람들이 아니니까요. 한편으로 그들은 자기 힘으로 아시아 전역과 유럽을 마케도니아까지 지배하는 군주들과 겨루어서, 조상들의 업적을 뛰어넘는 최상의 권력과 자원을 차지했고 가장 큰 업적을 이루었습니다. 또한 다른 한편으로 그들은 펠로폰네소스 사람들과 더불어 육지와 바다에서 가장 뛰어난 자들입니다. 확실히 이들은 자기 시대 사람들을 훨씬 능가했다고 말해집니다."

---

80 에렉테우스는 아테나이의 전설적 왕이었는데, 헤파이스토스와 가이아 사이의 아들이었으며 아테나 여신에 의해 양육되었다.

81 헤라클레스의 아들들과 아르고스의 왕 에우뤼스테우스 사이의 전쟁. 아테나이 사람들은 자신들의 도움 때문에 헤라클레스의 아들들이 승리를 얻었다고 주장했다. 헤로도토스의 《역사》 ix. 27 참고.

82 아테나이의 전설적 왕 테세우스는 아마조네스와 켄타우로스, 트라케 사람들과 싸웠다. 헤로도토스의 《역사》 9.27 및 투키디데스의 《펠로폰네소스 전쟁사》 2.15 참고.

83 페르시아 전쟁.

페리클레스가 말했다. "정말 그렇습니다."

12. 소크라테스가 말했다. "따라서 헬라스에도 많은 이주자들이 있지만, 이들은 자신의 땅에 머무릅니다. 한편 정의를 위해서 싸우는 많은 이들은 헬라스 사람들에게로 발길을 돌리곤합니다. 그리고 더 강한 자들에 의해 압제당하는 많은 이들도 헬라스 사람들에게로 피신오곤 한답니다."

13. 그러자 페리클레스가 말했다. "정말 놀랍습니다. 오! 소크라테스여! 어떻게 우리 폴리스가 이토록 형편없는 지경으로 추락했는지요."

소크라테스가 말했다. "내가 생각하기에, 마치 어떤 운동선수들이 너무 출중하고 강해서 방심한 나머지 적들에게 뒤처지는 것처럼, 아테나이 사람들도 너무 출중해서 자신을 등한히했기 때문에 형편없게 된 것 같습니다."

14. 페리클레스가 말했다. "그러면 과거의 탁월함을 회복하려면 지금 어떻게 해야 합니까?"

소크라테스가 말했다. "내 생각에 별다른 비결이 없습니다. 조상들이 추구했던 바를 찾아서 그들 못지않게 연마한다면, 이들보다 형편없게 되지 않을 겁니다. 만약 이것이 가능하지 않더라도, 최소한 현재 최고인 사람들을 모방해서 그들과 동일한 것들을 연마한다면, 동일한 행동양식을 유사하게 활용할 경우에, 그들 못지않게 될 것입니다. 그리고 그들의 행동양식을 더주의 깊게 활용한다면 그들보다 뛰어나게 될 수도 있습니다."

15. 페리클레스가 말했다. "당신은 훌륭하고 좋음이 우리

폴리스와 멀리 동떨어져 있다고 말씀하는군요. 왜냐히면 아버지 때부터 어르신들을 경멸하기 시작한 아테나이 사람들이 언제 라케다이몬 사람들처럼 나이 먹은 사람들을 존경하겠습니까? 혹은 아테나이 사람들이 건강한 몸 상태를 무시할 뿐더러 몸을 돌보는 자들을 비웃기까지 하는데, 어떻게 이들이 라케다이몬 사람들처럼 신체를 단련하겠습니까?

16. 또한 아테나이 사람들은 다스리는 자들을 경멸하면서 즐거워하는데, 언제 이들이 라케다이몬 사람들처럼 다스리는 자들에게 복종하겠습니까? 또 아테나이 사람들은 상호 이익을 위해 협력하는 대신, 다른 사람들보다 서로를 위협하고 질시하는데, 어떻게 한마음을 가질 수 있겠습니까? 이들은 사적인 모임이나 공적 모임에서 서로 가장 이견을 드러내고, 대부분의 법률 송사를 시로에게 제기하며, 서로서로 이득을 주는 대신 상대방을 희생삼아 이득을 얻는 것을 더 선호합니다. 또한 공적인 일들을 마치 다른 나라의 일인 양 취급하면서 다툽니다. 그러면서도 이와 같은 것들에 유능한 것을 크게 기뻐합니다.

17. 이로 인해 큰 불행과 해악이 폴리스에서 자라나고, 서로에 대한 커다란 반목과 미움이 시민들 사이에 생겨나고 있습니다. 이 때문에 저는 견딜 수 있는 한계를 넘어서는 막대한 해악이 폴리스에 발생하지나 않을까 늘 두려워합니다.”

18. 소크라테스가 말했다. “오! 페리클레스여! 아테나이 사람들이 치유 불가능한 악덕에 병들어 있다고 생각하지 마세요. 그들이 함대에서는 질서정연하고, 운동경기에서는 질서 있게

감독관들에게 복종하며, 합창단에서는 누구 못지않게 스승의 명령에 따른다는 사실을 당신은 못 보았나요?"

19. 페리클레스가 말했다. "하지만 실로 놀라운 점은, 앞서 언급한 사람들은 권위자의 말에 순종하는 반면, 중장보병들과 기병들은 훌륭하고 좋음에 있어서 시민들 가운데 가장 탁월할 것이라고 생각됨에도 불구하고 모든 이들 중 가장 불순종한다는 사실입니다."

20. 그러자 소크라테스가 말했다. "오! 페리클레스여! 그러면 아레오파고스의 법정[84]은 어떤가요? 그 법정은 사람들로부터 인정받은 자들로 구성되지 않나요?"

페리클레스가 말했다. "물론 그렇습니다."

소크라테스가 말했다. "당신은 이보다 더 훌륭하고 더 합법적이고 더 위엄 있고 더 정의롭게 판결을 내리며 그 밖에 다른 모든 일들을 수행하는 사람들을 알고 있나요?"

페리클레스가 말했다. "아레오파고스의 법정에 관해서는 비난할 게 없습니다."

소크라테스가 말했다. "그러면 아테나이 사람들이 무질서하다고 해서 의기소침하면 안 됩니다."

21. 페리클레스가 말했다. "그렇지만 군사적인 일들이야말로 가장 설제와 질서정연함과 순종이 필요한데도, 아테나이 사

---

84 아레오파고스의 법정은 살인죄를 비롯한 중죄에 관해 판결을 내렸던 곳이다. 이 법정은 아르콘 관직을 가졌으며 심사과정을 통과한 사람들로 구성되었다.

람들은 이런 일에 주목하지 않습니다."

소크라테스가 말했다. "어쩌면 이 경우에 가장 지식이 부족한 자들이 사람들을 지도하기 때문인 듯합니다. 지식이 없는 자는 그 누구도 키타라 연주자와 합창단원들, 무용수들, 심지어 레슬링 선수나 팡크라티온[85] 선수들을 지도하려고 시도하지 않으며, 이들을 지도하는 모든 사람들은 자신이 권위를 행사하고 있는 것들을 어디서 배웠는지 증명할 수 있다는 사실을 당신은 모르나요? 반면에 대부분의 장군들은 즉흥적으로 행위하는 자들입니다.

22. 그렇지만 나는 당신이 이런 종류의 사람이라고 생각하지 않습니다. 오히려 내가 생각하기에, 당신은 언제 레슬링을 배우기 시작했는지뿐 아니라 언제 장군이 되었는지도 말할 수 있을 겁니다. 내 생각에 당신은 아버지의 군사 전술로부터 많은 유산을 전수받아서 보존하고 있으며, 장군직에 유용한 것을 배울 수만 있다면 어디서든지 많이 수집해왔을 것 같습니다.

23. 또한 당신은 장군직에 유용한 앎을 무의식적으로 결여하지 않도록 부단히 애쓰고 있고, 만약 이런 종류의 앎을 모른다고 스스로 느끼면 그것을 아는 사람들을 찾아서, 당신이 알지 못하는 바를 그들로부터 배울 수 있다면 그리고 당신의 일에 좋은 조언자를 가질 수 있다면, 선물이나 은혜를 아끼지 않는다고 나는 생각합니다."

---

85 레슬링과 권투의 혼합 경기. 오늘날의 종합 격투기와 유사함.

24. 그러자 페리클레스가 말했다. "오! 소크라테스여! 당신께서 이런 말씀을 하시는 까닭은 제가 위와 같은 것들을 돌보고 있다고 생각해서가 아니라, 장군이 되려는 자라면 이 모든 일들을 돌보아야 한다는 점을 저에게 가르치기 위해서라는 것을 알겠습니다. 물론 저도 이 점에 있어서 당신 말씀에 동의합니다."

25. 소크라테스가 말했다. "오! 페리클레스여! 우리 땅 앞에 놓인 큰 산들이 보이오티아까지 뻗어 있는데, 그 사이로 협소하고 가파른 길이 우리 땅까지 나 있고, 우리 땅의 중심부는 산이 병풍처럼 둘러싸고 있다는 사실을 당신도 파악하고 있지요?"

페리클레스가 말했다. "물론 그렇습니다."

26. 소크라테스가 말했다. "그러면 어떻습니까? 뮈시아 사람들과 피시디아 사람들은 [페르시아] 왕의 영토 가운데 아주 험난한 곳을 차지하였기 때문에, 경무장을 하였으면서도 왕의 영토를 공격해서 많은 피해를 주고 그들 자신은 자유롭게 산다는 이야기를 들어보셨나요?"

27. 페리클레스가 말했다. "그 이야기는 저도 들어 보았습니다."

소크라테스가 말했다. "날렵하고 젊은 아테나이 사람들이 가벼운 무기로 무장하고 우리 땅 앞에 놓여있는 산들을 점령한 채, 적들에게는 해를 주는 반면 이 땅의 시민들에게는 큰 보호막을 제공해 준다고 당신은 생각하지 않나요?"

그러자 페리클레스가 대답했다. "오! 소크라테스여! 당신의 이런 말씀 또한 유익하다고 생각합니다."

28. 소크라테스가 말했다. "그러면 이런 내용이 당신 마음에 들 경우에 이를 채택하세요. 오! 가장 훌륭한 자여! 왜냐하면 당신이 성취하는 것은 무엇이든 당신에게도 훌륭하고 폴리스에도 좋은 일이 될 테니까요. 반면 당신이 이러한 일들 중 어떤 것을 성취할 수 없다손 치더라도, 당신은 폴리스에 해를 끼치지도, 스스로를 수치스럽게도 만들지 않을 겁니다."

§6장

1. 아리스톤의 아들 글라우콘[86]이 미처 스무 살도 되지 않았을 때 폴리스를 다스리는 자가 되고 싶어서 대중 앞에서 연설하려고 시도하자, 그의 친지들과 친구들 중 누구도 그가 연단에서 끌려 내려가서 웃음거리가 되는 것을 막지 못했다. 하지만 소크라테스는 글라우콘의 아들 카르미데스[87]와 플라톤으로 인

---

86 아리스톤의 아들 글라우콘은 플라톤의 형제였으며 카르미데스의 조카였다. 플라톤의 형제인 글라우콘과 아데이만토스는 플라톤의 《국가》에서 주요한 대화자로 등장한다.

87

해 그에 대해 호의를 가지고 있었기에, 혼자서 그를 제지했다.

2. 글라우콘과 마주쳤을 때, 소크라테스는 그를 붙들고서, 그가 듣고자 할 수 있도록 먼저 다음과 같이 말했다. "오! 글라우콘이여! 당신은 폴리스를 다스리는 자가 되려고 하나요?"

글라우콘이 말했다. "그렇습니다."

소크라테스가 말했다. "제우스께 맹세컨대, 만약 인간에게 속한 것들 중 다른 어떤 훌륭한 것이 있다면 폴리스를 다스리는 일이야말로 훌륭한 일입니다. 왜냐하면 이런 일을 성취할 수 있다면, 분명히 당신은 자신이 원하는 것을 스스로 얻을 수 있고 친구들에게 유익을 줄 수 있기 때문입니다. 또한 아버지의 집을 일으켜 세울 것이고 조국을 확장할 것이며, 먼저 이 폴리스에서 나중에는 헬라스 전역에서 명성을 얻게 될 것이기 때문입니다. 아마도 당신은 테미스토클레스처럼 이방인들에게도 유명해질 겁니다. 또한 당신이 어디 있든, 모든 곳으로부터 시선을 사로잡을 것입니다."

3. 그러자 이 말을 들은 글라우콘은 우쭐해져서 기쁘게 그 자리에 머물렀다. 그러자 소크라테스가 말했다. "오! 글라우콘이여! 그러면 다음이 분명합니까? 당신이 존경을 얻기 바란다면 당신으로 인해 폴리스가 유익을 얻어야 하겠지요?"

글라우콘이 말했다. "당연합니다."

소크라테스가 말했다. "신들께 맹세컨대, 그렇다면 숨기지 마시고, 당신이 폴리스를 이롭게 하려면 어디서부터 시작할 것인지 우리에게 말해 주세요."

4. 어디서부터 시작해야 할지 검토하기라도 하는 양 글라우콘이 침묵하자, 소크라테스가 말했다. "당신이 친구의 재산[88]을 늘리고자 한다면 그를 더 부유하게 만들고자 노력하는 것처럼, 당신은 폴리스를 더 부유하게 만들고자 노력하겠지요?"

글라우콘이 말했다. "그렇습니다."

5. 소크라테스가 말했다. "폴리스의 수입이 더 증대되면 더 부유하게 되겠지요?"

글라우콘이 말했다. "아마도 그럴 것 같네요."

소크라테스가 말했다. "그러면 말해 보세요. 현재 폴리스의 수입이 어디에서 들어오며 그 총량은 얼마나 되나요? 왜냐하면 수입이 부족하면 채워 넣고 누락된 것이 있으면 보충할 수 있도록, 당신이 조사해 보았음이 분명하니까요."

글라우콘이 말했다. "하지만 제우스께 맹세코, 저는 그런 내용을 조사해 본 적이 없습니다."

6. 소크라테스가 말했다. "만약 당신이 그것을 빠뜨렸다면, 최소한 폴리스의 지출에 관해 우리에게 말씀해 주세요. 필경 당신은 폴리스의 지출 중 불필요한 것을 삭감하려고 의도할 테니 말입니다."

글라우콘이 말했다. "하지만 제우스께 맹세코, 저는 그런 일을 할 여가가 없었습니다."

소크라테스가 말했다. "그러면 폴리스를 더 부유하게 만들

---

88 oikos : 어떤 사람이 소유하는 집과 농장 및 거기 속하는 가족구성원(가까운 친척과 노예까지 포함) 전체를 포괄하는 전 재산.

고자 한 계획을 연기해야겠네요. 폴리스의 수입과 지출을 알지도 못하면서 어떻게 이런 일들을 돌볼 수 있겠습니까?"

7. 글라우콘이 말했다. "하지만 오! 소크라테스여! 적들의 재산으로부터 폴리스를 부유하게 만들 수도 있습니다."

소크라테스가 말했다. "제우스께 맹세컨대, 당연히 그렇습니다. 우리가 그들보다 더 강하다면 말입니다. 반면 우리가 적들보다 약하다면 우리의 소유물까지도 빼앗기게 될 것입니다."

글라우콘이 말했다. "옳은 말씀입니다."

8. 소크라테스가 말했다. "그렇다면 누구에 대항해서 전쟁을 벌여야 하는지 조언하려는 자는 적어도 자신의 폴리스의 힘과 그 적대자들의 힘을 알아야 합니다. 만약 자기 폴리스의 힘이 더 세다면 전쟁을 벌이도록 조언해야겠지만, 적들의 힘이 더 세다면 조심하라고 조언해야 할 테니까요."

글라우콘이 말했다. "옳은 말씀입니다."

9. 소크라테스가 말했다. "그러면 먼저 우리 폴리스의 육군과 해군의 군사력을 말씀해 주고, 다음으로 적들의 군사력을 말씀해 주세요."

글라우콘이 말했다. "하지만 제우스께 맹세코, 제 능력으로는[89] 그런 것을 말씀드릴 수 없습니다."

소크라테스가 말했다. "써 놓은 게 있으면 가져오세요. 그 내용을 아주 기꺼이 들을 테니까요."

---

89 직역하면 "제 입으로는".

글라우콘이 말했다. "하지만 제우스께 맹세코, 그런 것을 써 놓은 적도 없습니다."

10. 소크라테스가 말했다. "그렇다면 전쟁에 관해 조언하는 일은 현재로서는 유보해야겠습니다. 왜냐하면 아마도 사안이 중대한데다가 당신이 이제 막 다스리는 일을 시작해서 아직 사안을 충분히 검토하지 않았기 때문입니다. 하지만 내가 알기로, 당신은 이미 국토의 방어에 주의를 기울여왔기 때문에, 얼마나 많은 감시초소가 적절한 곳에 위치하고 있으며 얼마나 많은 감시초소는 그렇지 않은지, 또한 얼마나 많은 수비대가 충분하며 얼마나 많은 수비대는 그렇지 않은지 알고 있습니다. 그래서 당신은 적절한 곳에 위치한 초소는 강화하는 한편 불필요한 초소는 없애도록 조언할 것입니다."

11. 글라우콘이 말했다. "제우스께 맹세컨대, 저는 모든 초소를 없앨 겁니다. 이들이 지키고 있어 봐야 우리 땅에서 나는 것들을 도둑질당할 뿐이니 말입니다."

소크라테스가 말했다. "하지만 만약 감시초소들을 없애 버린다면, 강탈할 권한을 원하는 자마다 가질 거라고 생각하지 않으십니까?"

소크라테스가 이어서 말했다. "그런데 당신 자신이 직접 가서 이 문제를 조사하였나요, 아니면 감시초소가 형편없이 지키고 있다는 것을 어떻게 아시나요?"

글라우콘이 대답했다. "추측한 겁니다."

소크라테스가 말했다. "그렇다면 이 문제에 관해서도, 우리가 더 이상 추측이 아니라 이미 정확한 사실을 알고 있을 때 조언을 하도록 할까요?"

글라우콘이 말했다. "아마도 그게 더 낫겠네요."

12. 소크라테스가 말했다. "내가 알기로, 당신은 은광에 가본 적이 없기 때문에, 어째서 과거보다 지금 거기서 소출이 적게 나오는지 말할 수 없지요."

글라우콘이 말했다. "가 보지 않았습니다."

소크라테스가 말했다. "제우스께 맹세컨대, 은광은 몸을 지치게 하는 곳입니다. 따라서 당신이 이에 관해 조언해야 할 경우, 충분히 이를 구실로 삼을 수 있습니다."

글라우콘이 말했다. "저를 놀리는군요."

13. 소크라테스가 말했다. "하지만 내가 알기에, 당신이 간과하지 않은 점이 있습니다. 당신은 이런 내용을 몰라서 폴리스가 궁핍해지지 않도록, 또한 당신이 이런 내용을 알고 있어서 필수품들에 관해 조언하면서 폴리스에 도움을 주고 구원할 수 있도록, 이 땅에서 자라는 곡물이 얼마나 오랫동안 폴리스를 먹여 살릴 수 있는지 또한 매년 얼마나 곡물이 더 필요한지 조사했습니다."

글라우콘이 말했다. "이런 일들까지 돌보아야 하다면, 엄청나게 거창한 일에 관해 말하는 겁니다."

14. 소크라테스가 말했다. "하지만 만약 가정에서 필요한 것을 모두 알지 못하고 이 모든 것들을 충분히 돌보지 못한다면, 우리는 자기 가정조차 훌륭하게 경영하지 못할 겁니다. 하

지만 폴리스가 적어도 천 개 이상의 가정으로 구성되어 있어서 이렇게나 많은 가구를 동시에 돌보는 것은 힘들텐데, 한 가정 즉 당신 삼촌의 가정을 먼저 늘리도록 노력했어야 하지 않나요? 그게 필요한데 말입니다. 당신이 이런 일을 할 수 있다면, 더 많은 가구에 대해서 시도해 볼 수 있을 겁니다. 반면 한 가정에도 유익을 줄 수 없다면, 어떻게 많은 가정에 유익을 줄 수 있겠습니까? 1 탈란트도 건사할 수 없는 사람이 더 큰 돈을 지니려고 하면 안 되는 게 명약관화하지 않습니까? 이와 마찬가지 이치입니다."

15. 글라우콘이 말했다. "하지만 저도 삼촌의 가정에 유익을 줄 겁니다. 만약 삼촌께서 저의 말에 따른다면 말입니다."

소크라테스가 말했다. "그러면 당신은 삼촌도 설득할 수 없으면서 삼촌까지 포함해서 아테나이 사람들 전체를 설득해서 당신에게 순종하게 할 수 있다고 생각하나요?"

16. 소크라테스가 이어서 말했다. "주의하세요. 오! 글라우콘이여! 좋은 평판을 얻기를 갈망하다가 정반대 상황에 직면하지 않게 말입니다. 알지 못하는 것을 말하거나 행하는 일이 얼마나 위험한지 모르나요? 당신이 아는 다른 이들의 경우를 머리에 떠올려 보세요. 당신이 생각하기에, 스스로 알지 못하는 것들을 말하고 행하는 자들이 비난보다 칭찬을, 멸시보다 존경을 더 받던가요?

17. 한편 무엇을 말해야 하는지, 무엇을 행해야 하는지 아는 사람들의 경우를 머리에 떠올려 보세요. 내가 생각하는 바

로는, 모든 일에 있어서 좋은 평판을 받고 경탄의 대상이 되는 사람들은 가장 정통한 앎을 가진 사람들에게서 나온다는 사실을 당신은 발견할 겁니다. 반면 나쁜 평판을 받고 무시당하는 사람들은 가장 무지한 사람들 중에서 나오는 법입니다.

18. 따라서 만약 당신이 폴리스에서 좋은 평판을 얻고 경탄의 대상이 되기를 열망한다면, 행하고자 하는 것을 최대한 알려고 노력하세요. 왜냐하면 이 점에서 남들을 능가한 이후에 폴리스의 일들을 행하려고 한다면, 당신이 열망하는 것을 아주 쉽게 얻는다고 하더라도 놀랍지 않을 테니까요."

§7장

1. 글라우콘의 아들 카르미데스가 주목할 만한 인물이며 정치적인 일들을 행하는 자들보다 훨씬 능력이 있음에도 불구하고, 민회에 나가서 연설하고 폴리스의 중대사를 돌보는 일을 꺼려하는 것을 보고서, 소크라테스가 말했다. "나에게 말해 보세요. 오! 카르미데스여! 만약 어떤 사람이 경기에서 이길 수 있고 이로 인해 자기 자신뿐 아니라 자기 조국을 헬라스에서 가장 명예롭게 만들 능력이 있는데도, 그가 승리의 화환을 수여하는 경기를 원치 않는다면, 당신은 이런 사람을 어떤 사람으로 간주하겠습니까?"

카르미데스가 말했다. "그는 유약하고 겁 많은 사람임이 분명합니다."

2. 소크라테스가 말했다. "만약 어떤 사람이 폴리스의 중대사를 돌봄으로써 폴리스를 확장시키고 이로 인해 자기 자신도 존경받을 수 있는데도 이 일을 행하는 것을 꺼려한다면, 이 사람은 아마도 겁쟁이라고 생각되지 않겠습니까?"

카르미데스가 말했다. "아마도 그렇겠지요. 하지만 어째서 당신은 이런 질문을 저에게 던지나요?"

소크라테스가 말했다. "왜냐하면 내가 생각하기에, 당신이 할 수 있는데도 이런 일을 돌보는 것을 꺼려한다고 보이니까요. 더구나 이런 일들은 시민으로서 당신이 마땅히 참여해야 할 의무입니다."

3. 카르미데스가 말했다. "당신이 무슨 일에서 저의 능력을 보았기에 저에 대해 이런 판단을 내리시는 건가요?"

소크라테스가 말했다. "당신이 폴리스의 일들을 행하는 자들과 교제할 때입니다. 그들이 뭔가 조언해 달라고 의뢰할 때마다 당신이 훌륭하게 조언하는 것을, 그리고 그들이 뭔가 잘못할 때마다 당신이 올바르게 그들을 질책하는 것을 내가 목격하니까요."

4. 카르미데스가 말했다. "오! 소크라테스여! 사적인 대화를 나누는 것과 군중 가운데서 논박하는 일은 동일하지 않습니다."

소크라테스가 말했다. "그렇지만 셈할 수 있는 사람은 혼자 있을 때 못지않게 군중 속에서도 셈하는 법이고, 혼자서 최고로 훌륭하게 키타라를 연주하는 자들은 군중 속에서도 훌륭히 연주하는 법입니다."

5. 카르미데스가 말했다. "사람들에게 있어서 부끄러움과 두려움은 선천적으로 타고나며 사적인 교제에서보다 군중 속에서 훨씬 더 커진다는 사실을 당신은 알지 못하나요?"

소크라테스가 말했다. "나는 당신에게 이 점을 지적하고 싶습니다. 당신은 가장 지각 있는 자들도 두려워하지 않고 가장 강한 자들도 무서워하지 않지만, 가장 지각없고 나약한 사람들 가운데서 말하는 것을 부끄러워하는군요.

6. 당신은 천 다듬는 자들 또는 구두수선공 또는 목수 또는 대장장이 또는 농부 또는 상인 또는 시장에서 물건을 사고팔면서 어떤 것을 더 싸게 사서 더 비싸게 팔지 고민하는 자들 앞에서 연설하는 것을 부끄러워하는 건가요? 민회는 전부 이런 사람들로 구성되니 말입니다.

7. 당신이 지금 하고 있는 것은 월등한 실력을 가지고 있는데도 일반인을 두려워하는 운동선수의 행동과 뭐가 다르다고 생각합니까? 왜냐하면 당신은 폴리스에서 가장 높은 사람들—물론 그들 중 일부는 당신을 경멸합니다만—과 쉽게 대화하고 폴리스의 일들을 돌보는 자들보다 훨씬 대화를 잘하는데도, 혹시라도 비웃음을 살까봐 두려워서, 정치적인 일들에 관해 고민해 본 적도 없고 당신을 깔보지도 않는 자들 가운데서 말하는 것을 꺼려하니 말입니다."

8. 카르미데스가 말했다. "그러면 어떻습니까? 당신이 보기에 민회에 참석한 사람들은 종종 올바르게 말하는 사람들을 비

웃지 않나요?"

소크라테스가 말했다. "물론이지요. 그리고 다른 사람들도 그렇게 합니다. 바로 이런 이유 때문에 저 사람들[90]이 그렇게 할 때는 당신이 쉽사리 해결하면서, 민회에 모인 사람들에 대해서는 아무 방법도 제시할 수 없다고 생각하시니 놀랍습니다.

9. 오! 좋은 자여! 당신 자신을 아세요. 그리고 대부분의 사람들이 실수하는 것처럼 실수하지 마세요. 왜냐하면 많은 이들은 남들의 문제를 검토하기 시작했으면서도 방향을 돌려 자기 자신을 살펴보지는 않기 때문입니다. 그러므로 이런 일을 태만히 하지 마시고, 당신 스스로에게 주의를 기울이는 데 애써 보세요. 그리고 당신으로 인해 뭔가 나아질 수 있다면, 폴리스의 일들을 무시하지 마세요. 왜냐하면 이런 일들이 훌륭하게 돌아가면, 다른 시민들뿐 아니라 당신의 친구들과 당신 자신도 적지 않게 유익을 얻을 테니까요."

§8장

1. 어느 날 아리스티포스는 자신이 예전에 소크라테스에 의해 논박당한 것처럼, 소크라테스를 논박하려고 시도했다. 그러자 소크라테스는 자기 동료에게 유익을 주기 원했기에, 어떤

---

90 폴리스의 중직자들과 정치가들.

식으로든 말이 꼬일까봐 조심하는 사람이 아니라 마땅히 해야 할 바를 하려고 굳게 결심한 사람처럼 대답했다.

2. 아리스티포스는 소크라테스에게 뭔가 좋은 것을 알고 있냐고 질문했다. 만약 소크라테스가 먹을 것이나 마실 것, 재산, 건강, 힘, 대담함 중 무언가를 좋은 것이라 말하면, 이것이 때때로 나쁜 것임을 보이기 위해서였다. 하지만 소크라테스는 만약에 어떤 것이 우리를 곤란하게 하면 이것을 멈추게 할 것이 필요하다는 사실을 알고 있기에, 할 수 있는 한 가장 훌륭한 방식으로 대답했다.

3. 소크라테스가 말했다. "지금 당신은 열을 내리는 데 좋은 게 뭔지 아느냐고 질문하는 건가요?"

아리스티포스가 말했다. "아닙니다."

소크라테스가 말했다. "그러면 안염에 좋은 건가요?"

아리스티포스가 말했다. "그것도 아닙니다."

소크라테스가 말했다. "그러면 배고픔에 좋은 건가요?"

아리스티포스가 말했다. "배고픔도 아닙니다."

소크라테스가 말했다. "하지만 만약 당신이 나에게 어떤 것에도 좋지 않은 것을 아냐고 물어본다면, 나는 그런 것을 알지도 못하고 원하지도 않습니다."

4. 또다시 아리스티포스가 소크라테스에게 "뭔가 훌륭한 것(kalon)[91]을 아십니까?"라고 질문하자, 소크라테스가 대답했

---

91   또는 아름다운 것.

다. "훌륭한 게 많습니다."

아리스티포스가 말했다. "그것들 모두가 서로 닮았습니까?"

소크라테스가 말했다. "어떤 것들은 최대한 안 닮았습니다."

아리스티포스가 말했다. "그렇다면 어떻게 훌륭한 것과 닮지 않은 것이 훌륭할 수 있나요?"

소크라테스가 말했다. "왜냐하면, 제우스께 맹세컨대, 레슬링에서 훌륭한 사람은 달리기에서 훌륭한 사람과 안 닮았고, 방어에 훌륭한 방패는 강력하고 신속하게 날아가는 데 훌륭한 창과 최대한 안 닮았기 때문입니다."

5. 아리스티포스가 말했다. "제가 당신께 '뭔가 좋은 것을 알고 계시나요?'라고 질문했을 때와 별반 다르지 않은 답변을 하시는군요."

소크라테스가 말했다. "당신은 좋은 것과 훌륭한 것이 별개의 것이라고 생각하십니까? 모든 것은 동일한 대상과 관련해서 훌륭한 동시에 좋다는 사실을 당신은 모르나요? 그 이유는 다음과 같습니다. 우선 탁월함은 어떤 것과 관련해서는 좋고 다른 것과 관련해서는 훌륭한 것이 아닙니다. 다음으로 사람들은 동일한 관점에서 그리고 동일한 것들과 관련해서 훌륭하고 좋다고 일컬어집니다. 즉 사람의 몸도 동일한 것과 관련해서 훌륭하고 좋다고 보입니다. 사람들이 사용하는 다른 모든 것들 또한 동일한 것들—즉 무엇에 유익한지—과 관련해서 훌륭하고 좋다고 생각됩니다."

6. 아리스티포스가 말했다. "그러면 거름 담는 바구니도 아

름다운가요(kalon)[92]?"

소크라테스가 말했다. "제우스께 맹세컨대, 황금 방패도 추하답니다. 만약에 자신의 기능과 관련해서 하나는 훌륭하게 만들어진 반면, 다른 하나는 형편없이 만들어졌다면 말입니다."

아리스티포스가 말했다. "동일한 것들이 아름다우면서 동시에 추하다는 말씀인가요?"

7. 소크라테스가 말했다. "제우스께 맹세코, 동일한 것들이 좋기도 하고 나쁘기도 합니다. 왜냐하면 배고픔에 좋은 것은 종종 열을 내리는 데 나쁘고, 열을 내리는 데 좋은 것은 배고픔에 나쁘기 때문입니다. 또한 달리기에 훌륭한 것은 종종 레슬링 하는 데 형편없으며, 레슬링 하는 데 훌륭한 것은 달리기 하는 데 형편없습니다. 모든 것은 잘 맞는 것에 대해서는 좋고 훌륭한 반면, 잘 맞지 않는 것에 대해서는 나쁘고 추하니까요."

8. 한편 소크라테스가 동일한 집들이 훌륭하고 유용하다고 말할 때, 내 생각에 그는 어떤 집이 건축되어야 하는지 교육하는 것처럼 보였다.

소크라테스는 다음과 같은 방식으로 검토했다. "마땅히 그래야 하는 대로 집을 지으려고 하는 사람은 그 집이 살기에 쾌적하고 쓸모 있도록 고안해야 하겠지요?"

9. 이에 모든 사람들이 동의하자, 소크라테스가 말했다. "그러면 여름에 시원하고 겨울에 따뜻한 집이 살기 쾌적한가요?"

---

92 kalon은 "아름다운"으로도 번역 가능하지만 "훌륭한"으로도 번역 가능하다.

사람들이 이에 동의하자, 소크라테스는 다시 말했다. "그렇다면 남향집의 경우, 겨울에는 태양이 집 안채까지 비추는 반면, 여름에는 태양이 우리 머리 위 즉 지붕 위를 지나갈 때 그늘을 드리우겠지요? 따라서 만일 이렇게 건축되는 것이 훌륭하다면, 우리는 집을 건축할 때 남쪽 방향을 향해 더 높게 지어서 겨울 햇살이 차단되지 않게 해야 하고, 북쪽 방향으로는 지면에 가깝게 지어서 찬바람이 들어오지 않도록 해야 합니다.

10. 요약해서 말하자면, 가장 쾌적하고 아름다운 가옥이란 어떤 계절이든 집주인이 쾌적하게 피신할 수 있고 재산을 가장 안전하게 보관할 수 있는 곳입니다. 반면 그림과 장식품은 그것이 제공하는 것보다 더 많은 즐거움을 앗아갑니다."

또한 소크라테스가 말했다. "신전과 제단의 가장 합당한 위치는 가장 잘 보이면서도 사람들이 덜 지나다니는 곳입니다. 왜냐하면 [지나가는 자들이] 보고 기도하기에 쾌적하고, 흠 없는 자들이 접근하기에도 쾌적하기 때문입니다."

§9장

1. 한편 용기가 교육 가능한 것인가 아니면 선천적인 것인가 하는 질문을 받았을 때, 소크라테스는 이렇게 말했다. "내가 생각하기에, 어떤 사람의 몸이 다른 사람의 몸보다 노동하는 데 더 강하게 태어나는 것처럼, 한 영혼은 다른 영혼보다 두

려움에 관해서 본성상 더 굳센 것 같습니다. 왜냐하면 내가 목격하건대, 동일한 법과 관습 하에서 양육된 사람들도 대담함에 있어서 서로 많이 다르기 때문입니다.

2. 하지만 나는 모든 본성이 용기에 있어서 배움과 훈련을 통해 성장할 수 있다고 생각합니다. 그 이유는 다음과 같습니다. 스퀴티아 사람과 트라케 사람은 감히 창과 방패를 들고 라케다이몬 사람과 맞서 싸우지 않을 것임이 명백합니다. 또한 분명히 라케다이몬 사람은 경량의 방패와 창을 들고 트라케 사람과 겨루려 하지 않을 것이며, 스퀴티아 사람과 활로 겨루려 하지 않을 겁니다.

3. 내 자신이 녹격한 바, 다른 모든 일에 있어서도 마찬가지로 사람들은 본성적으로 서로 다르지만, 주의 기울임으로 인해 많이 성장합니다. 이렇게 볼 때, 모든 사람—본성상 더 뛰어난 사람이든 아니면 덜 떨어진 사람이든—은 자신이 주목받고자 하는 분야에서 배우고 훈련해야 함이 명백합니다."

4. 한편 소크라테스는 지혜(sophia)와 절제(sōphrosynē)[93]를 구별하지 않고, 만약 어떤 사람이 훌륭하고 좋은 것을 알고 이를 활용하고 수치스러운 일을 알아서 조심하면 이 사람이야말로 현명하고 절제하는 사람이라고 판단했다. "마땅히 행해야 할 바가 뭔지 알면서도 이와 반대되는 일을 행하는 자들이 현명하고 자제력 있는 사람이라고 생각합니까?"라는 질문을 받자 소

---

93 또는 "사려 깊음".

크라테스는 이렇게 답했다. "아닙니다. 오히려 이들은 현명하지 않고 자제력 없는 사람에 지나지 않습니다. 왜냐하면 내가 생각하기에, 모든 사람은 다양한 가능성 중 자신에게 가장 이로울 것이라고 생각되는 바를 선택해서 행하기 때문입니다. 따라서 나는 올바르지 않게 행하는 자들은 현명하지도 절제하지도 않는다고 생각합니다."

5. 또한 소크라테스는 정의와 다른 모든 탁월함은 지혜 (sophia)라고 말했다. 왜냐하면 정의로움과 탁월함에 의해 행해지는 것들은 모두 훌륭하고 좋기 때문이다. 또한 이러한 것들을 아는 자들은 그밖에 다른 어떤 것을 선택하지 않을 것이며, 이를 알지 못하는 자들은 아무리 노력해도 이를 행할 수 없고 실수하게 된다는 것이다. 따라서 현명한 자들은 훌륭하고 좋은 일들을 행하는 반면, 현명하지 않은 자들은 그렇게 할 수 없으며 그들이 노력하더라도 실수하게 된다. 그러므로 정의로운 것들과 여타 훌륭하고 좋은 모든 것들은 탁월함에 의해 행해지는 것이므로, 정의와 여타 모든 탁월함 또한 지혜임이 분명하다.

6. 한편 소크라테스는 광기란 지혜의 반대라고 말했으나, 무지가 곧 광기라고 생각하지는 않았다. 자기 자신을 알지 못하면서 자신이 모르는 바를 안다고 추측하고 생각하는 것은 광기에 아주 가깝다고 소크라테스의 추론하였다. 하지만 그는 말하기를, 많은 이들은 대부분의 사람들이 알지 못하는 것들에 관해 실수하는 자들은 미쳤다고 하지 않는 반면, 많은 사람들이 알고 있는 것을 실수하는 자들은 미쳤다고 일컫는다.

7. 왜냐하면 어떤 사람이 자기가 너무 커서 성벽의 관문을 통과할 때 허리를 숙여야 한다고 여기거나, 혹은 너무 강해서 집들을 들어 올리려고 생각하거나, 아니면 모든 사람의 생각에 불가능해 보이는 다른 어떤 일을 행하려고 시도할 경우에, 이런 사람은 미쳤다고 말해지기 때문이다. 반면 많은 사람들은 작은 실수를 저지르는 사람들이 미쳤다고 생각하지 않으며, 강력한 욕망을 사랑이라고 부르듯이 이와 마찬가지로 심대한 정신이상을 광기라고 부른다.

8. 한편 질투가 무엇인지 탐구하면서, 소크라테스는 그것이 일종의 고통임을 발견했다. 그런데 이것은 친구들의 불운에 대한 고통도 아니고 적들의 행운에 대한 고통도 아니다. 오히려 소크라테스는 친구들의 성공에 괴로워하는 자들만이 질투하는 자들이라고 말했다. 우리가 누군가를 사랑하면서 그의 성공에 고통스러워할 수 있느냐고 혹자가 놀라자, 소크라테스는 많은 사람들이 누군가에 대해 가지는 태도를 상기시켜 주었다. 즉 많은 사람들은 불행을 겪고 있는 사람들을 그냥 지나치지 못하므로 불운에 처한 자들을 돕지만, 다른 사람들이 운이 좋을 때는 고통스러워 한다는 것이다. 하지만 이런 일은 현명한 사람(phronimos)에게 생겨나는 것이 아니며, 이런 일을 늘 겪는 자는 바보 같은 자이다.

9. 한편 여가란 무엇인지 탐구하면서, 소크라테스는 대부분의 사람들이 무언가를 하고 있음을 발견했다고 말했다. 심지어 보드게임을 즐기는 자들이나 어릿광대짓 하는 자들도 무언가

하고 있다는 것이다. 하지만 소크라테스는 이런 사람들 모두가 여가를 가지고 있다고 말했다. 왜냐하면 그들은 이보다 더 좋은 일들을 하러 갈 수 있기 때문이다. 반면 더 좋은 일에서 더 나쁜 일로 가는 여가가 있는 사람은 아무도 없다. 만약 어떤 사람이 그렇게 한다면 소크라테스는 이 사람은 여가를 가지지 못해서 잘못 행한 것이라고 말했다.

10. 소크라테스는 왕과 지도자들이란 왕홀을 가진 자가 아니고 우연히 마주친 사람들에 의해 선출된 자도 아니며 추첨에 의해 공직을 얻은 것도 아니고 폭력이나 사기로 권력을 강탈한 것도 아니고, 오히려 앎을 가지는 자가 다스리는 자라고 말했다.

11. 그 이유는 다음과 같다. 마땅히 해야 할 일을 명령하는 것은 다스리는 자의 책무인 반면 이에 복종하는 것은 다스림 받는 자의 의무라고 누군가가 동조할 때마다, 소크라테스는 선상에서 배를 조종할 줄 아는 자가 다스리는 반면, 선주 및 여타 배에 승선한 다른 모든 자들은 앎을 가지는 자에게 복종한다는 사실을 지적했다. 또한 농장의 경우 땅을 소유한 자들과, 질병의 경우 아픈 자들, 그리고 신체단련의 경우 신체를 단련하는 자들, 그리고 무언가 돌봄을 요하는 것을 소유한 다른 모든 사람들에 있어서도, 이들 자신이 그런 일들을 돌볼 줄 안다고 생각하면 스스로 그 일을 관리하겠지만, 만약 그렇지 않다면 이런 일에 관한 앎을 가진 사람이 곁에 있을 경우 그들에게 복종하는 한편 앎을 가진 자가 부재할 경우 사람을 보내어 불러올

것이다. 이는 이처럼 앎을 가진 사람의 말을 믿고 따라서, 마땅히 해야 할 의무를 이행하기 위해서이다. 한편 소크라테스는 실 잣는 일의 경우 여성들이 남성들을 다스린다는 사실을 보였다. 왜냐하면 여인들은 어떻게 실을 방적해야 하는지 아는 반면, 남자들은 알지 못하기 때문이다.

12. 이러한 소크라테스의 주장에 대해, "참주는 올바르게 조언하는 자들의 말에 순종하지 않을 수도 있습니다."라고 혹자가 반박하자, 소크라테스는 이렇게 대답했다. "어떻게 순종하지 않을 수 있겠습니까? 올바르게 조언하는 자의 말에 순종하지 않을 경우 이에 대해 벌이 주어지는데 말입니다. 어떤 문제에 있어서든 올바르게 조언하는 자의 말에 순종하지 않는 자는 필경 실수를 저지르게 될 것이며, 그는 자신이 저지른 실수로 인해 벌을 받게 될 것입니다."

13. 현명하게 사리분별 하는 사람을 참주가 죽일 수도 있다고 누군가가 말하면, 소크라테스는 이렇게 답했다. "가장 좋은 동지를 죽인 자가 벌 받지 않게 될 수 있다고 생각하나요, 아니면 그가 생각지도 않게 벌을 받게 될 것이라고 생각하나요? 즉 이런 일을 하는 자가 구제받을 것이라고 생각하나요, 아니면 곧바로 파멸하게 될 것이라고 생각하나요?"

14. 어떤 사람이 소크라테스에게 "당신은 사람한테 추구할 만한 최고의 목표가 뭐라고 생각하나요?"라고 질문하자, 그는 "잘 행함(eupraxia)입니다."라고 답했다. 행운(eutychia)도 추구할 만한 것이라고 생각하는지 다시 질문을 받자, 소크라테스는 이

렇게 말했다. "내가 생각하기에 운과 행함(praxis)은 완전히 정반대되는 것입니다. 왜냐하면 나는 뭔가 필요한 것을 찾지도 않았는데 우연히 마주치는 것을 행운이라고 생각하는 반면, 무언가 배우고 훈련해서 잘 행하는 것이 잘 행함이라고 생각하기 때문입니다. 또한 내가 생각하기에, 이런 일을 추구하는 자들이 잘 행하는 사람들입니다."

15. 또한 소크라테스가 말했다. "가장 훌륭하고 신들로부터 가장 사랑받는 사람들은 농사의 경우 농사와 관련된 일들을 잘 행하는 자들이고, 의술의 경우 의학적인 일들을 잘 행하는 자들이며, 정치의 경우 정치적인 일들을 잘 행하는 자들입니다." 반면 소크라테스는 어떤 것도 잘 행하지 못하는 자는 아무 짝에도 쓸모없고 신들한테 사랑받지도 못한다고 말했다.

§10장

1. 그뿐만 아니라, 소크라테스는 예술적 재능을 소유해서 이를 사업에 활용하는 예술가들과 대화할 때에도 이들에게 유익을 주었다.

가령 일전에 화가 파라시오스를 방문해서 대화 나누었을 때, 소크라테스는 이렇게 말했다. "오! 파라시오스여! 미술은 보이는 것의 재현이지요? 아무튼 당신네 화가들은 움푹 들어간 것들과 높이 솟은 것들, 그리고 어두운 것들과 밝은 것들, 단단한 것들과 말랑말랑한 것들, 거친 것들과 부드러운 것들, 새로운 대상과 낡은 대상들을 색채로 비슷하게 재현해 냅니다."

2. 파라시오스가 말했다. "옳은 말씀입니다."

소크라테스가 말했다. "더구나 아름다운 형상들을 모방할 때, 당신들은 많은 사람들에게서 가장 아름다운 면을 각각 모아서 몸 전체가 아름답게 보이도록 만드는데, 이는 한 사람에게서 모든 면이 흠잡을 데 없는 일은 쉽지 않기 때문입니다."

3. 파라시오스가 말했다. "우리는 그렇게 만듭니다."

소크라테스가 말했다. "그러면 어떻습니까? 당신네들은 가장 설득력 있고 가장 즐거우며 가장 친근하고 최고로 열망과 애정의 대상이 되는 것, 즉 영혼의 품성도 모사하나요? 아니면 이것은 모사 불가능한 건가요?"

파라시오스가 말했다. "오! 소크라테스여! 비례나 색채를 가지고 있지 않고, 조금 전에 당신이 말한 속성들 중 어떤 것도 가지고 있지도 않고 완전히 비가시적인 대상이 어떻게 모사 가능하겠습니까?"

4. 소크라테스가 말했다. "사람이 누군가를 친밀하게 혹은 적대적으로 쳐다보는 일이 생기나요?"

파라시오스가 말했다. "제 생각에는, 그렇습니다."

소크라테스가 말했다. "그렇다면 이런 감정이 눈빛에 모사되어 드러나나요?"

파라시오스가 말했다. "물론 그렇습니다."

소크라테스가 말했다. "당신이 생각하기에, 친구들을 염려

하는 자들과 그렇지 않은 자들이 친구들에게 좋은 일이 생겨날 때와 불행이 닥칠 때 동일한 안색을 띠나요?"

파라시오스가 말했다. "제우스께 맹세컨대, 당연히 그렇지 않습니다. 왜냐하면 친구들에게 좋은 일이 있을 때는 환한 안색을 띠지만, 친구들에게 불행이 닥칠 때는 침울하게 되기 때문입니다."

소크라테스가 말했다. "그러면 이런 감정을 모사해서 형상화하는 일이 가능한가요?"

파라시오스가 말했다. "물론입니다."

5. 소크라테스가 말했다. "더구나 장엄함과 자유로움, 겸손과 자유롭지 않음, 절제와 현명함, 무례함과 저속함 등은 안색과 자세—사람이 서 있든 아니면 움직이든—를 통해 드러납니다."

파라시오스가 말했다. "옳은 말씀입니다."

소크라테스가 말했다. "그러면 이런 것들도 모사 가능하지요?"

파라시오스가 말했다. "물론입니다."

소크라테스가 말했다. "그렇다면 당신은 사람들이 다음 중어떤 모사물을 바라보는 것을 더 즐거워한다고 생각하나요? 훌륭하고 선하며 사랑스러운 품성이 드러나는 모사물인가요, 아니면 수치스럽고 사악하며 미움 받을 만한 품성이 드러나는 모사물인가요?"

파라시오스가 말했다. "오! 소크라테스여! 제우스께 맹세코, 둘 가운데는 큰 차이가 있습니다."

6. 언젠가 소크라테스가 조각가 클레이톤을 방문해서 대화를 나누었을 때, 이렇게 말했다.

"오! 클레이톤이여! 당신이 만드는 육상선수와 레슬링선수, 권투선수, 팡크라티온 선수 조각상이 아름답다는 사실은 나도 보아서 알고 있습니다. 하지만 어떻게 당신은 조각상들에 살아있는 듯한 생동감—즉 시각을 통해 사람들의 영혼을 가장 잘 고양시키는 것—을 불어넣으십니까?"

7. 클레이톤이 대답할 말을 찾지 못해서 곧바로 대답하지 못하자, 소크라테스가 다시 말했다. "당신은 살아있는 대상들의 모습을 재현하여 작품으로 형상화함으로써, 조각 작품들이 더 생생하게 보이도록 만드는 거지요?"

클레이톤이 말했다. "그렇습니다."

소크라테스가 말했다. "그러면 당신이 조각상들을 실물과 더 비슷하고 더 그럴듯하게 만드는 것은, 몸의 자세에 따라 위아래로 당겨지는 것—즉 한데 뭉치는 것과 퍼지는 것, 팽팽하게 긴장하는 것과 이완되는 것—을 모사해서 재현함을 통해서겠지요?"

클레이톤이 말했다. "물론 그렇습니다."

8. 소크라테스가 말했다. "무어가 활동하고 있는 육체의 느낌들(pathē)을 정확히 흉내 내는 일 또한 그것을 쳐다보는 사람들에게 모종의 기쁨을 주지 않겠습니까?"

클레이톤이 말했다. "그럴 것 같네요."

소크라테스가 말했다. "그렇다면 싸우는 자들의 위협적인 눈매와 승리를 얻어 기뻐하는 자들의 표정도 재현해서 형상화해야겠지요?"

클레이톤이 말했다. "당연히 그렇습니다."

소크라테스가 말했다. "그렇다면 조각가는 영혼의 활동을 형상화하여 모사해야 합니다."

9. 한편 소크라테스가 갑옷 제조공 피스티아스를 방문했을 때, 피스티아스는 소크라테스에게 잘 만들어진 갑옷을 보여주었다. 그러자 소크라테스는 이렇게 말했다. "헤라 여신께 맹세컨대! 갑옷의 발명이란 정말로 훌륭하군요. 오! 피스티아스여! 갑옷은 보호를 필요로 하는 인체의 부분들을 보호하면서도 손의 활용을 방해하지 않으니 말입니다."

10. 소크라테스가 이어서 말했다. "하지만 나에게 말해 주세요. 오! 피스티아스여! 어째서 당신은 갑옷을 다른 사람들보다 더 강하거나 더 값비싸게 만들지 않으면서 더 비싸게 팝니까?"

피스티아스가 말했다. "오! 소크라테스여! 왜냐하면 저는 더 균형 잡힌 갑옷을 만들기 때문입니다."

소크라테스가 말했다. "당신은 균형을 크기로 아니면 무게로 보여 주기 때문에, 갑옷에 더 비싼 가격을 책정하나요? 왜냐하면, 내가 생각하기에, 몸에 잘 들어맞게 만들기만 하면, 모든 갑옷을 [크기나 무게에 있어서] 동일하거나 비슷하게 만들지 않을 것이기 때문입니다."

피스티아스가 말했다. "제우스께 맹세컨대, 저는 갑옷을 몸에 딱 맞게 만듭니다. 왜냐하면 그렇지 않은 갑옷은 쓸모가 없을 테니까요."

11. 소크라테스가 말했다. "그렇다면 사람의 몸 가운데 어떤 몸은 균형 잡혀 있는 반면 다른 몸은 균형 잡혀 있지 않지요?"

피스티아스가 말했다. "그렇습니다."

소크라테스가 말했다. "그렇다면 어떻게 당신은 균형 잡히지 않은 몸에 균형 잡힌 갑옷을 만드나요?"

피스티아스가 말했다. "몸에 잘 맞게 하는 것과 마찬가지 이치입니다. 왜냐하면 잘 맞는 것은 균형 잡힌 것이니까요."

12. 그러자 소크라테스가 말했다. "내가 생각하기에, 당신은 균형 잡혀 있는 것이 그 자체로 그런 것이 아니라 그것을 사용하는 사람과 관련해서 균형 잡혀 있다고 말하는 것 같네요. 이는 마치 방패나 외투가 잘 맞는 사람에게 균형 잡혀 있다고 말하는 것이나 다름없습니다. 당신 말씀에 따르면 그 밖의 다른 것들도 마찬가지일 겁니다.

13. 아마도 잘 맞음에는 어떤 사소하지 않은 다른 좋은 점이 있을 듯합니다."

피스티아스가 말했다. "오! 스크라테스여! 당신이 뭔가 알고 있다면 말씀해 주세요."

소크라테스가 말했다. "같은 무게라고 하더라도 몸에 딱 맞는 갑옷은 맞지 않는 갑옷보다 그 무게로 인해 덜 압박을 줍니다. 왜냐하면 맞지 않는 갑옷은, 어깨에 완전히 걸려 있든 아니면 몸의 다른 부분을 심하게 압박하든, 입기 힘들고 성가시기 때문입니다. 반면 딱 맞는 갑옷은 무게를 쇄골과 견갑골, 그리고 어깨와 가슴, 또한 등과 배에 분산시킴으로써, 짐이라기보다는 거의 장신구에 가까울 정도입니다."

14. 피스티아스가 말했다. "당신께서는 제가 제작한 것들이 훨씬 큰 가치를 지닌 이유를 밝혀 주셨습니다. 하지만 어떤 이들은 오히려 화려하고 도금한 갑옷을 구매합니다."

소크라테스가 말했다. "그렇지만 만약 위와 같은 이유로 사람들이 맞지 않는 갑옷을 구매한다면, 내가 생각하기에 그들은 나쁜 갑옷을 사는 셈입니다. 설령 화려하고 도금된 갑옷이지만 말입니다."

15. 소크라테스가 이어서 말했다. "그런데 몸은 계속 한 자세로 성시해 있는 것이 아니라 때로는 활처럼 구부러지기도 하고 때로는 꼿꼿하게 서기도 하는데, 그러면 어떻게 갑옷이 몸에 정확히 맞을 수 있나요?"

피스티아스가 말했다. "그럴 순 없지요."

소크라테스가 말했다. "당신께서는 잘 맞는다는 것이 정확히 꼭 낀다는 뜻이 아니라 사용할 때 고통을 주지 않는다는 뜻이라고 말씀하는군요."

피스티아스가 말했다. "오! 소크라테스여! 그렇게 말씀하고 계신 것은 당신 자신이시네요. 당신께서는 아주 올바르게 사태를 파악하고 계십니다."

§11장

1. 언젠가 폴리스에 아름다운 여인이 있었는데 그 이름이 테오도테였다. 그녀는 자신을 설득하는 자와 교제하였다. 그런데 동석하고 있던 자들 중 어떤 이가 그녀를 언급하면서 이 여인의 아름다움은 말로 표현할 수 있는 것 이상이라고 말했다. 또한 그가 덧붙이기를, 그녀의 초상화를 그리기 위해 화가들이 그녀를 방문했을 때, 그녀는 그들에게 보여줄 수 있을 만큼 아름다운 자태를 보여주었다는 것이다. 그러자 소크라테스가 말했다. "우리도 그녀를 보러 가야겠네요. 왜냐하면 언어의 한계를 넘어서는 것을 단지 듣고서 알 수는 없기 때문입니다."

2. 그러자 그녀의 모습을 묘사했던 사람이 말했다. "그러면 사양하지 마시고 따라오세요."

이렇게 해서 그들은 테오도테의 집에 갔는데, 거기서 어떤 화가 앞에서 그녀가 자세를 취하며 서 있는 것을 발견하고서, 바라보았다.

이윽고 화가가 일을 마치자 소크라테스가 말했다. "오! 여러분! 그녀가 우리에게 자신의 아름다움을 보여준 것 때문에 우리가 테오도테에게 감사해야 할까요, 아니면 우리가 그녀를 바라본 것 때문에 그녀가 우리에게 감사해야 할까요? 만약 아름다움을 보여준 일이 그녀에게 더 유익한 것이라면 그녀가 우리에게 감사해야 할 것이지만, 만약 바라보는 것이 우리에게 더 유익한 것이라면 우리가 그녀에게 감사해야겠지요?"

3. 소크라테스의 말이 옳다고 누군가가 말하자 소크라테스는 다시 말했다. "그녀는 이미 우리로부터 칭송을 받아서 이득을 보았고, 만약 우리가 더 많은 사람들에게 그녀의 아름다움을 전하면 그녀는 더 큰 유익을 얻을 겁니다. 반면에 이미 우리는 우리가 본 것을 만져보기를 간절히 원하고 있으며, 다소 흥분되어서 돌아갈 겁니다. 그리고 떠난 후에도 열망할 것입니다. 이로부터 아마도 우리는 섬기는 자이고 그녀는 섬김을 받는 자라는 결론이 나옵니다."

그러자 테오도테가 말했다. "제우스께 맹세컨대, 만약 사정이 이와 같다면, 저를 보아주신 것에 대해 마땅히 제가 당신들께 감사해야겠네요."

4. 이때 소크라테스는 그녀가 화려하게 장식하고 있으며, 곁에 있는 그녀의 어머니 또한 아무렇게나 옷을 입고 대충 섬김받는 게 아님을 목격했다. 또한 그녀의 하녀들은 수도 많고 용모도 준수했으며 이들도 함부로 차려입고 있지 않았다. 다른 면에 있어서도 테오도테의 가정은 풍족하게 갖추고 있었다. 이런 광경을 목격하고 소크라테스가 말했다. "나에게 말해 주세요. 오! 테오도테여! 당신에게 농장이 있나요?"

그녀가 대답했다. "아닙니다."

소크라테스가 말했다. "그러면 소득을 벌어들이는 가족구성원이 있나요?"

그녀가 대답했다. "그런 것도 없습니다."

소크라테스가 말했다. "그러면 혹시라도 수공기술을 가진 사람들이 있나요?"

그녀가 대답했다. "수공기술자도 없지요."

소크라테스가 말했다. "그러면 당신은 생필품을 어디에서 얻나요?"

그녀가 대답했다. "누군가가 저의 친구가 되어서 저를 선대해 주고자 할 경우에, 그 사람이 저에게 생계수단이 됩니다."

5. 소크라테스가 말했다. "헤라 여신께 맹세컨대, 오! 테오도테여! 정말이지 훌륭한 소유물입니다. 양떼나 염소 떼, 소떼보다 한 무리 친구를 소유하는 것이 훨씬 더 낫습니다."

소크라테스가 계속 말했다. "그런데 당신은 친구가 될 만한 사람이 마치 파리처럼 당신에게 접근할는지 운에 맡기나요, 아니면 당신 스스로 뭔가를 고안하나요?"

6. 그녀가 말했다. "어떻게 제가 이런 일에 고안물을 발견할 수 있겠습니까?"

소크라테스가 말했다. "제우스께 맹세컨대, 당신은 독거미보다 훨씬 더 적절하게 이런 일을 해낼 수 있습니다. 당신도 아시지 않습니까? 어떻게 독거미들이 생존하기 위해 필요한 먹이를 사냥하는지 말입니다. 왜냐하면 거미는 정말로 얇은 거미줄을 짜서 거기에 걸려드는 것은 뭐든지 먹이로 삼기 때문입니다."

7. 그녀가 말했다. "그러면 당신은 저에게도 일종의 그물을 짜라고 조언하시는 건가요?"

소크라테스가 말했다. "아닙니다. 왜냐하면 당신은 최고의 가치를 지닌 사냥감, 즉 친구들을 이렇듯 무작위로 사냥하려고 생각해선 안 되기 때문입니다. 별로 가치가 없는 토끼를 사냥하는 사람들조차 많은 장치를 고안한다는 것을 당신은 알지 못하나요?

8. 토끼는 밤에 풀을 뜯기 때문에, 사냥꾼들은 밤 사냥에 적합한 개들을 준비해서 토끼를 사냥하는 것입니다. 또한 낮에는 토끼들이 달아나기에, 사냥꾼들은 다른 사냥개들을 보유하는데, 이 개들은 토끼들이 풀 뜯는 곳에서부터 서식지까지 지나간 냄새를 맡아서 추적합니다. 한편 토끼들은 발이 빨라서 설령 눈에 보이더라도 재빨리 달음질쳐 도망갈 수 있기 때문에, 사냥꾼들은 또다시 날렵한 사냥개들을 더 준비해 두어서, 달려가 제압할 수 있도록 합니다. 하지만 어떤 토끼들은 이처럼 날렵한 사냥개들로부터 도망갈 수 있으므로, 사냥꾼들은 토끼들이 도망가는 길목에 그물을 설치해 두어서, 토끼들이 거기에 빠져 걸려들도록 하는 것입니다."

9. 그녀가 말했다. "그러면 저는 어떤 방법으로 친구들을 사냥할 수 있나요?"

소크라테스가 말했다. "제우스께 맹세컨대, 만약 사냥개 대신, 아름다움을 사랑하며 부유한 자들을 추적해서 찾아 주고, 찾은 후에는 이들을 당신의 그물에 걸리게끔 도모해줄 만한 사람을 당신이 발견한다면, [좋은 친구를] 사냥할 수 있겠지요."

10. 그녀가 말했다. "제가 어떤 종류의 그물을 가지고 있나요?"

소크라테스가 말했다. "당신은 아주 잘 낚을 수 있는 하나의 그물, 즉 몸을 가지고 있습니다. 그리고 그 속에 영혼이 깃들어 있는데, 영혼은 당신에게 어떻게 응시하면서 다른 사람들을 즐겁게 할지, 무엇을 말하면서 다른 이들을 기쁘게 할지 가르쳐줍니다. 또한 영혼은 진심으로 돌보아 주는 자를 기쁘게 환대해야 하는 반면, 겉멋 든 자는 물리쳐야 하며, 친구가 아플 때는 그를 염려해서 방문해야 하고, 친구가 뭔가 훌륭한 일을 행하고 있다면 진심으로 함께 기뻐해야 하며, 진심으로 당신에 관해 염려하는 사람을 온 마음을 다해 기쁘게 해야 한다는 것을 당신에게 가르칩니다. 나는 당신이 부드러우면서 동시에 선의를 가지고 사랑할 줄 안다는 것을 잘 알고 있습니다. 또한 당신 친구들은 당신 마음에 드는 자들인데, 내가 알기로는, 당신은 말로써가 아니라 행동으로써 그들을 설득합니다."

그러자 테오도테가 말했다. "제우스께 맹세컨대, 저는 이런 것들 중 어떤 것도 미리 고안해 놓지 않았습니다."

11. 소크라테스가 말했다. "그렇지만 당신이 본성에 따라 그리고 올바르게 사람을 응대한다는 것은 매우 중요합니다. 왜냐하면 당신은 강제로 친구를 포획하거나 강점할 수 없기 때문입니다. 오히려 친절과 즐거움에 의해 이러한 시냥김이 사로잡히고 친구로 남아있게 되는 것입니다."

테오도테가 말했다. "옳은 말씀입니다."

12. 소크라테스가 말했다. "그러면 먼저 당신은 당신을 염려해 주는 자들에게 가장 덜 염려될 만한 일들을 행하라고 요

구해야 합니다. 그 다음에는 당신 자신도 동일한 방식으로 그들을 기쁘게 하여 보답해야 합니다. 왜냐하면 이렇게 해야 그들이 당신의 진정한 친구가 될 것이고 가장 오랫동안 사랑할 것이며 최대로 친절을 베풀 것이기 때문입니다.

13. 또한 필요로 하는 자들에게 당신의 것을 내어주면, 당신은 그들을 가장 기쁘게 할 것입니다. 왜냐하면, 당신도 아시다시피, 아무리 맛난 음식이라도 욕망하기 전에 제공하면 불쾌해 보이며, 배부른 자들에게는 혐오를 자아내기까지 하니까요. 반면에 배고프게 만든 후에 음식을 제공하면, 아무리 형편없는 음식이라도 아주 맛있는 음식으로 보이는 법이지요."

14. 테오도테가 말했다. "그러면 어떻게 제가 가진 것들에 대하여 그들에게 배고픔(갈망)을 불러일으킬 수 있을까요?"

소크라테스가 말했다. "제우스께 맹세컨대, 먼저 배부름이 가시고 다시 필요를 느끼게 될 때까지, 충분히 배부른 자들에게 당신이 가진 아름다움을 제공하거나 일깨우면 안 됩니다. 다음으로 당신은 가장 예의바른 교제를 통해서 그리고 [그들을] 기쁘게 하길 원하지 않는 것처럼 보임으로써, 또 그들이 몹시 필요로 할 때까지 기피함으로써, 필요를 느끼는 자들의 마음을 일깨워야 합니다. 왜냐하면 그들이 진심으로 열망하기 전과 열망하게 된 후에 동일한 선물을 주는 것은 큰 차이가 있기 때문입니다."

15. 그러자 테오도테가 말했다. "오! 소크라테스여! 그렇다면 당신께서 저와 함께 친구들을 찾는 자가 되어주면 어떠한가요?"

소크라테스가 말했다. "제우스께 맹세컨대, 만약 당신이 나를 설득한다면 기꺼이 그렇게 하지요."

테오도테가 말했다. "어떻게 제가 당신을 설득할 수 있나요?"

소크라테스가 말했다. "만약 당신께서 나를 필요로 한다면, 당신 스스로 그 방법을 구하고 고안하실 겁니다."

테오도테가 말했다. "그러면 이리로 자주 방문해 주세요."

16. 그러자 소크라테스가 자신의 소일거리 없음을 농담 삼아 말했다. "오! 테오도테여! 나로서는 여가를 내기가 아주 어렵습니다. 사적인 일이나 공적인 일이 너무 많아서 도무지 시간적인 여유가 없으니 말입니다. 더구나 나에게는 어자 친구들도 있는데, 이들은 밤이나 낮이나 저를 놓아주지 않고 저로부터 마법과 주문을 배운답니다."

17. 테오도테가 말했다. "오! 소크라테스여! 당신은 그런 것들도 잘 아시나요?"

소크라테스가 말했다. "당신이 생각하기에, 여기 계신 아폴로도로스[94]와 안티스테네스께서 어째서 나를 떠나지 않는 것 같나요? 그리고 어째서 케베스와 심미아스가 테바이로부터 여기까지 와 있을까요? 많은 마법과 주문 및 황금 수레바퀴가 아니고서야 이런 일들이 일어날 수 없다는 사실을 잘 알아 두세요."

18. 테오도테가 말했다. "그러면 당신의 황금 수레바퀴를

---

94 그는 소크라테스의 충직한 제자였으며, 플라톤에 따르면 소크라테스의 재판(《변명》34a)과 사형(《파이돈》117d) 때에 동석했다.

저에게 빌려주세요. 먼저 당신을 향해 그것을 돌려 주문을 걸
도록 말입니다."

소크라테스가 말했다. "하지만 제우스께 맹세컨대, 나 자신
이 당신에게 끌려가는 것이 아니라, 당신이 나에게 끌려오는
것을 원하는 바입니다."

테오도테가 말했다. "그러면 제가 당신에게 갈 테니, 받아
주기만 하세요."

소크라테스가 말했다. "기꺼이 당신을 환대하겠습니다. 당
신보다 더 친애하는 여인이 우리 집에 있지 않다면 말이지요."

§12장

1. 동료들 중 하나인 에피게네스가 젊은데도 몸 상태가 나
쁜 것을 보고서, 소크라테스가 이렇게 말했다. "오! 에피게네스
여! 당신은 운동 문외한의 몸을 가지고 있군요."

그러자 에피게네스가 말했다. "그거야 제가 전문가가 아니
니까요. 오! 소크라테스여!"

소크라테스가 말했다. "그건 올륌피아 경기에 출전하려는
사람들도 마찬가지입니다. 아니면 당신이 생각하기에, 적들에
대항해서 생명을 걸고 싸우는 다툼—아테나이 사람들이 언제
든지 일으킬 다툼—이 사소하나요?

2. 적지 않은 사람들이 몸의 나쁜 상태로 인해 전쟁의 위험

하에서 죽기도 하고, 수치스럽게 목숨을 건지기도 한답니다. 또한 동일한 이유로 많은 사람들이 생포되며, 사로잡혀서 여생을 혹독하게 노예생활—만일 노예가 된다면—을 하며 살아가거나, 아니면 극심한 빈궁에 빠지고 때로는 자신이 가진 것 이상의 것을 지불하고 나서, 여생을 생필품이 부족하여 비참하게 살아갑니다. 또한 많은 이들은 몸의 무능함 때문에 겁쟁이라고 여겨져서 오명을 얻기도 합니다.

3. 혹시라도 당신은 몸의 [나쁜] 상태에 대한 벌을 무시해서 이런 벌들을 쉽사리 견딜 수 있다고 생각하는 건가요? 하지만 내가 생각하기에, 몸의 좋은 상태를 돌보는 자가 감내해야만 하는 것들이 오히려 위의 벌보다 훨씬 견디기 쉽고 더 즐겁습니다. 아니면 당신은 몸의 나쁜 상태가 좋은 상태보다 더 건전하고 다른 것들에 대해서도 더 유익하다고 생각하는 건가요? 혹은 당신은 몸의 좋은 상태로 인하여 생겨나는 귀결들을 무시하시는 건가요?

4. 하지만 몸을 좋은 상태로 유지하는 사람들에게 생겨나는 모든 일은 몸을 나쁜 상태로 유지하는 사람들과 정반대입니다. 왜냐하면 몸을 좋은 상태로 유지하는 사람들은 건강하고 강하기 때문입니다. 또한 이런 이유로 많은 사람들이 교전에서 당당히 살아나고, 모든 무시무시한 일들을 피합니다. 그리고 많은 이들이 친구들에게 도움을 주고, 조국을 위해 좋은 일을 하고, 이런 일들로 인해 감사를 받을만하다고 여겨질뿐더러 큰 명성을 얻고 가장 큰 영예를 얻습니다. 또 이런 이유로 그들은

여생을 더 즐겁고 더 훌륭하게 보내며, 자기 자녀들에게도 생존을 위해 더 나은 자산을 남기는 것입니다.

5. 폴리스가 전쟁을 위해 필요한 것들을 공적으로 훈련하지 않는다고 해서 사적인 훈련을 등한히 해서는 안 되며, 오히려 그에 못지않게 돌보아야 합니다. 왜냐하면 이 점을 잘 알아두세요, [전쟁 외의] 다른 어떤 경쟁 혹은 어떤 행위에서도 몸을 더 나은 상태로 준비하여 손해 보는 경우는 없기 때문입니다. 사람들이 행하는 모든 일에는 몸이 유용하니까요. 또한 몸을 사용하는 모든 경우에, 몸을 최선의 상태로 유지하는 일은 특별히 중요합니다.

6. 당신이 보기에 생각하는 일—즉 몸을 가장 덜 사용한다고 여겨지는 분야—에서도, 몸이 건강하지 않기 때문에 많은 사람들이 실족한다는 것을 누가 모르겠습니까? 또한 몸 상태가 나쁘기 때문에 기억상실과 낙심, 까탈스러움, 광기가 종종 많은 사람들의 사고에 생겨나서, 올바른 지식을 몰아내기까지 합니다.

7. 반대로 몸 상태가 좋은 자들에게는 큰 안전이 있고, 몸의 나쁜 상태로 인해 위와 같은 문제를 겪을 위험이 없습니다. 또한 아마도 몸을 좋은 상태로 유지하는 것은 몸 상태가 나빠서 생겨나는 문제들과 반대 결과를 산출하는 데 유익할 것입니다. 도대체 제정신을 지닌 사람이라면 앞서 언급한 문제점들과 반대되는 것들을 얻기 위해 무슨 일을 감내하지 않겠습니까?

8. 더구나 자기 몸을 돌보는 임무를 등한히 하여, 자신이 신

체적으로 가장 아름답고 가장 강하게 되는 것을 보기도 전에 늙는다는 것은 수치스러운 일입니다. 자신을 등한히 한 자는 이런 것들을 볼 수 없습니다. 이런 일은 저절로 생겨나기를 원치 않으니까요."

§13장

1. 어느 날 어떤 사람이 아무개에게 인사말을 했으나 상대방으로부터 인사를 받지 못하자 분노했다. 이때 소크라테스가 말했다. "우습군요. 만약 당신이 누군가 당신보다 몸이 나쁜 사람을 만났다면 화를 내지 않았을 텐데, 영혼에 있어서 막돼먹은 사람을 우연히 만나자 언짢아하다니 말입니다."

2. 한편 다른 사람이 먹는 게 즐겁지 않다고 말하자, 소크라테스는 이렇게 말했다. "아쿠메노스[95]가 좋은 처방을 가르쳐줍니다." 어떤 처방이냐고 물어보자, 소크라테스가 대답했다. "먹는 일을 멈추세요. 금식하고 나면 더 즐겁고 더 값싸고 더 건강하게 삶을 영위하게 될 겁니다."

3. 또 다른 사람이 자기 집의 마실 물이 뜨겁다고 불평하자, 소크라테스가 말했다. "그러면 당신이 따뜻한 물에 목욕하

---

95 아테나이의 의사. 그의 아들 에뤽시마코스도 의사였는데 에뤽시마코스는 플라톤의 《향연》에 등장인물로 나온다.

고 싶을 때, 이미 물이 준비되어 있겠네요."

그가 대답했다. "하지만 목욕하기에는 차갑습니다."

소크라테스가 말했다. "그러면 당신의 종들이 그 물을 마시고 그 물에 목욕하면 언짢아하나요?"

그가 말했다. "제우스께 맹세컨대, 아닙니다. 저는 종종 놀라곤 합니다. 어떻게 종들이 마시고 목욕하는 데 이 물을 기꺼이 사용하는지 말입니다."

소크라테스가 말했다. "그러면 당신네 집에 있는 물이 마시기에 더 따뜻한가요, 아니면 아스클레피오스 신전의 물[96]이 더 따뜻한가요?"

그가 대답했다. "아스클레피오스 신전의 물입니다."

소크라테스가 말했다. "그러면 목욕하기에는 어떤 물이 더 차가운가요? 당신네 집의 물인가요 아니면 암피아라오스[97] 신전의 물인가요?"

그가 대답했다. "암피아라오스 신전의 물이지요."

소크라테스가 말했다. "그렇다면 당신은 종들이나 아픈 사람들보다 만족시키기가 더 어렵다는 사실을 한번 생각해 보셔야겠네요."

---

96 에피다우로스에 있는 아스클레피오스(의술의 신) 신전 경내에는 온천이 있었다.

97 암피아라오스는 신들로부터 불사의 영예를 받은 자이며 예언의 능력을 가지는 자로 추앙되었다. 암피아라오스 신전은 보이오티아의 오로포스에 있었는데, 거기에 샘이 있었다.

4. 어떤 사람이 자기 시종을 심하게 꾸짖자, 소크라테스는 그가 어째서 자기 시종에게 화났는지 물었다.

시종 주인이 답했다. "그가 게으름뱅이인 주제에 미식가이고, 돈을 엄청나게 밝히면서도 일은 하지 않기 때문입니다."

소크라테스가 말했다. "그러면 당신과 시종 중 누가 더 매를 많이 맞아야 하는지 당신은 한번 검토해 보신 적이 있나요?"

5. 어떤 사람이 올륌피아로 가는 여정을 두려워하자, 소크라테스가 말했다. "어째서 당신은 그 길을 두려워하나요? 당신이 집에 계실 때도 거의 하루 종일 걸어 다니지 않나요? 또한 당신이 거기로 여행할 때, 걷다가 아침 식사할 것이고 다시 걷다가 저녁 식사할 것이며 그 후에는 쉴 겁니다. 걷기를 계속 연장해서 5, 6일 정도 걸으면 아테나이로부터 올륌피아까지 쉽사리 도착할 것이라는 사실을 알지 못하나요? 더구나 아침 일찍 하루를 시작하는 것이 늑장부리는 것보다 더 즐겁답니다. 왜냐하면 여정을 적당량 이상으로 연장하도록 강제되는 것은 힘든 반면, 여정을 하루 더 늘려서 여행하는 것은 훨씬 더 용이하기 때문입니다. 따라서 출발할 때 서두르는 것이 노상에서 허둥대는 것보다 낫습니다."

6. 다른 사람이 먼 길을 걸어와서 녹초가 되었다고 말하자, 소크라테스가 그에게 물었다. "짐도 지고 걸어 오셨나요?"

그가 답했다. "제우스께 맹세컨대, 제 외투 외에는 다른 짐이 없습니다."

소크라테스가 말했다. "그러면 혼자 걸어오신 건가요 아니면 시종이 당신을 따라 왔나요?"

그가 말했다. "시종이 따라왔지요."

소크라테스가 말했다. "당신의 시종은 빈손이었나요 아니면 뭔가 짐을 들고 있었나요?"

그가 말했다. "제우스께 맹세컨대, 그는 침구와 다른 물품들을 들고 왔습니다."

소크라테스가 말했다. "그런데 그는 어떻게 여정을 견뎌냈나요?"

그가 말했다. "제가 생각하기에, 시종이 저보다 나은 것 같네요."

소크라테스가 말했다. "그러면 어떻습니까? 만약 시종이 졌던 짐을 당신이 져야 했다면, 당신은 어떻게 대처했을 거라고 생각하나요?"

그가 말했다. "제우스께 맹세컨대, 아주 형편없이 대처했을 겁니다. 아니면 차라리 저는 여행할 엄두도 내지 못했을 겁니다."

소크라테스가 말했다. "그렇다면 이처럼 자기 종보다도 일할 능력이 부족한 사람이 어떻게 자기 스스로 훈련했을 거라고 당신은 생각하나요?"

§14장

1. 만찬에 참석한 동료들 중 어떤 이들은 음식을 적게 가져

오는 반면 다른 이들은 많이 가져오면, 소크라테스는 노예 소년에게 명령해서 소량을 공동 식탁에 놓게 하거나 만찬 참석자마다 일정 분량을 나누어주도록 했다. 그러자 음식을 많이 가져온 자들은 공동 식탁에 차려진 음식을 나누어 먹지 않고 자신이 가져온 음식도 내놓지도 않는 일을 수치스럽게 여기게 되었다.[98] 그래서 그들은 자신이 가져온 음식을 공동 식탁에 차렸다. 그 결과 음식을 많이 가져온 자들이 적게 가져온 자들보다 더 많이 가지지 못하였으므로, 그들은 반찬을 준비하는 데 많은 돈을 허비하는 일을 그만두게 되었다.

2. 언젠가 소크라테스는 자신과 함께 식사하는 자들 중 누군가가 빵 먹는 일을 그만두고 반찬[99]만 먹는 것을 목격했다. 그런데 바로 그때 어떤 행위에 각각의 이름을 지정해야 하는지에 관해 논의가 진행 중이었다. 소크라테스는 이렇게 말했다. "오! 사람들이여! 도대체 어떤 행위와 관련하여 사람이 '미식가'[100]라고 일컬어지는지 우리가 말할 수 있나요? 왜냐하면 반찬이 있으면, 모든 사람은 반찬을 빵에 곁들여 먹기 때문입니다. 하지만 내가 생각하기에, 이런 연유로 이들을 '미식가'라고 부르지는 않습니다."

그러자 동석하던 사람들 중 누군가가 말했다. "물론 아니지요."

---

98   다시 말해 공동 식탁의 음식에 동참하려면 자기가 가지고 온 음식도 내놓아야 한다고 여기게 되었다.

99   opson : 빵과 함께 먹는 부식(육류 혹은 생선).

100   혹은 '반찬 먹는 사람(opsophagos)'.

3. 소크라테스가 말했다. "그러면 이건 어떻습니까? 만약 어떤 사람이 훈련이 아니라 즐거움을 위해서 빵은 안 먹고 반찬만 먹는다면, 이 사람이 '미식가'라고 여겨지겠습니까, 아닙니까?"

동석자가 대답했다. "그 사람 외에 어떤 다른 사람이 미식가일 가능성은 거의 없을 것 같습니다."

그러자 함께 있던 자들 중 다른 어떤 사람이 말했다. "그러면 빵은 조금만 먹으면서 반찬은 많이 먹는 사람은요?"

소크라테스가 대답했다. "내가 생각하기에, 그 사람도 마땅히 미식가라고 일컬어져야 할 것 같습니다. 다른 사람들이 신들에게 풍작을 기원할 때, 아마도 이 사람은 반찬을 많이 달라고 기도할 겁니다."

4. 소크라테스가 이런 말을 하고 있을 때에도, 청년은 지금까지 말해진 내용들이 자신에 대해 이야기된 것이라고 생각하면서도 반찬 먹는 일을 멈추지 않았고 빵도 더 먹었다. 그러자 소크라테스는 이 광경을 보고 말했다. "곁에 계신 분들은 이 사람이 빵을 반찬으로 취급하는지 아니면 반찬을 빵으로 취급하는지 잘 관찰하시기 바랍니다."

5. 언젠가 소크라테스는 함께 식사하는 자들 중 다른 어떤 사람이 빵은 한 입만 먹고 여러 반찬들을 맛보는 것을 보고서 말했다. "한꺼번에 많이 먹으면서 온갖 종류의 감미료를 한 번에 입 안에 털어 넣는 사람이 요리한 음식보다 더 사치스럽고 음식물을 더욱 오염시키는 요리가 있겠습니까? 그는 요리사보

다도 더 많은 재료를 첨가함으로써 음식을 더 사치스럽게 만드는 것입니다. 또한 요리사들이라면 서로 조화롭지 않다고 생각해서 섞지 않는 재료들을 그는 한데 섞기에, 만약 요리사들이 올바르게 조리하는 것이라면 그는 잘못을 저지르는 것이며 요리사들의 기술을 망치고 있는 겁니다.

6. 그런데도 어떤 사람이 요리기술을 가장 잘 아는 요리사들을 고용해 놓고서, 자기 자신은 요리기술을 가지고 있다고 자부할 수 없으면서도 요리사들에 의해 행해지는 것을 멋대로 바꾼다면, 어찌 이런 일이 우스꽝스런 게 아니겠습니까? 많은 음식을 한꺼번에 먹어치우는 습관을 가진 자에게 벌어지는 문제가 또 있습니다. 즉 많은 음식이 준비되어 있지 않을 경우에, 그는 뭔가 허전하다고 생각할 겁니다. 평상시에 먹던 만큼을 갈망할 테니까요. 반면 반찬 한 입과 함께 빵 한 조각 먹는 일에 익숙한 사람은, 설령 많은 음식이 준비되어 있지 않을지라도 고통 없이 한 끼 식사를 만끽할 수 있습니다."

7. 또한 소크라테스는 '만찬을 즐기다(euōcheisthai : 잘 차려먹다)'가 아테나이 말로 '먹다(esthiein)'와 동의어라고 말하곤 했다. 여기서 '잘(eu)'이라는 접두어가 첨가된 것은 영혼이나 육체를 해치지도 않고, 구하기도 어렵지 않은 음식을 먹는다는 것을 의미했다. 따라서 소크라테스는 만찬을 즐기는 일도 조화로운 삶을 영위하는 이들에게 귀속되는 것이라고 보았다.

4권

§1장

1. 소크라테스는 모든 문제에서 그리고 모든 점에서 너무나 유익했으므로, 적절하게 검토하고 관찰한 사람이라면 어디서나 어떤 경우에나 소크라테스와 함께 시간을 보내는 것보다 더 유익한 일은 없다는 것을 분명히 깨달을 수 있었다. 설령 소크라테스가 부재하더라도 그를 상기하는 일은 그와 함께 하는 데 익숙한 이들과 그를 추종하는 이들에게 적지 않은 유익을 주었다. 또한 그는 장난할 때조차, 심각하게 말할 때 못지않게, 그와 함께 시간을 보내는 자들을 이롭게 했다.

2. 이를테면 소크라테스가 종종 누군가를 사랑한다고 고백했을 때, 그는 천성적으로 몸이 아름답도록 잘 갖추어진 사람들보다 영혼이 탁월하도록 잘 갖추어진 사람들을 열망함이 분명했다. 소크라테스는 사람들의 좋은 본성을 판별할 때, 그들이 주목한 바를 얼마나 신속하게 배우는지, 배운 바를 잘 기억하는지 그리고 자신의 가정과 폴리스를 잘 경영하게 해 주고 사람들과 인간적인 일들을 잘 활용할 수 있게 해 주는 배움을

열망하는지 주목했다. 왜냐하면 이런 사람들이 교육받으면 스스로도 행복하고 자신의 가정을 잘 경영할 뿐 아니라, 다른 사람들과 폴리스들도 행복하게 만들어 줄 수 있다고 여겼기 때문이다.

3. 하지만 소크라테스는 모든 이들에게 동일한 방식으로 접근하지는 않았다. 자신이 본성적으로 훌륭하다고 여겨서 배우기를 경멸하는 자들에게 소크라테스는 "본성적으로 가장 뛰어나다고 여겨지는 자들이야말로 더더욱 교육이 필요합니다."라고 말했다. 가령 그는 가장 천성이 뛰어난 말들이 성깔 있고 사납지만 어려서부터 길들이면 가장 쓸 만하고 뛰어난 말이 되는 반면, 길들이지 않을 경우 몹시 다루기 힘들며 평범한 말이 된다는 사실을 지적했다. 또한 가장 천성이 뛰어난 개들은 고통을 마다하지 않고 사냥감을 공격하려 들기에, 잘 길들이면 사냥하는 데 최고의 개가 되고 가장 뛰어난 개가 되는 반면, 제대로 양육하지 않으면 쓸모없고 제정신 아니며 순종하지 않게 된다는 것이다.

4. 이와 마찬가지로 사람의 경우도, 본성적으로 가장 뛰어난 자들은 영혼에 있어서 원기 왕성하고 자신이 착수하는 바를 성취할 능력이 빼어나지만, 교육을 받아 자신이 행해야 하는 바를 배웠을 경우에 가장 뛰어나고 매우 유익한 자가 되는 반면(왜냐하면 그들이 행하는 선행은 다양하고 크기 때문이다), 교육받지 않아 무지할 경우에는 가장 악하고 해로운 자가 된다. 왜냐하면 자신이 행해야 할 바를 분별할 수 없어서 종종 악

한 일에 손을 대기 때문이다. 더구나 이들은 콧대가 높고 사납기 때문에 통제하기 힘들고 설득하기도 어렵다. 이 때문에 그들이 행하는 해악이 크고 다양한 것이다.

5. 한편 부로 인해 우쭐대면서, 자신이 원하는 바를 성취하고 사람들로부터 존경받기에 충분한 재산을 가졌다고 생각하는 자들에게, 소크라테스는 다음과 같이 말하면서 훈계했다.

"배우지 않고도 유익한 것들과 해로운 것들을 분별할 수 있다고 여기는 사람은 어리석은 자입니다. 또한 이런 것들을 분별하지 못하면서도 자신이 부유하기 때문에 원하는 바를 얻고 유익한 일들을 행할 수 있다고 여기는 자도 어리석습니다. 한편 유익한 일들을 행할 수 없으면서도 자신이 잘 살고 있고 자기 삶을 위해 훌륭하고 충실히 준비해 두었다고 생각하는 자는 바보 같은 자입니다. 그리고 누군가가 아무것도 알지 못하면서, 단지 자신의 부유함 때문에 무언가에 있어서 훌륭하다고 여겨질 것이라고 생각하거나, 어떤 일에 있어서도 훌륭하다고 여겨지지 않으면서 남들에게 칭송을 받는다고 생각한다면, 이런 사람도 바보 같은 자일 따름입니다."

§2장

1. 최상의 교육을 받았다고 생각해서 자기 지혜를 자랑하는 사람들을 소크라테스가 어떻게 다루었는지 지금부터 이야기

해 보겠다. 이를테면 미남 에우튀데모스는 시인들의 글과 최고로 칭송받는 소피스테스들의 글을 많이 수집하였다. 그가 이로 인해 자신이 동년배들보다 지혜에 있어서 이미 탁월하다고 여기고, 말하고 행동하는 데 있어서 모든 사람들을 능가할 것이라고 크게 기대하는 것을 소크라테스는 알아차렸다. 그는 먼저 에우튀데모스가 무언가 행하기를 원하나, 아직 젊어서 아고라에 들어가지 못하고 아고라 근처의 마구(馬具) 가게에 앉아 있음을 목격했다. 소크라테스도 자기 동료들을 데리고 그곳으로 갔다.

2. 먼저 누군가가 이렇게 물었다.

"테미스토클레스가 시민들 중에서 그토록 탁월해서, 빼어난 사람이 필요할 때마다 폴리스가 그를 주목했던 것은, 그가 현자들 중 누군가와 함께했기 때문입니까, 아니면 그는 본성상 그렇게 뛰어난 사람이었습니까?"

그러자 소크라테스는 에우튀데모스를 자극하고 싶어서 다음과 같이 답했다.

"별 볼일 없는 기술의 경우에도 유능한 스승 없이는 빼어난 자가 될 수 없는데, 폴리스를 다스리는 일이 모든 일들 중 가장 대단한 일임에도 불구하고 저절로 획득된다고 생각한다면, 순진한 일일 것입니다."

3. 언젠가 에우튀데모스가 소크라테스와 함께 있으면서도, 혹시라도 소크라테스의 지혜를 흠모한다고 여겨질까 봐 걱정이 되어서 경계하면서, 모인 사람들로부터 멀찌감치 물러나는

것을 보고 소크라테스가 말했다.

"오! 사람들이여! 여기 계신 에우튀데모스는 성년이 되어 폴리스가 그에게 어떤 사안에 대한 연설을 제안하더라도 조언하는 것을 꺼리지 않을 겁니다. 그의 소행을 보면 분명하지요. 내가 생각하기에, 에우튀데모스는 누군가에게 무언가를 배웠다는 인상을 주지 않도록 노력하면서, 대중연설을 위한 멋진 서언을 준비하고 있는 듯합니다. 분명히 그는 다음과 같은 서언으로 말하기 시작할 겁니다.

4. '오! 아테나이 사람들이여! 정말이지 저는 그 누구로부터도 아무것도 배운 바 없습니다. 더구나 어떤 이들이 말하고 행위 하는 데 유능하다는 말을 듣더라도, 저는 그들을 만나고자 하지 않았습니다. 또한 저는 앎을 가진 자들 중 어떤 이를 저의 스승으로 삼으려고 애쓰지도 않았습니다. 오히려 이와 반대로 저는 누군가로부터 무언가 배우는 일을 피하며 지냈을 뿐 아니라, 그렇게 여겨지는 일조차 피하면서 살아왔습니다. 그럼에도 불구하고 저는 제 마음속에 저절로 떠오르는 생각이라면 무엇이든지 당신들에게 조언할 것입니다.'

5. 서두를 이렇게 시작하는 것은 폴리스에서 의료직을 얻고자 원하는 사람들에게도 적절할 것입니다. 연설을 다음과 같이 시작하는 것이 그들에게 도움이 될 겁니다.

'오! 아테나이 사람들이여! 저는 결코 누구로부터도 의술을 배우지 않았으며, 어떤 의사를 저의 스승으로 삼고자 애쓰지도 않았습니다. 왜냐하면 저는 의사들로부터 무언가 배우는 것을 꺼려하면서 지냈을 뿐더러 그 기술을 배운다고 여겨지는 것조차 꺼려하면서 살아왔기 때문입니다. 그렇지만 여러분께서 저에게 의료직을 주시기 바랍니다. 당신들에게 실험해 보면서 의술을 배워나가기를 시도할 테니까요.'"

그러자 함께 있던 모든 사람들이 이러한 서언을 듣고 웃었다.

6. 에우튀데모스가 명백히 소크라테스의 말에 주목하고 있으면서도, 자기 스스로는 여전히 아무 말도 안 하려고 조심하면서, '침묵함으로써 절제함[101](sōphrosynē)'이라는 평판을 얻으리라 생각하고 있었는데, 소크라테스는 이런 생각을 멈추기 위해 다음과 같이 말했다.

"키타라를 연주하거나 플루트를 불거나 말을 타거나 아니면 이런 종류의 다른 어떤 것에서 유능하게 되고자 원하는 사람들이, 가능한 한 유능하게 되고자 하는 바를 자주 행한다는 사실은 참으로 경탄할 만합니다. 그들은 혼자서 연습하는 것이 아니라 가장 뛰어나다고 생각되는 자들 곁에서 연습합니다. 스승의 판단 없이는 그 무엇도 행하지 않도록 모든 것을 행하고 모든 것을 감내하면서 말입니다. 그들이 이렇게 행하는 까닭은 다른 방법으로는 합당한 자[102]가 될 수 없기 때문이지요. 반면 정치 연설을 하고 정치적인 일을 행하는 데 있어서 유능하

---

101 또는 "사려 깊음", "신중함".

102 또는 "언급할 만한 가치가 있는 사람".

게 되고자 하는 사람들 중 어떤 이들은 준비나 훈련 없이 갑자기 자기 스스로 이런 일을 행할 수 있다고 생각합니다.

7. 하지만 정치적인 능력은 악기를 연주하거나 말 타는 기술보다 성취하기가 더 어려워 보입니다. 왜냐하면 더 많은 사람들이 정치술에 종사하지만 더 적은 수의 사람들이 성공하기 때문입니다. 그렇다면 정치술을 열망하는 사람들은 앞서 말한 기술을 열망하는 자들보다 더욱 강도 높은 훈련을 더 많이 필요로 하는 것이 분명합니다."

8. 처음에는 소크라테스가 이런 말을 할 때 에우튀데모스는 [마지못해] 들었다. 그러나 에우튀데모스가 소크라테스의 말에 대해 좀 더 열의를 가지고 참을성 있게 경청하자, 소크라테스는 이를 보고서 자기 혼자 마구상에 갔다. 에우튀데모스가 곁에 앉사 소크라테스가 말했다.

"오! 에우튀데모스여! 나에게 말해 주시오. 내가 듣기로는 당신이 현자였다고 일컬어지는 사람들의 글을 많이 모아두었다고 하던데 그게 사실인가요?"

그러자 에우튀데모스가 말했다. "오! 소크라테스여! 제우스께 맹세컨대, 저는 지금도 책을 모으고 있습니다. 가능한 한 많이 모을 수 있을 때까지 말입니다."

9. 소크라테스가 말했다. "헤라 여신께 맹세컨대, 나는 당신을 존경합니다. 금, 은, 보화보다 지혜를 얻는 것을 선호하시니 말입니다. 당신께서는 은과 금이 사람들을 더 낮게 만드는 것이 아니라, 지혜로운 사람들의 판단이 이를 소유한 자들을 탁

월함에 있어서 부유하게 만든다고 생각하는 것이 분명하군요."

이 말을 듣자 에우튀데모스는 기뻐했다. 자신이 지혜를 올바르게 추구하고 있다고 소크라테스에게 보이는 듯했기 때문이다. 그러자 소크라테스는 에우튀데모스가 이러한 칭찬에 즐거워하는 것을 보고서 말했다.

10. "오! 에우튀데모스여! 당신은 책들을 수집하면서 어떤 점에서 훌륭해지기를 원하나요?"

에우튀데모스가 어떻게 답변해야 할지 궁리하면서 침묵하자, 소크라테스는 다시 말했다. "의사들의 저술이 많으니, 의사 아닌가요?"

그러자 에우튀데모스가 대답했다. "제우스께 맹세컨대, 아닙니다."

소크라테스가 말했다. "그러면 건축가가 되기를 원하시는 건가요? 이 일 또한 판단력을 갖춘 사람을 요구하니까요."

에우튀데모스가 답했다. "그것도 아닙니다."

소크라테스가 말했다. "그러면 테오도로스[103]처럼 훌륭한 기하학자가 되고 싶은가요?"

에우튀데모스가 답했다. "기하학자도 아닙니다."

소크라테스가 말했다. "그러면 혹시 천문학자가 되고 싶은가요?"

103　퀴레나이의 테오도로스는 퓌타고라스학파 철학자이자 수학자였으며, 플라톤의 대화편《테아이테토스》의 등장인물 중 하나이다.

에우튀데모스가 이것 또한 부정하자, 소크라테스가 말했다. "그러면 음유시인 아닌가요? 당신이 호메로스의 시를 전부 소유하고 있다고 하니까요."

에우튀데모스가 말했다. "제우스께 맹세컨대, 아닙니다. 왜냐하면 제가 알기로는, 음유시인들은 시에 있어서는 정통하지만 그들 자신은 완전히 바보이니까요."

11. 그러자 소크라테스가 말했다. "오! 에우튀데모스여! 당신은 탁월함—이를 통해 사람들이 정치가가 될 수 있고 경영인이 될 수도 있으며, 다스리는 데 능하게 되고 다른 사람뿐 아니라 자기 자신에게도 유익하게 되는 것—을 열망하지 않나요?"

그러자 에우튀데모스가 답했다. "물론입니다. 오! 소크라테스여! 그런 탁월함을 원합니다."

소크라테스가 말했다 "제우스께 맹세컨대, 당신은 가장 아름다운 탁월함과 최고의 기술을 열망하는군요. 왜냐하면 이것은 왕들에게 속하는 것이어서 '왕의 탁월함'이라고 일컬어지기 때문입니다." 소크라테스가 이어서 말했다. "하지만 생각해 보았나요? 정의롭지 않고서 이런 일들에 훌륭할 수 있는지 말입니다."

에우튀데모스가 답했다. "물론 생각해 보았지요. 정의 없이는 훌륭한 시민이 될 수 없습니다."

12. 소크라테스가 말했다. "그러면 어떤가요? 당신은 그것을 획득하셨습니까?"

에우튀데모스가 말했다. "오! 소크라테스여! 저는 제 자신이 명백히 그 누구에도 뒤지지 않게 정의롭다고 생각합니다."

소크라테스가 말했다. "정의로운 자들의 일이 있지 않습니까? 가령 목수의 일이 있는 것처럼 말입니다."

에우튀데모스가 말했다. "물론 있지요."

소크라테스가 말했다. "그러면 목수들이 자신의 일을 보여줄 수 있는 것처럼, 정의로운 자들도 자신의 일을 설명해 줄 수 있나요?"

에우튀데모스가 말했다. "혹시라도 제가 정의의 일들을 설명하지 못할까봐 그러시나요? 제우스께 맹세컨대, 저는 [정의의 일뿐 아니라] 부정의의 일들도 설명할 수 있습니다. 날마다 이런 일들을 직지 않게 보고 들으니까요."

13. 소크라테스가 말했다. "그러면 여기에는 Δ를 쓰고 저기에는 *A*를 쓸까요?[104] 그리고는 우리에게 정의의 일이라고 여겨지는 것을 Δ 밑에 기록하는 반면, 부정의의 일이라고 생각되는 것을 A 밑에 쓰도록 할까요?"

에우튀데모스가 말했다. "그렇게 하는 것이 필요하다고 생각한다면 그렇게 하지요."

14. 그러자 소크라테스는 자신이 제안한 대로 적고서 말했다. "거짓말하는 일이 사람들에게 속하지요?"

에우튀데모스가 대답했다. "그렇습니다."

소크라테스가 말했다. "그러면 거짓말을 어떤 철자 밑에 두

---

104 Δ는 dikaiosynē(정의)의 약자인 반면, *A*는 adikia(불의)의 약자이다.

어야 할까요?"

에우튀데모스가 말했다. "당연히 불의 밑에 두어야지요."

소크라테스가 말했다. "그러면 속이는 일도 존재하지요?"

에우튀데모스가 대답했다. "물론입니다."

소크라테스가 말했다. "그것은 어디에 둘까요?"

에우튀데모스가 말했다. "분명히 이것도 불의 밑에 두어야 합니다."

소크라테스가 말했다. "악행은 어떤가요?"

에우튀데모스가 말했다. "그것도 마찬가지입니다."

소크라테스가 말했다. "인신매매는요?"

에우튀데모스가 말했다. "그것도요."

소크라테스가 말했다. "오! 에우튀데모스여! 이것들 중 어 떤 것도 정의에 속하지 않는 거지요?"

에우튀데모스가 말했다. "그렇습니다. 만약 그렇다면 괴상할 테니까요."

15. 소크라테스가 말했다. "그러면 이건 어떤가요? 장군으로 선출된 사람이 불의하고 적대적인 폴리스를 노예로 만들 경우, 이것을 불의한 행동이라고 말할까요?"

에우튀데모스가 말했다. "물론 아닙니다."

소크라테스가 말했다. "우리는 그가 정의로운 행동을 했다고 말하지 않겠습니까?"

에우튀데모스가 대답했다. "정말 그렇습니다."

소크라테스가 말했다. "만약 그가 전쟁 중에 적들을 속이면 어떤가요?"

에우튀데모스가 대답했다. "그것도 정의로운 행동입니다."

소크라테스가 말했다. "만약 그가 적들의 소유를 훔치고 강탈하면, 정의로운 일을 하는 게 아닐까요?"

에우튀데모스가 대답했다. "물론 정의로운 행동입니다. 저는 처음에 당신께서 친구들에 관해서만 이런 질문을 한다고 생각했습니다."

소크라테스가 말했다. "그러면 우리가 불의에 속한다고 간주했던 것들 또한 정의에 속한다고 놓아야겠네요?"

에우튀데모스가 말했다. "그런 것 같습니다."

16. 소크라테스가 말했다. "그러면 위와 같은 행동들을 분류하면서 다시 규정해야겠지요? 위와 같은 행동을 적들에게 행하는 것은 정의인 반면, 친구들에게 행하는 것은 불의라고 말입니다. 친구들에 대해서만큼은 최대한 솔직해야하니까요."

에우튀데모스가 대답했다. "그렇습니다."

17. 소크라테스가 말했다. "그러면 다음은 어떻습니까? 만약 어떤 장군이 자기 군대가 의기소침해 있는 것을 보고 지원군이 오고 있다고 거짓말해서, 이런 거짓말로 병사들의 의기소침함을 종식시킨다면, 이 거짓말을 어디에 위치시킬까요?"

에우튀데모스가 대답했다. "제 생각에는, 정의에 위치시켜야 할 것 같습니다."

소크라테스가 말했다. "만약 어떤 사람의 아들이 약을 필요로 하는데도 약 먹는 것을 거부하자, 아버지가 아들에게 약을 음식이라고 속여서 주었다고 합시다. 이렇게 거짓말을 활용함으로써 아들을 건강하게 만들 경우, 우리는 이러한 기만을 어디에 위치시켜야 할까요?"

에우튀데모스가 대답했다. "제가 생각하기에, 그것 또한 같은 위치[105]에 두어야 할 것 같습니다."

소크라테스가 말했다. "그러면 만약 어떤 친구가 낙담해서 혹시라도 자해할까봐 걱정되는 경우, 그의 칼이나 다른 무기를 훔치거나 빼앗는 것은 어떻습니까? 이런 행동은 어디에 위치시켜야 하나요?"

에우튀데모스가 대답했다. "제우스께 맹세컨대, 그것도 정의로운 것으로 분류해야합니다."

18. 소크라테스가 말했다. "그러면 당신은 친구들에 대해서도 모든 경우에 있어서 솔직하면 안 된다고 말씀하시는 건가요?"

에우튀데모스가 대답했다. "제우스께 맹세컨대, 그렇습니다. 만약 허락해 주신다면, 저는 앞서 말한 내용을 번복하고 싶습니다."

소크라테스가 말했다. "물론 허용해 드려야지요. 올바르지 않게 분류하는 것보다는 그렇게 하는 편이 훨씬 나으니까요.

19. 하지만 해를 끼치기 위해서 친구들을 속이는 자들의 경우도 간과하지 않고 살펴보아야 합니다. 그들 중 누가 더 불의

---

105 즉 정의.

한가요? 고의로 그렇게 하는 자들입니까, 아니면 본의 아니게 그렇게 하는 자들입니까?"

에우튀데모스가 대답했다. "오! 소크라테스여! 이제 저는 더 이상 제가 답변하는 내용을 스스로 신뢰하지 못합니다. 전에 답했던 모든 것들이 이제는 과거에 제가 생각했던 바와 전혀 다르게 생각되니 말입니다. 그렇지만 이렇게 대답해 보겠습니다. 고의로 거짓말하는 것이 본의 아니게 거짓말하는 것보다 더 불의하다고 말입니다."

20. 소크라테스가 말했다. "당신께서는 글에 대한 배움과 앎이 있듯이, 정의로움에 대해서 배움과 앎이 있다고 생각하나요?"

에우튀데모스가 대답했다. "그렇게 생각합니다."

소크라테스가 말했다. "그러면 당신은 다음 중 어떤 사람이 더 글쓰기에 능하다고 판단하나요? 고의로 올바르지 않게 쓰고 읽는 사람입니까, 아니면 본의 아니게 그렇게 하는 사람입니까?"

에우튀데모스가 대답했다. "제가 생각하기에, 고의로 그렇게 하는 사람 같습니다. 그는 원하기만 한다면 올바르게 쓰고 읽을 수 있으니까요."

소크라테스가 말했다. "그렇다면 고의로 올바르지 않게 쓰는 자는 글을 읽고 쓸 줄 아는 사람인 반면, 본의 아니게 그렇게 하는 자는 읽고 쓸 줄 모르는 사람인가요?"

에우튀데모스가 대답했다. "그렇겠지요."

소크라테스가 말했다. "그러면 고의로 거짓말하고 속이는 사람이 정의로운 것을 압니까, 아니면 본의 아니게 그렇게 하는 사람이 정의로운 것을 압니까?"

에우튀데모스가 대답했다. "고의로 거짓말하는 사람이 정의로운 것을 아는 것이 분명합니다."

소크라테스가 말했다. "그러면 당신은 글을 읽고 쓸 줄 아는 사람이 모르는 사람보다 더 글쓰기에 능숙하다고 말씀하시는 거지요?"

에우튀데모스가 대답했다. "예."

소크라테스가 말했다. "정의로운 것을 아는 사람이 모르는 사람보다 더 정의로운가요?"

에우튀데모스가 대답했다. "그런 것 같습니다. 어째서 그런지는 모르겠으나, 이번 경우에도 그럴 것이라고 생각합니다."

21. 소크라테스가 말했다. "그러면 진실을 말하고자 하면서도 동일한 대상에 관해 같은 바를 말하지 않는 사람의 경우는 어떤가요? 가령 그가 같은 길을 알려 주면서 어떤 때는 오른쪽이라고 말하고 다른 때는 왼쪽이라고 하거나, 동일한 셈을 계산하면서 어떤 때는 더 크게 셈하고 다른 때는 더 작게 셈한다면, 이런 사람은 어떻다고 생각하나요?"

에우튀데모스가 대답했다. "제우스께 맹세컨대, 그 사람은 자신이 안다고 생각하는 바를 알지 못하는 것이 분명합니다."

22. 소크라테스가 말했다. "당신은 노예 같은 자[106]라고 일

---

106 혹은 비굴한 자(andrapodōdēs).

컬어지는 사람들을 알고 있나요?"

에우튀데모스가 대답했다. "네, 그렇습니다."

소크라테스가 말했다. "그것은 지혜 때문인가요 아니면 무지 때문인가요?"

에우튀데모스가 대답했다. "무지 때문임이 분명합니다."

소크라테스가 말했다. "그러면 그들이 대장장이 기술을 몰라서 그런 오명을 얻게 된 건가요?"

에우튀데모스가 대답했다. "물론 그건 아닙니다."

소크라테스가 말했다. "그러면 집 짓는 기술을 몰라서 그런 오명을 얻게 되었나요?"

에우튀데모스가 대답했다. "그것도 아닙니다."

소크라테스가 말했다. "구두 만드는 기술을 몰라서 그렇게 되었나요?"

에우튀데모스가 대답했다. "그런 것들 중 무언가를 몰라서 그런 게 아닙니다. 오히려 그 반대입니다. 그런 기술을 알고 있는 자들 중 대부분이 노예 같은 자들이거든요."

소크라테스가 말했다. "그러면 아름답고 훌륭하고 정의로운 것들을 알지 못하는 자들에게 이런 이름이 속하는 건가요?"

에우튀데모스가 말했다. "제가 생각하기에 그렇습니다."

23. 소크라테스가 말했다. "그러면 우리는 노예 같은 자가 되지 않도록 모든 방법으로 애써야겠군요."

에우튀데모스가 말했다. "오! 소크라테스여! 신들께 맹세컨대, 정말로 저는 제가 철학을 탐구하고 있다고 생각했습니다. 그리고 철학을 통해 무엇보다도 훌륭하고 좋음을 열망하는 사람에게 합당한 것들을 교육받을 거라고 여겼습니다. 하지만 당신은 지금 제가 얼마나 낙담했다고 생각하시나요? 과거의 모든 노력에도 불구하고, 마땅히 알아야 할 바에 대해 질문을 받고도 대답할 줄 모르는 제 자신을 발견했으니 말입니다. 더 구나 저는 더 나아지기 위해서 추구해야만 하는 다른 길도 알 지 못하는 처지니까요."

24. 그러자 소크라테스가 말했다. "말해 보세요. 오! 에우튀데모스여! 일전에 델포이에 가본 적 있나요?"

에우튀데모스가 대답했다. "제우스께 맹세컨대, 두 번이나 가 보았지요."

소크라테스가 말했다. "그러면 신전 어딘가에 '너 자신을 알라'라고 씨 놓은 것을 보았지요?"

에우튀데모스가 대답했다. "그렇습니다."

소크라테스가 말했다. "그 글귀가 당신에게 아무런 상관이 없었나요, 아니면 그 글에 주목해서 당신 자신이 어떤 사람인지 검토해 보셨나요?"

에우튀데모스가 대답했다. "제우스께 맹세컨대, 저는 결코 그렇게 하지 않았습니다. 그것을 아주 잘 안다고 생각했으니까요. 만약 제가 저 자신조차 알지 못한다면, 다른 어떤 것도 거의 알 수 없으니 말입니다."

25. 소크라테스가 말했다. "당신은 자기 이름만 아는 사람이 자신을 안다고 생각하나요? 아니면 마치 말을 구입하는 사

람이 말에 대해 충분히 조사하기 전—즉 그 말이 고분고분한지 아니면 말을 안 듣는지, 튼튼한지 아니면 허약한지, 빠른지 아니면 느린지, 그리고 그 밖에 말의 용도에 적합하거나 부적합한 특성들이 어떠한지 검토하기 전—까지는 자신이 알고자 하는 말을 안다고 생각하지 않는 것처럼, 자기 자신이 인간의 용도와 관련해서 어떠한지 스스로 검토해서 자신의 능력을 깨달은 사람이야말로 자신을 안다고 생각하나요?"

에우튀데모스가 대답했다. "제가 생각하기에, 자신의 능력을 알지 못하는 자는 자기 자신에 대해서 무지한 것 같습니다."

26. 소크라테스가 말했다. "사람들이 자기 자신을 앎으로 인해 엄청나게 좋은 일들을 경험하는 반면 스스로 기만함으로 인해 엄청나게 불행한 일들을 겪는다는 것이 명확하지 않습니까? 왜냐하면 자기 자신을 아는 사람들은 자신에게 부합하는 것을 알며, 자신이 무엇을 할 수 있고 무엇을 할 수 없는지 분별하기 때문입니다. 그리고 자신이 할 수 있는 것을 행함으로써, 필요한 것을 얻게 되고 번창하게 됩니다. 자신이 알지 못하는 것을 삼가서 오류를 범하지 않게 되고 잘못 행하는 일을 피하는 것이지요. 이런 이유로 그들은 다른 사람들도 평가할 수 있으며, 다른 사람들을 활용함으로써 좋은 것들을 획득하고 나쁜 것들을 방지하는 것입니다.

27. 반면 자신의 능력을 알지 못하고 기만당하는 자들은 다른 사람들과 다른 인간적인 일들에 대해서도 동일한 처지에 놓입니다. 자신이 필요로 하는 바를 알지 못하고 자신이 무슨 일

을 행하는지도 알지 못하며 자신이 다루는 바 또한 알지 못하는 것이지요. 그들은 이 모든 면에서 기만당하면서, 좋은 것들은 얻지 못한 채 나쁜 것들과 조우하게 되는 겁니다.

28. 한편 자신이 무슨 일을 행하고 있는지 아는 자들은 행하는 일에 있어서 성공을 거둠으로써 유명하게 되고 존경을 얻습니다. 또한 그들과 유사한 이들은 기꺼이 그들과 교제하며, 목적 달성에 실패한 자들은 그들이 자신을 위해 조언해 주고 자신을 지도해 주기를 열망합니다. 또한 그들에게서 훌륭한 일들에 대한 희망을 가지며, 이 모든 이유로 모든 이들 중 그들을 가장 사랑하는 것이지요.

29. 반면 자신이 무슨 일을 행하는지 모르는 자들은 잘못된 선택을 하며 자신이 추구하는 바를 실패하기 때문에, 이런 일들 자체로 인해 손실을 보고 벌을 받을 뿐 아니라, 이로 인해 웃음거리가 되고 업신여김 당하고 불명예스럽게 살게 됩니다.

폴리스들에 있어서도 이와 같은 현상을 목격하실 수 있습니다. 자신의 능력을 알지 못해서 더 강력한 폴리스들과 전쟁을 벌인 폴리스는 폐허가 되거나 자유를 잃고 노예로 전락합니다."

30. 그러자 에우튀데모스가 말했다. "오! 소크라테스여! 이 점을 잘 알아두세요. 자기 자신을 아는 것이 매우 중요하다는 것이 제 생각이라는 사실 말입니다. 하지만 자기 자신을 검토하려면 어디에서 시작해야 하나요? 저는 이 점에 대해 당신께서 설명해 주고자 하는지 주목하고 있습니다."

31. 소크라테스가 말했다. "그러면 당신은 좋은 것들은 어떤 것이고 나쁜 것들은 어떤 것인지 완전히 아는 건가요?"

에우튀데모스가 대답했다. "제우스께 맹세컨대, 그렇습니다. 만약 그것조차 제가 모른다면, 노예들보다 더 형편없는 자일 테니까요."

소크라테스가 말했다. "그러면 자! 나에게 설명해 주세요."

에우튀데모스가 말했다. "어렵지 않지요. 먼저 저는 건강함이 그 자체로 선인 반면 질병은 악이라고 생각합니다. 다음으로는 이들 각각의 원인—즉 먹을 것과 마실 것 그리고 습관—과 관련해서, 건강을 증진시키는 것은 선인 반면 질병을 증진시키는 것은 악입니다."

32. 소크라테스가 말했다. "건강과 질병 양자가 좋은 것의 원인이 될 때에는 선이고 나쁜 것의 원인이 될 때에는 악입니다."

에우튀데모스가 말했다. "언제 건강이 나쁜 것의 원인이고 질병이 좋은 것의 원인이 되나요?"

소크라테스가 말했다. "제우스께 맹세컨대, 수치스러운 원정과 불행한 항해 및 이와 유사한 많은 경우에, 강건함으로 인해 거기 참여한 자들은 목숨을 잃는 반면 유약함으로 인해 배제된 자들은 복숨을 구합니다."

에우튀데모스가 말했다. "옳은 말씀입니다. 하지만 당신도 아시다시피, 강건한 자들은 성공적인 원정이나 항해에도 참가하는 반면 유약한 자들은 거기서 배제됩니다."

소크라테스가 말했다. "이러한 것들[107]은 때로는 유익을 주는 반면 때로는 해를 가져오는데, 그렇다면 이것이 악이라기보다는 선이라고 할 수 있나요?"

에우튀데모스가 대답했다. "제우스께 맹세컨대, 위와 같은 논의에 따르면 그럴 수 없을 듯합니다.

33. 하지만 오! 소크라테스여! 적어도 지혜는 반론의 여지 없는 선입니다. 지혜로운 자가 무지한 자보다 무슨 일을 더 잘 못하겠습니까?"

소크라테스가 말했다. "그러면 다이달로스[108]의 경우는 어떻습니까? 다이달로스가 자신의 지혜 때문에 미노스 왕에게 붙잡혀서 조국과 함께 자유를 박탈당했다는 것을 당신은 못 들으셨나요? 다이달로스는 자기 아들과 함께 탈출하려고 시도하다가 아들을 잃었고 자기 자신도 구출되지 못한 채, 이방인의 땅으로 표류되어 거기서 다시 노예로 살지 않았습니까?"

에우튀데모스가 대답했다. "제우스께 맹세컨대, 그렇다고 전해집니다."

107　가령 건강과 힘.

108　아테나이의 전설적 조각가이자 건축가. 그는 테세우스 시대에 활약했으며, 크레타의 왕 미노스를 위해 미로를 건축했다고 한다. 그는 날개를 만들어 아들과 함께 크레타를 탈출하고자 했으나 그의 아들 이카로스는 너무 태양 가까이 날다가 날개를 붙이는 데 사용된 밀랍이 녹는 바람에 바다에 추락해 죽었다. 소크라테스는 자신이 다이달로스의 자손이라고 말한다. 플라톤, 《알키비아데스 1》 121a, 《에우튀프론》 11c, 《메논》 97d, 《大 히피아스》 382a 및 《이온》 553 참고.

소크라테스가 말했다. "또 팔라메데스[109] 의 고난에 대해서 들어보지 않았나요? 모든 시인들이 읊조리기를, 팔라메데스는 자신의 지혜로 인해 질시를 받았고 오뒷세우스에 의해 죽임을 당했다지요."

에우튀데모스가 대답했다. "그렇다고 이야기됩니다."

소크라테스가 말했다. "당신은 다른 이들이 얼마나 많이 자기 지혜 때문에 왕에게로 끌려가서 거기서 노예로 살았다고 생각하나요?"

34. 에우튀데모스가 대답했다. "오! 소크라테스여! 그렇지만 아마도 행복하게 사는 일(to eudaimonein)은 의심의 여지없이 선인 것 같습니다."

소크라테스가 말했다. "오! 에우튀데모스여! 만약 누군가가 그것을 의문의 여지가 있는 좋은 것들로 구성하지 않는다면요."

에우튀데모스가 말했다. "도대체 행복의 구성요소 중 뭐가 의문의 여지가 있다는 건가요?"

소크라테스가 말했다. "아무것도 아닙니다. 만약 우리가 행복의 구성요소 중 아름다움이나 힘이나 부나 명성 혹은 이와

---

109 트로이아 원정에 참전한 아카이아 용사 중 하나. 신화에 따르면, 팔라메데스는 오뒷세우스의 미움을 받아 반역의 누명을 썼다. 크세노폰의《소크라테스의 변론》26에서 소크라테스는 자신에 대한 비난을 팔라메데스의 누명에 비유하고 있으며, 플라톤의《소크라테스의 변론》41b에서 소크라테스는 자신을 팔라메데스처럼 불의한 판결을 받은 자로 간주한다.

같은 종류의 다른 어떤 것을 포함시키지 않는다면 말입니다."

에우튀데모스가 말했다. "하지만 제우스께 맹세컨대, 우리는 그런 것들을 행복의 요소로 포함시킵니다. 이런 것들 없이 도대체 누가 행복해질 수 있겠습니까?"

35. 소크라테스가 말했다. "그렇다면, 제우스께 맹세컨대, 우리는 사람들에게 많은 어려움을 산출하는 것들도 행복의 요소에 포함시킬 겁니다. 왜냐하면 많은 이들은 자신의 아름다움 때문에, 그 아름다운 용모에 넋 나간 자들에 의해 타락하며, 또 다른 많은 이들은 자신의 힘 때문에 자기 능력을 넘어서는 일을 맡다가 적지 않은 어려움에 직면하게 되기 때문입니다. 또한 많은 이들은 자신의 부 때문에 타락하고 음모에 휘말림으로써 망합니다. 그리고 많은 이들은 명성과 정치적 능력 때문에 커다란 해악을 겪는 것입니다."

36. 에우튀데모스가 말했다. "하지만 만약 행복하게 사는 일을 칭송하는 것조차 잘못이라면, 솔직히 고백 드리지만, 저는 신들에게 무엇을 기도해야 할지도 알지 못하겠습니다."

소크라테스가 말했다. "아마도 당신은 이런 것들을 당연히 안다고 확신했기에, 생각해보지 않았군요. 하지만 당신은 민주적으로 운영되는 폴리스를 다스리고자 준비하고 있으니까, 민주정치가 뭔지는 분명히 알고 있겠지요."

에우튀데모스가 대답했다. "물론 그렇습니다."

37. 소크라테스가 말했다. "당신은 민중(dēmos)을 알지 못하면서 민주주의(dēmokratia)를 아는 게 가능하다고 생각하나요?"

에우튀데모스가 대답했다. "제우스께 맹세컨대, 그럴 수 없다고 생각합니다."

소크라테스가 말했다. "그러면 당신께서는 민중이 뭔지 아십니까?"

에우튀데모스가 대답했다. "안다고 생각합니다."

소크라테스가 말했다. "민중이 뭐라고 생각하나요?"

에우튀데모스가 말했다. "저는 민중이란 시민들 중 가난한 자들이라고 생각합니다."

소크라테스가 말했다. "그러면 당신은 가난한 자들은 아시나요?"

에우튀데모스가 대답했다. "어떻게 그걸 모를 수 있겠습니까?"

소크라테스가 말했다. "그러면 부유한 자들에 대해서도 아시는 거지요?"

에우튀데모스가 대답했다. "예. 가난한 자들 못지않게 잘 압니다."

소크라테스가 말했다. "당신은 어떤 사람들이 가난하고, 어떤 사람들이 부유하다고 부르나요?"

에우튀데모스가 대답했다. "제가 생각하기에, 생필품을 위해 지출할 만한 충분한 재산을 가지지 못한 자들이 가난한 자들인 반면, 충분한 것 이상을 가지는 자들이 부유한 자들입니다."

38. 소크라테스가 말했다. "당신은 알지 못하십니까? 어떤 이들은 아주 적은 것들을 소유하면서도 그것으로 자족할 뿐 아니라 거기서 여분을 남겨 저축까지도 한다는 사실 말입니다.

하지만 다른 이들은 아주 많은 것을 소유하면서도 그것으로도 충분치 못하답니다."

에우튀데모스가 대답했다. "제우스께 맹세컨대, 그렇습니다. 정말 저에게 올바르게 상기시켜 주시는군요. 제가 아는 바로는, 어떤 참주들은 마치 극빈자들처럼 곤궁해져서 어쩔 수 없이 불의를 저지르게 되었거든요."

39. 소크라테스가 말했다. "만약 사정이 이러하다면, 우리는 참주들을 민중에 포함시켜야 할 것이고, 설령 적은 것을 소유하는 사람이라 할지라도 유능한 경영인이라면 부자로 간주해야 할 것입니다."

그러자 에우튀데모스가 말했다. "저의 보잘것없음이 명백하니, 이 점에 대해서도 동의할 수밖에 없겠네요. 이제 저는 침묵하는 편이 가장 낫지 않을까 생각합니다. 어쩌면 저는 아는 게 전혀 없으니 말입니다."

이렇게 말하고 나서 자신이 진정 노예 같은 자라고 생각하고 자신을 멸시하면서, 에우튀데모스는 아주 의기소침해져서 물러났다.

40. 소크라테스 때문에 이런 상황에 처하게 된 많은 이들은 더 이상 그에게 접근하지 않았는데, 소크라테스는 이런 사람들을 더욱 멍청한 자들로 여겼다. 하지만 에우튀데모스는 최대한 소크라테스와 함께 지내지 않고서는 합당한[110] 사람이 될 수 없

110　"언급할 만한 가치가 있는(axiologos)".

다고 여겼다. 그래서 그는 반드시 필요한 용무가 없다면 소크라테스를 떠나지 않았으며, 소크라테스가 행하던 것들 중 일부를 흉내 내기까지 했다. 그러자 소크라테스는 에우튀데모스가 이와 같음을 깨닫고서 그를 최대한 언짢게 하지 않았고, 자신이 생각하기에 [에우튀데모스가] 알아야 할 바와 추구하는 게 최선인 바를 가능한 한 단순하고 분명하게 설명했다.

§3장

1. 소크라테스는 자신과 함께 한 자들이 말과 행동에 능숙하고 재주 많은 자가 되라고 몰아붙이지 않았고, 이런 것들에 앞서 절제(사려 깊음 : sōphrosynē)가 생겨나야 한다고 여겼다. 왜냐하면 소크라테스는 절제가 동반되지 않은 채 위와 같은 능력을 가진 자들이 더 불의하고 악행을 더 저지를 수 있다고 생각했기 때문이다.

2. 소크라테스는 먼저 자신의 동료들을 신들에 관해 사려 깊은 자(sōphrōn)로 만들려고 애썼다. 소크라테스가 이 주제에 관해 다른 사람들과 나눈 대화를 곁에 있던 다른 이들도 기술했는데, 그가 에우튀데모스와 다음 주제를 논의할 때 나도 그 옆에 있었다.

3. 소크라테스가 말했다. "말해 보시오. 오! 에우튀데모스여! 당신은 사람들이 필요로 하는 바를 신들이 얼마나 주의 깊

게 제공해 주는지 한번 숙고해 본 석이 있나요?"

에우튀데모스가 대답했다. "제우스께 맹세컨대, 그런 생각은 해 본 적이 없습니다."

소크라테스가 말했다. "하지만 당신도 알다시피, 가장 먼저 우리는 빛을 필요로 하는데, 이것을 신들이 우리에게 제공해 줍니다."

에우튀데모스가 대답했다. "제우스께 맹세컨대, 그렇습니다. 만일 빛이 없다면 눈과 관련해서 우리는 맹인이나 다를 바 없을 겁니다."

소크라테스가 말했다. "그뿐만 아니라 우리는 휴식도 필요로 하는데, 신들은 우리에게 가장 훌륭한 휴식 시간인 밤을 제공해 줍니다."

에우튀데모스가 대답했다. "물론 그렇습니다. 이에 대해서도 감사해야 마땅합니다."

4. 소크라테스가 말했다. "태양은 밝아서 낮 시간과 다른 모든 것들을 우리에게 명확히 비추어 주는 반면 밤은 어두워서 불명확합니다. 이 때문에 신들은 밤에 별을 보여주어서 밤 시간을 비추는 것이지요? 그리고 우리는 이로 인해 우리가 필요로 하는 많은 것들을 행할 수 있는 것이지요?"

에우튀데모스가 대답했다. "그렇습니다."

소크라테스가 말했다. "그뿐만 아니라 달은 우리에게 밤의 부분들뿐 아니라 한 달의 부분들도 분명하게 해 줍니다."

에우튀데모스가 대답했다. "물론입니다."

5. 소크라테스가 말했다. "또한 우리가 음식물을 필요로 하므로, 신들은 땅으로부터 우리에게 음식물을 주고, 이를 위해 알맞은 계절들을 주어서, 각 계절이 우리가 필요로 하는 다양한 것들뿐 아니라 우리가 즐기는 다양한 것들도 풍성하게 제공해 주지요?"

에우튀데모스가 대답했다. "물론 이런 것들 또한 신들이 사람을 사랑하는 증거입니다."

6. 소크라테스가 말했다. "그리고 신들은 매우 값진 물을 우리에게 제공해 주어서, 땅과 계절들이 우리에게 유용한 것들을 낳고 성장시키도록 돕고, 우리 자신을 먹여 살리며, 우리가 먹는 모든 음식물이 한데 섞여서 더욱 쉽게 소화되고 더 몸에 이로우며 더욱 맛있게 되도록 만들지 않나요? 또한 우리가 물을 다량으로 필요로 하므로, 신들은 이를 우리에게 아낌없이 주지요?"

에우튀데모스가 대답했다. "이 또한 선견지명을 드러냅니다."

7. 소크라테스가 말했다. "또한 신들은 불을 우리에게 제공해 주지요? 추위와 어둠을 이기는 데 도움이 되고, 모든 기술에 보탬이 되며, 사람들이 유익을 위해 만들어 내는 모든 것들에 보탬이 되도록 말입니다. 요약해서 말하자면, 불이 없다면 사람들은 삶을 위해 유용한 것들을 아무것도 스스로 구비하지 못합니다."

에우튀데모스가 대답했다. "이 또한 신들의 놀라운 인간애를 보여줍니다."

8. 소크라테스가 말했다. "겨울로 접어든 후, 태양이 움직여서 어떤 것들은 익게 만드는 반면, 철 지난 것들은 시들게 만드는 것은 어떻습니까? 이것을 이룬 후 태양은 더 가까이 다가가지 않고 물러남으로써, 우리가 필요 이상의 뜨거움으로 해를 입지 않게 조심합니다. 그리고 태양이 후퇴하다가 좀 더 후퇴할 경우 우리가 추위로 꽁꽁 얼게 될 것이 명백한 지점까지 이르게 되면, 다시 방향을 틀어서 우리에게 가장 유익이 될 만한 천구의 지점까지 나아갑니다."

에우튀데모스가 대답했다. "제우스께 맹세컨대, 그렇습니다. 이 또한 사람들을 위해 행해지는 일 같습니다."

9. 소크라테스가 말했다. "우리가 갑자기 생겨나는 더위나 추위를 견딜 수 없음이 명백하므로, 태양은 조금씩 앞으로 나이가고 물러남으로써 우리가 양 극단에 위치하게 된다는 것을 깨닫지 못하도록 하는 것이지요?"

에우튀데모스가 대답했다. "지금 저는 신들이 사람들을 섬기는 일 외에 다른 임무를 가지고 있는지 곰곰이 생각하고 있습니다. 그런데 한 가지 걸림돌이 되는 것은 다른 동물들 또한 위와 같은 유익에 참여하고 있다는 점입니다."

10. 소크라테스가 말했다. "이런 것들 또한 인간을 위해 생겨나고 양육됨이 분명하지 않습니까? 다른 어떤 동물이 염소와 양, 소와 말, 당나귀 그리고 다른 동물들로부터 인간이 누리는 것처럼 많은 혜택을 누리겠습니까? 내가 생각하기에, 인간은 식물보다 이런 동물로부터 더 많은 유익을 얻습니다. 여하

튼 인간은 다른 동물에서뿐만 아니라 식물에서도 먹을 것을 얻고 재화를 얻습니다. 또한 많은 종족은 땅에서 자라나는 식물들을 식용으로 사용하지 않고, 풀 뜯는 짐승들로부터 생산되는 젖과 치즈 그리고 고기를 먹고 삽니다. 그리고 모든 사람들은 쓸 만한 짐승들을 길들이고 다스려서 전쟁과 다른 많은 용도에 조력자로 활용합니다."

에우튀데모스가 대답했다. "당신 말씀에 동의합니다. 제가 목격한 바로는, 짐승들 중 우리보다 훨씬 강한 놈들도 사람들에게 순종하게 되어서, 우리가 원하는 대로 사용할 수 있게 되니 말입니다."

11. 소크리데스가 말했다. "훌륭하고 유익한 것들이 많지만 이들은 서로 구별됩니다. 그래서 신들은 좋은 것들을 모두 만끽하도록, 각각의 대상들을 파악하는 데 적합한 감각들을 사람들에게 제공해 주었지요? 또한 신들은 우리에게 논리적 추론 능력(logismos)을 심어 놓았습니다. 이를 통해 우리는 감각대상을 논리적으로 추론하고 기억해서, 각각의 대상이 우리에게 어떻게 이로운지 깨닫고, 좋은 것들을 만끽하고 나쁜 것들을 방비할 많은 방법을 고안하지요?

12. 그뿐만 아니라 신들은 설명하는 능력도 주지 않았나요? 이를 통해 우리는 서로를 가르치면서 모든 좋은 것들을 나누고, 공동체를 구성하며, 법률을 제정하고, 정치활동을 하게 되는 것입니다."

에우튀데모스가 대답했다. "오! 소크라테스여! 정말이지,

신들은 사람들을 세심하게 돌보는 것 같네요."

소크라테스가 말했다. "한편 우리가 미래를 위해 유익한 것을 미리 알 수 없을 때에도, 신들은 점술을 통해 우리를 돕지 않나요? 신탁을 구하는 자들에게 미래에 일어날 일을 알려주고, 어떻게 해야 최상의 결과가 산출될지 가르치면서 말입니다."

에우튀데모스가 대답했다. "오! 소크라테스여! 신들이 다른 사람들보다는 당신에게 더 친밀하게 대하는[111] 것 같군요. 만약에 당신이 신탁을 구하지도 않았는데 신들이 당신에게 마땅히 행해야 할 것과 그렇지 않은 것을 미리 알려준다면 말입니다."

13. 소크라테스가 말했다. "만약 당신이 신들의 모습을 볼 때까지 기다리는 대신, 신들의 업적을 보면서 그들을 경배하고 존경하는 것으로 만족한다면, 당신은 내가 진실을 말하고 있음을 알 것입니다. 신들 자신이 그렇게 넌지시 자기 뜻을 전한다는 사실을 곰곰이 생각해 보세요. 왜냐하면 다른 신들도 우리에게 좋은 것들을 주지만, 이런 것들 중 무언가를 주면서 모습을 드러내지 않기 때문입니다. 한편 훌륭하고 좋은 것들이 모두 있는 전 우주를 질서정연하게 배열하고 유지하며, 훌륭하고 좋은 것들이 훼손되지 않고 온전하며 낡지 않아서 늘 사용 가능하도록 마련하고, 생각보다도 빠른 속도로 실수 없이 봉사를 제공하는 신이 가장 위대한 일을 행하는 것이 목격되기도 합니

---

111   chrēsthai : 직역하면 "신탁을 주는".

다만, 이런 일들을 경영하면서도 신 자신은 우리 눈에 보이지 않습니다.

14. 생각해 보세요. 태양 또한 모든 이에게 분명히 드러난다고 생각되지만, 태양 자체를 관찰하는 일은 사람에게 허용되지 않습니다. 만일 누군가가 뻔뻔스럽게도 태양을 직접 관찰하려고 시도한다면, 그는 시각을 잃게 됩니다. 한편 당신은 신들의 시종들도 눈에 보이지 않음을 발견할 겁니다. 벼락은 하늘 위에서 내리치고 모든 것을 제압한다는 것이 분명합니다. 하지만 벼락이 다가올 때도 눈에 보이지 않고 내리칠 때나 사라질 때도 보이지 않습니다. 또한 바람도 그 자체로는 보이지 않지만, 바람이 하는 일은 우리에게 분명하게 보이며, 우리는 바람이 다가오고 있음을 느낍니다. 그뿐만 아니라 사람의 영혼─사람에게 속하는 것 중 그 무엇보다도 신적인 요소를 나누어 가지는 것─은 우리 안에서 왕 노릇함이 분명하지만, 영혼 또한 그 자체로는 눈에 보이지 않습니다. 이러한 점을 고려하면, 우리는 보이지 않는 것들을 경시해서는 안 되며, 발생하는 현상으로부터 보이지 않는 것들의 힘을 깨달아서 신적인 것을 존중해야 하는 것입니다."

15. 그러자 에우튀데모스가 대답했다. "오! 소크라테스여! 저는 제 자신이 신적인 것을 조금이라도 경시하지 않을 것이라는 점은 분명히 압니다. 하지만 제가 생각하기에, 도대체 어느 누구도 신들의 은혜에 합당한 감사를 보답해 드릴 수 없음에 낙담합니다."

16. 소크라테스가 말했다. "오! 에우튀데모스여! 낙담하지 마세요. 당신도 알다시피, '어떻게 해야 신들을 기쁘게 할 수 있습니까?'라고 누군가가 물을 때마다, 델포이의 신께서는 '폴리스의 관습[112]을 따르라'고 답하니 말입니다. 어디서든지 능력껏 제사지냄으로써 신들을 기쁘게 하는 것이 관습입니다. 그렇다면 어떻게 신들이 명령하는 대로 행하는 것보다 더 훌륭하고 경건하게 신들을 존경할 수 있겠습니까?

17. 하지만 자기 능력에 못 미쳐서는 결코 안 됩니다. 왜냐하면 누군가가 그렇게 할 경우, 이 사람은 신들을 존경하지 않음이 명백하기 때문입니다. 따라서 우리는 그 무엇도 남김없이 자기 능력껏 신들을 존경할 때, 최고로 좋은 것에 대해 용기를 가지며 희망할 수 있습니다.[113] 왜냐하면 최고의 유익을 줄 수 있는 이들 외에 그 누구로부터 더 큰 선물을 희망하는 일은 사려 깊지(sōphronoiē) 않을 테니까요. 더구나 그들을 기쁘게 하는 것 외에 다른 어떤 방식으로 더 큰 유익을 희망하는 일 또한 사려 깊지 않을 것입니다. 그런데 그들에게 최대한 순종하는 것 말고 다른 어떤 방식으로 그들을 기쁘게 할 수 있겠습니까?"

18. 소크라테스는 이렇게 말하고 자기 자신도 그렇게 행동하면서, 자기 동료들을 더욱 경건하고 사려 깊은 자들로 만들었다.

---

112 nomos : 혹은 법률.

113 《퀴로스의 교육》I. vi. 4. 참고.

§4장

1. 또한 소크라테스는 정의에 관해 자신이 가진 견해를 숨기지 않았고, 행동으로도 보여주었다. 즉 그는 사적으로는 모든 이에게 합법적이고 유익하게 대우했고, 공적으로는 폴리스 안에서나 원정 나갔을 때에도 법률이 명하는 바에 관해 지도자에게 순종했다. 그래서 그가 규율에 있어서 모든 사람들을 능가함이 분명했다.

2. 민회에서 의장이 되었을 때에도 그는 군중이 법률에 반하여 투표하는 것을 허용하지 않았고, 내 생각에 다른 어떤 사람도 참아낼 수 없어 보이는 군중의 분노에 대항해서 법률을 옹호했다.

3. 30인 독재정[114]이 소크라테스에게 법률에 반하여 무언가를 명령했을 때, 그는 이에 복종하지 않았다. 즉 젊은이들과 대화하는 것을 그들이 금지하고, 소크라테스와 다른 시민들에게 어떤 사람을 끌고 와서 사형시키도록 명령할 때, 소크라테스 혼자만 법률에 어긋난 것을 명령한다는 이유로 이 명령에 불복종했던 것이다.[115]

---

114 크리티아스(대략 기원전 460–403년)는 플라톤의 외사촌 조카였다. 그는 411년 400인 과두정에 가담했으나 민주정이 복원되자 추방당했다. 그러나 404년 귀환해서 다시 30인 쿠데타를 일으켰다. 30인정은 8개월간의 공포정치로 많은 사람을 죽이고 추방했으나 결국 몰락하고 말았다.

115 소크라테스는 레온이라는 부유한 사람이 사형을 피하기 위해 살라미스로 도망했을 때 이 사람을 체포하도록 명령을 받았으나 이를 거부했다. 《헬레니카》

4. 또한 소크라테스가 멜레토스의 기소 때문에 재판받게 되었을 때—다른 이들은 법정에서 관례적으로 배심원들을 기쁘게 하는 말을 하고 아부하고 법률에 반하는 것을 요구하며, 이런 행동을 통해 많은 이들이 종종 배심원으로부터 석방 판결을 받는 것이 관례였지만—소크라테스는 법정에서 법률에 반하는 관행을 행하고자 하지 않았다. 이 때문에 만약 그가 위와 같은 수단 중 무언가를 적절히 구사하기만 했다면 배심원들로부터 쉽사리 석방판결을 받아낼 수 있었겠지만, 그는 위법하게 사는 것보다 차라리 법률을 고수하면서 죽는 편을 선택했다.

5. 소크라테스는 다른 사람들에게도 종종 이와 같이 말했다. 내가 알기로는 언젠가 소크라테스는 엘리스 출신 히피아스[116]와 정의에 관해 다음과 같은 대화를 나누었다. 한동안 출타 후 아테네로 돌아온 히피아스는, 소크라테스가 누군가에게 이렇게 말할 때 곁에 있었다. "만일 누군가가 어떤 사람을 신발 제조공이나 목수, 대장장이, 기수로 만들고자 한다면 그를 어디로 보내야 이런 기술을 획득할 수 있는지 고민하지 않을 겁니다. 한편 어떤 이들은 '말이나 소를 정의롭게 만들고자 하는

II 3.39 및 플라톤, 《소크라테스의 변론》 32c—d 참고.

116 히피아스(대략 기원전 481—411년 경)는 수사학을 가르친 소피스테스이다. 플라톤은 히피아스와 소크라테스 간의 대화편을 두 편 썼는데, Hippias major에서는 아름다움(혹은 훌륭함)이 논의되고 있으며, Hippias minor에서는 거짓이 논의되고 있다. 크세노폰의 《향연》에서 소크라테스는 히피아스를 기억술의 선생으로 언급하고 있다.

사람은 어디를 가도 좋다. 가르칠 사람이 널려 있으니까.'라고 말합니다만, 만약 누군가가 자기 스스로 올바름이 뭔지 배우고자 하거나 그 아들이나 종에게 올바름을 가르치고자 한다면 어디로 가야 그것을 얻을 수 있는지 알지 못하니, 그것 참 놀라운 일이네요."

6. 히피아스가 이 말을 듣자 그를 놀리듯 말했다. "오! 소크라테스여! 당신께서는 오래전에 제가 당신에게서 들은 바와 동일한 바를 여전히 말씀하고 계시는군요."

그러자 소크라테스가 대답했다. "오! 히피아스여! 이보다 더 놀라운 일은 내가 항상 같은 것을 말할 뿐 아니라 늘 같은 주제에 관해 밀한다는 점입니다. 하지만 당신께서는 아마도 아는 게 많으니, 동일한 주제에 대해 동일한 것을 결코 말하지 않겠지요."

히피아스가 대답했다. "물론입니다. 저는 늘 뭔가 새로운 것을 말하려고 노력합니다."

7. 소크라테스가 말했다. "당신이 알고 있는 것에 대해서도 그런가요? 이를테면 누군가가 당신에게 '소크라테스'라는 이름에 몇 개의 철자가 있고 어떤 철자가 있는지 물을 경우, 당신께서는 과거에는 이러이러하게 말씀하시고 현재에는 저러저러하게 말씀하려고 하나요? 아니면 사람들이 숫자에 관해서 5 곱하기 2가 10이냐고 물을 경우, 지금은 당신이 과거에 답한 바와 동일하지 않게 답하나요?"

히피아스가 말했다. "오! 소크라테스여! 위와 같은 것들에 대해서는 저도 당신과 마찬가지로 항상 동일한 답변을 제시합니다. 하지만 올바름에 관해서는 당신이나 다른 어떤 사람이라도 반박할 수 없는 것을 제가 지금 말씀드릴 수 있습니다."

8. 소크라테스가 말했다. "헤라 여신께 맹세컨대, 당신께서는 정말로 큰 좋음을 발견하셨다고 말씀하시는군요. 만약 배심원들이 상반되게 투표하는 일을 그만두고, 시민들이 올바른 일들에 대해 서로 반박하고 송사하며 파당 나누는 일을 그만두고, 폴리스들이 올바른 일들에 관해 견해를 달리해서 전쟁하는 일을 그만둔다면 말입니다. 나로서는 당신께서 발견하신 그토록 큰 좋음을 듣기 전에 당신을 떠날 수 있을지 모르겠습니다."

9. 히피아스가 말했다. "제우스께 맹세컨대, 당신 자신이 적어도 올바름이 뭐라고 생각하시는지 먼저 밝히기 전까지는 제 말씀을 들으실 수 없을 겁니다. 당신께서는 모든 사람에게 심문하고 논박하며 남들을 조롱하면서도, 당신 스스로는 누구에게도 설명해 주기를 원치 않고 그 무엇에 대해서도 자신의 견해를 밝히길 원치 않으니 말입니다."

10. 그러자 소크라테스가 말했다. "무슨 말씀인가요? 오! 히피아스여! 내 자신이 생각하기에 올바르다고 보이는 것을 멈추지 않고 밝혔는데, 당신께서는 이 사실을 몰랐나요?"

히피아스가 말했다. "당신의 말씀(logos)은 어떤 종류의 것인가요?"

소크라테스가 대답했다. "나는 말(logos)이 아니라 행동으로써 입증합니다. 당신께서는 말보다 행동이 더 증거능력이 있다고 생각하지 않나요?"

히피아스가 말했다. "제우스께 맹세컨대, 물론 그렇습니다. 많은 이들이 올바른 것을 말하면서도 올바르지 않은 것들을 행합니다만, 올바른 것들을 행하면서 불의할 수는 없지요."

11. 소크라테스가 말했다. "그러면 당신께서는 도대체 한번이라도 내가 위증하거나 참소하거나 친구들이나 폴리스를 분쟁으로 이끌거나 아니면 다른 어떤 올바르지 않은 일을 행하는 것을 본 적이 있나요?"

히피아스가 대답했다. "그런 일을 본 적이 없습니다."

소크라테스가 말했다. "그러면 당신은 올바르지 않은 일들을 피하는 것이 정의롭다고 생각하지 않나요?"

히피아스가 대답했다. "오! 소크라테스여! 지금 이 순간에도 당신께서는 올바른 것이 무엇인지 자신의 의견을 밝히는 것을 기피하려는 게 분명합니다. 당신은 올바른 이들이 무슨 행동을 하는지가 아니라 무슨 행동을 하지 않는지 말씀하고 계시니 말입니다."

12. 소크라테스가 말했다. "하지만 나는 불의를 행하지 않으려는 것이 정의의 충분한 증거라고 생각했습니다. 만약 당신께서 그렇게 생각하지 않는다면, 다음과 같은 것이 더 나은지 생각해 보세요. 즉 나는 합법적인 것이 올바르다고 생각합니다.[117]"

---

117 《퀴로스의 교육》I. iii. 17.

히피아스가 대답했다. "오! 소크라테스여! 그러면 당신은 합법적인 것과 올바른 것이 동일하다고 말씀하시는 건가요?"

소크라테스가 대답했다. "나로서는 그렇습니다."

13. 히피아스가 말했다. "저는 당신께서 어떤 것을 합법적이라고 하시는지 혹은 어떤 것을 올바르다고 하시는지 알지 못하겠군요."

소크라테스가 말했다. "당신은 폴리스의 법률들이 뭔지 아십니까?"

히피아스가 대답했다. "압니다."

소크라테스가 말했다. "그러면 법률이 뭐라고 생각하십니까?"

히피아스가 대답했다. "무엇을 행해야 하고 무엇을 기피해야 하는지 시민들이 동의해서 기록해 놓은 것입니다."

소크라테스가 말했다. "그렇다면 위와 같은 기준에 의거해서 정치 활동을 하는 사람은 합법적인 반면, 이를 어기는 자는 불법적이겠지요?"

히피아스가 대답했다. "물론 그렇습니다."

소크라테스가 말했다. "그렇다면 위와 같은 기준에 순종하는 자는 올바르게 행동하는 반면, 이에 불순종하는 자는 올바르지 않게 행동하는 거겠지요?"

히피아스가 대답했다. "어떻게 그렇지 않을 수 있겠습니까?"

소크라테스가 말했다. "그러면 합법적인 사람은 정의로운 사람이고 불법적인 사람은 불의한 사람이겠네요."

14. 그러자 히피아스가 말했다. "오! 소크라테스여! 법률을

제정한 자들 스스로가 종종 자신이 만든 법률을 거부하고 개정하는데, 어떻게 우리가 법률 혹은 법률에 순종하는 일이 중요한 것이라고 여길 수 있겠습니까?"

소크라테스가 말했다. "폴리스들은 종종 전쟁을 일으킨 후 다시 평화를 이루기도 합니다."

히피아스가 말했다. "물론 그렇습니다."

소크라테스가 말했다. "그러면 당신이 생각하기에, 법률이 폐지될지 모른다는 이유로 법률에 순종하는 이들을 폄하하는 것과 평화롭게 될 수 있다는 이유로 전쟁에서 규율을 지키는 이들을 헐뜯는 것이 뭐가 다릅니까? 혹시 당신은 전쟁 중 조국을 기꺼이 도우려는 자들까지 싸잡아 비난하는 건가요?"

히피아스가 대답했다. "제우스께 맹세컨대, 그런 건 아닙니다."

15. 소크라테스가 말했다. "라케다이몬 사람 뤼쿠르고스가 법률에 복종하는 관습을 스파르타에 심어주지 않았다면 스파르타를 다른 폴리스나 별반 다를 게 없는 국가로 만들었을 것이라는 사실을 당신은 깨닫지 못하였나요? 또한 폴리스의 지도자들 가운데 가장 뛰어난 자는 그 시민들로 하여금 법률에 순종하도록 하는 데 주된 원인이 되는 자이며, 시민들이 가장 법률에 순종하는 폴리스야말로 평화 가운데서 최고의 시간을 영위하고 전쟁에서는 적수가 없다는 사실을 당신은 알지 못하나요?

16. 그뿐만 아니라 한마음 한뜻 됨(homonoia)은 폴리스에서 가장 큰 좋음이라고 생각됩니다. 즉 폴리스에서 장로들과 가장

뛰어난 사람들은 종종 시민들에게 한마음 한뜻으로 살아가라고 촉구하고, 헬라스 전역에서는 시민들이 한마음 한뜻 되기를 맹세하는 관습[118]이 확립되어 있으며 어디서든 사람들은 이런 맹세를 합니다. 내가 생각하기에, 이런 일들이 생겨나는 목적은 시민들이 동일한 코로스를 승자로 판정하도록 하기 위함도 아니고 동일한 플루트 주자를 칭송하도록 하기 위함도 아니며 동일한 시인을 선출하기 위함도 아니고 동일한 것들로 즐거워하기 위함도 아닙니다. 오히려 위와 같은 관습의 목적은 시민들이 법률에 순종하도록 하기 위한 것입니다. 왜냐하면 시민들이 법률을 고수할 때 폴리스가 더 강해지고 더 행복해지기 때문입니다. 한마음 한뜻 됨 없이는, 폴리스도 잘 통치되지 않을 뿐더러 가정도 훌륭하게 경영되지 않습니다.

17. 개인의 경우에도, 법률을 잘 지키는 사람보다 폴리스로부터 벌은 덜 받고 존경은 더 받는 사람이 누가 있겠습니까? 그리고 어떻게 [누군가가 법률을 잘 지키는 사람보다] 재판정에서 덜 패소하고 더 이길 수 있겠습니까? 또한 누군가가 [법률을 잘 지키는 사람 말고] 도대체 어떤 사람에게 자기 돈이나 자녀를 돌보도록 맡기겠으며, 폴리스 전체가 법률을 잘 지키는 사람보다 누구를 더 신뢰할만한 사람으로 여기겠습니까? 또한 부모나 친척이나 종이나 친구나 동료 시민이나 이방인이 누구로부터 정의로운 것들을 더 잘 얻을 수 있겠으며, 적들이 협정이나 조약

118   nomos : 혹은 법률.

혹은 평화에 관한 협약을 체결할 때 누구를 [법률을 잘 지키는 사람보다] 더 신뢰할 수 있겠습니까? 또한 사람들이 법률을 잘 지키는 사람보다 어느 누구와 더 협력자가 되고자 하겠습니까? 또한 동맹군이 누구에게 지휘권이나 요새 통솔권 또는 폴리스를 더 잘 믿고 맡기겠습니까? 또한 누군가가 은혜를 베풀었을 때, 법률을 잘 지키는 사람[119]보다 누가 더욱 감사할 것으로 생각되겠습니까? 감사로 보답할 것이라고 판단되는 사람보다 우리가 누구에게 더 은혜를 베풀겠습니까? 이처럼 법률을 준수하는 사람보다 우리가 누구와 더 친구가 되려고 하거나 덜 적이 되려고 하겠습니까? 누군가가 친구이길 가장 원하고 적이길 가장 원하지 않는 사람, 또한 가장 많은 사람들이 친구이자 협력자이길 원하는 반면 극소수의 사람들이 적이자 대적자이길 원하는 바로 그 사람과 전쟁하고자 하는 사람이 어디 있겠습니까?"

18. 소크라테스가 계속 말했다. "그러니 오! 히피아스여! 나로서는 합법적인 것과 올바른 것이 동일하다고 증명합니다. 하지만 만약 당신께서 이와 상반된 견해를 가지고 계신다면 가르쳐주세요."

그러자 히피아스가 대답했다. "제우스께 맹세컨대, 오! 소크라테스여! 저는 당신이 지금 올바름에 관해 말씀하신 것과 상반된 견해를 갖지 않습니다."

---

119   또는 "합법적인 사람(nomimos)".

19. 소크라테스가 말했다. "오! 히피아스여! 당신께서는 불문율이 뭔지 알고 있습니까?"

히피아스가 대답했다. "모든 지역에서 동일하게 법률로 여겨지는 것이지요."

소크라테스가 말했다. "그러면 당신께서는 사람들이 그것을 만들었다고 말씀하실 수 있나요?"

히피아스가 대답했다. "어떻게 그럴 수가 있겠습니까? 사람들 모두가 한데 모일 수도 없을뿐더러 같은 말을 사용하는 것도 아닌데요."

소크라테스가 말했다. "그렇다면 당신께서는 누가 이런 법률을 제정했다고 생각하나요?"

히피아스가 말했다. "저는 신들이 이 법률을 인간에게 만들이 주었다고 생각합니다 왜냐하면 모든 사람들에게 첫 번째 규범은 신들을 섬기는 것이라고 여겨지니까요."

20. 소크라테스가 말했다. "그렇다면 부모를 존경하는 것도 모든 곳에서 규범으로 여겨지고 있나요?"

히피아스가 대답했다. "그 또한 그렇습니다."

소크라테스가 말했다. "그러면 부모가 자녀와 몸을 섞지 않고 자녀도 부모와 몸을 섞지 않는 것은요?"

히피아스가 대답했다. "오! 소크라테스여! 제가 생각하기에, 그것은 신의 규범이 아닌 것 같습니다."

소크라테스가 말했다. "어째서 그런가요?"

히피아스가 대답했다. "그 규범을 위반한 사람들을 제가 목격했으니까요."

21. 소크라테스가 말했다. "사람들은 다른 규범들도 많이 위반합니다. 하지만 신들이 정한 규범을 위반하는 자들은 사람으로서는 어떤 방법으로도 피할 수 없는 죗값을 치르게 됩니다. 몇몇 사람들이 인간에 의해 제정된 규범을 위반하고도, 혹은 들키지 않아서 혹은 폭력을 행사함으로써 죗값 치르기를 피하지만 말입니다."

22. 히피아스가 말했다. "그러면 오! 소크라테스여! 자식과 몸을 섞은 부모 및 부모와 몸을 섞은 자식들은 어떤 죗값을 피할 수 없다는 건가요?"

소크라테스가 말했다. "제우스께 맹세컨대, 최고의 벌이지요. 사람들이 자식을 낳을 때 형편없이 낳는 것보다 더 큰 형벌이 어디 있겠습니까?"

23. 히피아스가 말했다. "아버지가 훌륭하지 않으리라는 법이 없고, 훌륭한 어머니로부터 자식 낳는 일을 막을 게 없는데, 어떻게 이 사람들이 자식을 형편없이 낳을 수 있겠습니까?"

소크라테스가 말했다. "제우스께 맹세컨대, 서로 자식을 낳는 양친이 훌륭해야 할 뿐더러, 그들의 몸 또한 한창때여야 하기 때문입니다. 아니면 당신께서 한창때인 부모의 씨앗[120]이 아직 한창때가 아닌 부모의 씨앗이나 이미 청춘을 지난 부모의 씨앗과 비슷하다고 생각합니까?"

---

120 sperma : 정자.

히피아스가 대답했다. "제우스께 맹세컨대, 비슷할 것 같지 않네요."

소크라테스가 말했다. "그러면 어떤 게 더 낫겠습니까?"

히피아스가 대답했다. "당연히 한창때인 사람들의 씨앗이겠지요."

소크라테스가 말했다. "그러면 한창때 아닌 사람들의 씨앗은 부모가 되는 데 적절치 않겠네요?"

히피아스가 대답했다. "제우스께 맹세컨대, 아마도 그렇겠지요."

소크라테스가 말했다. "그렇다면 이렇게 아이를 낳는 이들은 합당치 않은 방식으로 아이를 낳는 거겠네요?"

히피아스가 대답했다. "제가 생각하기에 그렇습니다."

소크라테스가 말했다. "그러니 이들이 아니라면, 다른 어떤 사람이 형편없이 자식을 낳겠습니까?"

히피아스가 대답했다. "이 점에 대해서도 당신 말씀에 동의합니다."

24. 소크라테스가 말했다. "그러면 어떻습니까? 선대해 주는 사람에게 보답하는 것은 모든 곳에서 합법적이지 않나요?"

히피아스가 대답했다. "합법적이지요. 하지만 이 규범도 위반되고 있습니다."

소크라테스가 말했다. "그러면 좋은 친구들을 잃게 되고 자신을 미워하는 자들을 추종해야만 하니까, 이런 규범을 어기는 자들도 죗값을 치르지 않나요? 좋은 친구란 상대하는 자들을 선대하는 사람 아닌가요? 반면 이런 사람들에게 보답하지 않는 자들은 배은망덕으로 인해 친구들로부터 미움을 사게 됩니다. 그럼에도 불구하고 그들은 좋은 친구들을 열렬히 추종합니다. 왜냐하면 이런 사람을 상대하는 것이 가장 이롭기 때문입니다."

히피아스가 대답했다. "제우스께 맹세컨대, 오! 소크라테스여! 이 모든 것은 진실로 신들에게 걸맞은 일인 듯합니다. 왜냐하면 규범 자체가 위반자들에 대한 처벌을 담고 있다는 사실은, 제가 생각하기에, 규범이 인간보다 나은 입법자에 의해 생겨났음을 함축하기 때문입니다."

25. 소크라테스가 말했다. "그러면 오! 히피아스여! 당신께서 생각하기에, 신들이 올바른 것들을 입법하는 것 같나요, 아니면 이와 다른 것을 입법하는 것 같나요?"

히피아스가 대답했다. "제우스께 맹세컨대, 다른 것일 리 없지요. 신이 아니라면 다른 누가 올바른 것들을 입법할 리 없으니까요."

소크라테스가 말했다. "그렇다면 오! 히피아스여! 신들도 올바른 것과 합법적인 것이 동일하다는 것에 만족하겠네요."

이렇게 말하고 행동함으로써, 소크라테스는 자기 곁에 있는 사람들을 더 올바르게 만들었다.

§5장

1. 소크라테스는 자신과 함께 있는 자들을 실질적인 일에 더 유능하도록 만들었는데, 이제 나는 그 점에 대해서도 말해 보겠다. 소크라테스는 뭔가 훌륭한 행동을 하고자 하는 사람이 자제력(enkrateia)을 지녀야 좋다고 생각해서, 먼저 자신이 모든 사람들 중 스스로 가장 잘 훈련했음을 동료들에게 명백히 보여주었다. 다음으로 그는 대화를 통해서 자기 동료들로 하여금 무엇보다 자제력을 함양하도록 권면했다.

2. 그는 탁월함을 얻는 데 유용한 것들을 늘 상기하면서 시간을 보내곤 했고, 모든 동료들에게 이를 일깨워 주고자 했다. 내가 알기에, 그는 언젠가 자제함에 관해 에우튀데모스와 다음과 같은 대화를 주고받았다.

소크라테스가 말했다. "나에게 말해 주세요. 오! 에우튀데모스여! 자유란 사람 및 폴리스에게 훌륭하고 대단한 소유물이라고 당신은 생각하나요?"

에우튀데모스가 대답했다. "가능한 한 그렇습니다."

3. 소크라테스가 말했다. "당신은 육체적 쾌락에 의해 지배받아서 최선의 행위를 할 수 없는 사람이 자유롭다고 생각하나요?"

에우튀데모스가 말했다. "결코 아닙니다."

소크라테스가 말했다. "그것은 아마도 최선의 행위를 하는 것이 자유롭다고 당신께서 생각하기 때문일 겁니다. 그러면 이런 일을 행하는 것을 막는 이들이 있다는 것은 자유롭지 않은 것이라고 생각하지요?"

에우튀데모스가 대답했다. "당연히 그렇습니다."

4. 소크라테스가 말했다. "그러면 당신은 자제력 없는 사람은 완전히 자유롭지 않은 자라고 생각하나요?"

에우튀데모스가 대답했다. "제우스께 맹세컨대, 그런 것 같습니다."

소크라테스가 말했다. "당신이 생각하기에, 자제력 없는 자들은 단지 최선의 행위를 하지 못하나요, 아니면 수치스러운 행동을 하도록 강제되기까지 하나요?"

에우튀데모스가 대답했다. "제가 생각하기에, 그들은 최선의 행동을 하지 못할뿐더러 이에 못지않게 수치스러운 행동을 하도록 강제되는 것 같습니다."

5. 소크라테스가 말했다. "그러면 당신이 생각하기에, 최선의 행위를 막는 반면 최악의 행위를 강제하는 주인은 어떤 주인인가요?"

에우튀데모스가 말했다. "제우스께 맹세컨대, 가능한 한 최악의 주인이지요."

소크라테스가 말했다. "그러면 당신은 어떤 종류의 종살이가 최악이라고 생각하나요?"

에우튀데모스가 말했다. "제 생각에는 최악의 주인에게 종살이하는 것입니다."

소크라테스가 말했다. "그러면 자제력 없는 자들은 최악의 종살이를 하고 있겠네요?"

에우튀데모스가 대답했다. "제 생각에는 그렇습니다."

6. 소크라테스가 말했다. "최상의 선, 지혜에 관해 살펴보자면, 당신이 보기에 무절제(akrasia : 자제력 없음)는 사람들로 하여금 지혜를 얻지 못하게 할뿐더러 그와 반대쪽으로 몰아넣지 않나요? 혹은 당신은 무절제가 사람들을 쾌락으로 이끌고 감으로써, 유익을 주는 것들에 주의를 기울여 배우는 것을 방해한다고 생각하지 않나요? 또한 무절제는 좋은 것들과 나쁜 것들을 감각하는 이들을 종종 놀라게 해서 더 나은 것 대신 더 형편없는 것을 택하도록 만들지 않나요?"

7. 에우튀데모스가 대답했다. "그런 일이 발생합니다."

소크라테스가 말했다. "오! 에우튀데모스여! 자제력 없는 자보다 시러 깊음(sōphrosynē : 절제)을 덜 소유한 사람이 누구라고 말하겠습니까? 사려 깊음과 무절제의 결과는 진실로 정반대입니다."

에우튀데모스가 대답했다. "그 점에도 동의합니다."

소크라테스가 말했다. "당신이 생각하기에, 적절한 것들을 돌보는 데 무절제보다 더 큰 장애요인이 있겠습니까?"

에우튀데모스가 대답했다. "제 생각에는 없는 것 같습니다."

소크라테스가 말했다. "유익한 것 대신 유해한 것을 고르게 만들고, 유해한 것은 돌보나 유익한 것은 무관심하도록 설득하며, 사려 깊음에 반대되는 것을 행하도록 강제하는 것보다 사람에게 더 나쁜 것이 뭐가 있을까요?"

에우튀데모스가 대답했다. "그런 건 없지요."

8. 소크라테스가 말했다. "그러면 아마도 자제력은 무절제가 사람들에게 야기하는 귀결과 반대되는 결과를 가져오겠지요?"

에우튀데모스가 답했다. "물론 그렇습니다."

소크라테스가 말했다. "그러면 반대되는 결과를 가져오는 원인은 아마도 최고로 좋은 것이겠지요?"

에우튀데모스가 대답했다. "아마도 그렇겠네요."

소크라테스가 말했다. "그러면 오! 에우튀데모스여! 아마도 자제력이 사람에게 가장 좋은 듯하나요?"

에우튀데모스가 대답했다. "그런 것 같습니다. 오! 소크라테스여!"

9. 소크라테스가 말했다. "오! 에우튀데모스여! 다음과 같은 생각을 해본 적이 있나요?"

에우튀데모스가 말했다. "뭔데요?"

소크라테스가 말했다. "무절제가 사람들을 인도한다고 여겨지는 유일한 목표는 쾌락이지만, 무절제는 사람들을 쾌락으로 인도하지도 못한다는 사실 말입니다. 반면 자제력은 그 무엇보다도 즐겁게 만듭니다."

에우튀데모스가 말했다. "어떻게요?"

소크라테스가 말했다. "무절제는 배고픔이나 목마름, 성적 욕망, 수면부족―우리는 이것들을 통해서만 즐겁게 먹고 마시며 성적쾌락을 누리고 즐겁게 휴식을 취하고 잠듭니다―을 인내하지 못하게 합니다. 이러한 것들이 가능한 한 즐거운 상태가 될 때까지 참고 기다리도록 허용하지 않는 것이지요. 그래서 무절제는 우리로 하여금 가장 필연적이고 빈번하게 발생하는 일들에서 합당하게[121] 즐거움을 얻는 것을 방해합니다. 반면 오직 절제는 앞서 말한 것들을 인내할 수 있게 해주면서, 앞서 말한 것들에서 기억할만한 가치가 있는 즐거움을 얻도록 해 줍니다."

에우튀데모스가 말했다. "당신 말씀이 진실로 옳습니다."

10. 소크라테스가 말했다. "더구나 무언가 훌륭하고 좋은 것을 배우고 이런 종류의 것들—이를 통해 우리는 자신의 몸을 훌륭히 다스리고 자기 집을 훌륭히 경영하고, 자기 친구들과 폴리스에 유익하게 되고, 적들을 제압하고, 이로부터 유익뿐 아니라 최대의 즐거움까지도 얻습니다—을 돌보는 일과 관련해서, 자제력 있는 자들은 이런 것들을 행하면서 즐거워하는 반면, 자제력 없는 자들은 이러한 즐거움 중 어떤 것에도 참여하지 못합니다. 눈앞에 있는 쾌락에 대한 열정에 사로잡혀서 위와 같은 것들을 거의 할 수 없는 사람보다 누구에게 그러한 것들이 덜 속한다고 우리가 말할 수 있겠습니까?"

11. 그러자 에우튀데모스가 대답했다. "오! 소크라테스여! 제가 생각하기에, 당신은 육체로 인한 쾌락에 굴복한 사람에게는 어떤 탁월함도 결코 속하지 않는다고 말씀하는 것 같네요."

소크라테스가 말했다. "그렇습니다. 오! 에우튀데모스여!

---

121 axiologōs : 논의할 가치가 있을 정도로.

자제력 없는 사람이 무지몽매한 짐승과 뭐가 다르겠습니까? 가장 중요한 것을 탐구하는 대신 모든 수단을 동원해 가장 즐거운 것을 행하고자 하는 자가 가장 멍청한 소떼나 다를 바 있겠습니까? 반면 오직 스스로 자제하는 자들만이 가장 중요한 대상들을 탐구할 수 있고, 말과 행동에 있어 대상들을 종에 따라 분류함으로써 좋은 것들은 선택하는 반면 나쁜 것들은 기피할 수 있습니다."

12. 소크라테스는 우리가 이렇게 함으로써 가장 훌륭하고 행복한 사람이 되며 대화하는 데도 능하게 된다고 말했다. 또한 그는 말하기를, 대화함(dialegesthai)이라는 단어는 사람들이 대상들을 한데 모으고 종에 따라 분류해서(dialegontas) 의사결정한 데서 유래했다는 것이다. 따라서 [소크라테스에 따르면] 우리는 가능한 한 이런 일에 준비되어 있도록 노력해야 하며, 무엇보다 이런 일에 주의를 기울여야 한다. 왜냐하면 이를 통해 우리는 가장 훌륭하고 지도하기에 적합한 사람이 되며 대화에도 능한 사람이 될 것이기 때문이다.

§6장

1. 나는 소크라테스가 어떻게 자신의 동료들을 대화에 능통한 자들로 만들었는가에 관해서도 말해 보겠다. 소크라테스는 존재하는 것들 각각이 무엇인지 아는 자들은 다른 이들에게도

그것을 설명할 수 있다고 생각했다. 반면 알지 못하는 자들은 자기 스스로도 실족할 뿐 아니라 다른 사람들까지 실족시키더라도 놀랄 게 없다는 것이다. 이런 이유로 소크라테스는 존재하는 것들 각각이 무엇인지에 관해 자신의 동료들과 탐구하는 일을 결코 멈추지 않았다.

소크라테스가 정의한 모든 것들을 일일이 열거하는 일은 엄청난 일이 될 것이다. 나는 그의 탐구방식을 보여줄 것이라고 생각되는 몇몇 사례들을 언급할 것이다.

2. 먼저 그는 경건(eusebeia)에 관해 다음과 같은 방식으로 탐구했다.

소크라테스가 말했다. "나에게 말해주세요. 오! 에우튀데모스여! 당신은 경건이 어떤 종류의 것이라고 생각하나요?"

에우튀데모스가 대답했다. "제우스께 맹세컨대, 가장 아름다운 것이지요."

소크라테스가 말했다. "그러면 당신은 경건한 사람이 어떤 사람인지 말씀해 줄 수 있나요?"

에우튀데모스가 대답했다. "제가 생각하기에, 신들을 존경하는 자입니다."

소크라테스가 말했다. "누군가가 자신이 원하는 방식으로 신들을 존경할 수 있나요?"

에우튀데모스가 대답했다. "아닙니다. 신들을 존경하는 데도 규범이 있습니다."

3. 소크라테스가 말했다. "그러면 이 규범을 아는 사람은 어

떻게 신들을 존경해야 하는지 아는 사람인가요?"

에우튀데모스가 말했다. "제 생각에는 그렇습니다."

소크라테스가 말했다. "그러면 신들을 존경하는 방법을 아는 사람은 자신이 아는 것과 다른 방식으로 이를 행해야 한다고 생각하지 않지요?"

에우튀데모스가 대답했다. "물론 아닙니다."

소크라테스가 말했다. "마땅히 그래야 한다고 생각하는 바와 다른 방식으로 신들을 존경하는 사람이 있나요?"

에우튀데모스가 대답했다. "그렇지 않다고 생각합니다."

4. 소크라테스가 말했다. "그러면 신들에 관해 합법적인 것을 아는 사람은 합법적으로 신들을 존경할까요?"

에우튀데모스가 대답했다. "물론입니다."

소크라테스가 말했다. "합법적으로 존경하는 사람은 마땅히 그래야 하는 방식으로 존경하는 자이지요?"

에우튀데모스가 대답했다. "어떻게 그렇지 않을 수 있겠습니까?"

소크라테스가 말했다. "마땅히 그래야 하는 방식으로 존경하는 자는 경건한 사람이지요?"

에우튀데모스가 대답했다. "물론입니다."

소크라테스가 말했다. "그러면 우리는 신들에 관해 합법적인 것을 아는 사람을 경건한 사람이라고 올바르게 정의할 수 있지요?"

에우튀데모스가 대답했다. "제가 생각하기에 그렇습니다."

5. 소크라테스가 말했다. "그러면 누군가가 자신이 원하는 방식으로 사람들을 대하는 것이 가능한가요?"

에우튀데모스가 대답했다. "아닙니다. 이와 관련해서도 합법적인 것이 있습니다."

소크라테스가 말했다. "그러면 이러한 규범에 따라 서로를 대하는 자들은 마땅히 그래야 하는 방식으로 서로를 대하는 것이지요?"

에우튀데모스가 대답했다. "어떻게 그렇지 않겠습니까?"

소크라테스가 말했다. "그러면 마땅히 그래야 하는 방식으로 대하는 사람들은 훌륭하게 대하는 것인가요?"

에우튀데모스가 대답했다. "물론입니다."

소크라테스가 말했다. "그러면 사람들에게 훌륭하게 대하는 사람은 인간적인 일들을 훌륭히 이행하나요?"

에우튀데모스가 대답했다. "그런 것 같습니다."

소크라테스가 말했다. "그러면 규범에 순종하는 자들은 올바른 것을 행하나요?"

에우튀데모스가 대답했다. "물론입니다."

6. 소크라테스가 말했다. "당신은 어떤 것이 올바른 것이라고 일컬어지는지 아나요?"

에우튀데모스가 말했다. "규범이 명령하는 바이지요."

소크라테스가 말했다. "그러면 규범이 명령하는 대로 행하는 자들은 올바른 행동을 하며 마땅히 행해야 할 것을 행하는 건가요?"

에우튀데모스가 대답했다. "어떻게 그렇지 않을 수 있겠습니까?"

소크라테스가 말했다. "그러면 올바른 일을 행하는 자들은 올바른가요?"

에우튀데모스가 대답했다. "제 생각에는 그렇습니다."

소크라테스가 말했다. "당신은 규범이 명령하는 것을 알지도 못하면서 규범에 순종하는 사람들도 있다고 생각하나요?"

에우튀데모스가 말했다. "저는 그렇게 생각하지 않습니다."

소크라테스가 말했다. "그러면 당신이 생각하기에, 마땅히 행해야 할 바를 알면서도 이를 행하면 안 된다고 생각하는 사람들이 있나요?"

에우튀데모스가 대답했다. "그렇지 않은 것 같습니다."

소크라테스가 말했다. "그러면 당신은 마땅히 행해야 한다고 생각하는 바와 실제 행하는 바가 일치하지 않는 사람들을 알고 있나요?"

에우튀데모스가 대답했다. "모릅니다."

소크라테스가 말했다. "그러면 사람들과 관련해서 합법적인 것을 알고 있는 사람들은 올바른 것들을 행하나요?"

에우튀데모스가 대답했다. "물론이지요."

소크라테스가 말했다. "그러면 그들은 올바른 것들을 행하니까 올바른 사람들인가요?"

에우튀데모스가 대답했다. "그들이 아니라면 누가 올바르겠습니까?"

소크라테스가 말했다. "그러면 사람들에 관해 합법적인 것들을 아는 이들을 올바른 사람들이라고 정의하는 게 올바르겠네요?"

에우튀데모스가 대답했다. "제 생각에는 그런 것 같습니다."

7. 소크라테스가 말했다. "그러면 지혜(sophia)는 뭐라고 말해야 할까요? 나에게 말해 주세요. 당신이 생각하기에, 지혜로운 사람들(sophoi)은 자신이 아는 바에 있어서 지혜로운 것 같나요? 아니면 누군가가 자신이 알지 못하는 바에 있어서 지혜로운가요?"

에우튀데모스가 대답했다. "자신이 아는 바에 있어서라는 게 분명합니다. 어떻게 누군가가 자신이 알지 못하는 바에 있어서 지혜로울 수 있겠습니까?"

소크라테스가 말했다 "그러면 지혜로운 자는 앎에 의해서 지혜로운 것이지요?"

에우튀데모스가 답했다. "앎에 의해서가 아니라면 다른 어떤 것에 의해 누군가가 지혜로울 수 있겠습니까?"

소크라테스가 말했다. "당신이 생각하기에, 지혜란 그것에 의해 사람들이 지혜롭게 되는 바 이외의 다른 어떤 것인가요?"

에우튀데모스가 대답했다. "아닙니다."

소크라테스가 말했다. "그러면 지혜란 앎인가요?"

에우튀데모스가 대답했다. "제 생각에는 그렇습니다."

소크라테스가 말했다. "그러면 당신은 존재하는 모든 것을 아는 일이 사람에게 가능하다고 생각하나요?"

에우튀데모스가 대답했다. "제우스께 맹세컨대, 제가 생각하기에 사람들 중 극히 일부라도 그럴 수 없을 듯합니다."

소크라테스가 말했다. "그러면 사람이 모든 것에 있어서 지혜롭게 되는 것은 불가능한가요?"

에우튀데모스가 대답했다. "제우스께 맹세컨대, 불가능합니다."

소크라테스가 말했다. "각 사람이 각자 아는 바에 있어서는 지혜롭지요?"

에우튀데모스가 대답했다. "제 생각에는 그렇습니다."

8. 소크라테스가 말했다. "그러면 오! 에우튀데모스여! 좋음도 이렇게 탐구되어야 하는 건가요?"

에우튀데모스가 말했다. "어떻게요?"

소크라테스가 말했다. "당신이 생각하기에, 동일한 것이 모든 이에게 유익하나요?"

에우튀데모스가 대답했다. "저는 그렇게 생각하지 않습니다."

소크라테스가 말했다. "그러면 이건 어떻습니까? 당신이 보기에는 어떤 이에게 유익한 것이 때로는 다른 이에게 해롭다고 생각되지 않나요?"

에우튀데모스가 대답했다. "물론입니다."

소크라테스가 말했다. "당신은 좋은 것이 유익한 것 아닌 다른 어떤 것이라고 말씀하는 겁니까?"

에우튀데모스가 대답했다. "아닙니다."

소크라테스가 말했다. "그러면 유익한 것은 유익한 사람에게 좋은 것인가요?"

에우튀데모스가 대답했다. "제 생각에는 그런 것 같습니다."

9. 소크라테스가 말했다. "우리가 훌륭함[122]을 다른 어떤 방식으로 규정할 수 있을까요? 아니면 당신은 몸이나 도구나 다른 어떤 것—당신이 알기에 모든 용도에 훌륭한 것—을 훌륭하다고 명명하나요?"

에우튀데모스가 대답했다. "제우스께 맹세컨대, 저는 다른 어떤 방식으로 훌륭함을 규정하지 않습니다."

소크라테스가 말했다. "그러면 각 대상의 유용한 용도로 각 대상을 사용하는 것이 훌륭한가요?"

에우튀데모스가 대답했다. "전적으로 그렇습니다."

소크라테스가 말했다. "각 대상은 자신이 훌륭하게 사용될 용도 이외의 목적으로 훌륭한가요?"

에우튀데모스가 대답했다. "다른 어떤 용도로도 훌륭할 수 없습니다."

소크라테스가 말했다. "그러면 유익한 대상은 자신이 유익한 용도로 훌륭한가요?"

에우튀데모스가 대답했다. "제 생각에는 그렇습니다."

10. 소크라테스가 말했다. "오! 에우튀데모스여! 당신은 용기가 훌륭한 것들 중에 속한다고 생각하나요?"

에우튀데모스가 대답했다. "제 생각에는 가장 훌륭한 것입

---

122   kalon : 혹은 아름다움.

니다."

소크라테스가 말했다. "그러면 용기가 조금이라도 유익하지 않다고 생각하나요?"

에우튀데모스가 대답했다. "제우스께 맹세컨대, 오히려 최고로 유익하지요."

소크라테스가 말했다. "그러면 당신이 생각하기에, 무서운 것들과 위험한 것들을 모르는 것이 유익한 것 같나요?"

에우튀데모스가 대답했다. "결코 그렇지 않습니다."

소크라테스가 말했다. "그러면 이런 것들이 뭔지 알지 못해서 두려워하지 않는 사람들은 용감하지 않은가요?"

에우튀데모스가 대답했다. "제우스께 맹세컨대, 아닙니다. 왜냐하면 그 경우에는 많은 미친 사람들 또는 비겁한 사람들도 용감할 테니까요."

소크라테스가 말했다. "무섭지 않은 것들까지도 두려워하는 사람들은 어떤가요?"

에우튀데모스가 대답했다. "제우스께 맹세컨대, 그 사람들은 더욱 용감하지 않습니다."

소크라테스가 말했다. "그러면 당신이 생각하기에, 무섭고 위험한 것들에 관해 탁월한(agathoi) 사람들은 용감한 반면 형편없는 자들은 비겁한가요?"

에우튀데모스가 대답했다. "물론입니다."

11. 소크라테스가 말했다. "당신은 무서운 것들에 훌륭하게 대처할 수 있는 사람 이외의 다른 어떤 사람이 이런 것들과 관

런해서 탁월한 사람들이라고 생각하나요?"

에우튀데모스가 대답했다. "아닙니다. 훌륭히 대처하는 사람들이 탁월한 자들이라고 생각합니다."

소크라테스가 말했다. "그러면 이런 것들에 형편없이 대처하는 자들이 형편없는 사람들(kakoi)이지요?"

에우튀데모스가 대답했다. "어떻게 그들 말고 다른 사람이 형편없겠습니까?"

소크라테스가 말했다. "그러면 이들 두 유형의 사람들은 각각 자기네들이 그렇게 해야 한다고 생각하는 대로 대처하지요?"

에우튀데모스가 대답했다. "어찌 그렇지 않겠습니까?"

소크라테스가 말했다. "앞서 말한 것들에 훌륭하게 대처할 수 없는 자들은 자신들이 그것들에 어떻게 대처해야 하는지 압니까?"

에우튀데모스가 대답했다. "물론 아닙니다."

소크라테스가 말했다. "그러면 그것들에 어떻게 대처해야 하는지 아는 이들은 그렇게 할 수 있는 자들인가요?"

에우튀데모스가 대답했다. "그 사람들만 그렇습니다."

소크라테스가 말했다. "그러면 다음은 어떻습니까? 이것들에 관해 실수하지 않은 자들은 형편없이 대처하나요?"

에우튀데모스가 대답했다. "제 생각에는 그렇지 않은 것 같습니다."

소크라테스가 말했다. "그러면 형편없이 대처하는 자들은 실수하는 자들인가요?"

에우튀데모스가 대답했다. "그런 것 같습니다."

소크라테스가 말했다. "그러면 무서운 것들과 위험한 것들에 훌륭하게 대처할 줄 아는 사람들은 용감한 반면, 이와 관련해서 실수하는 자들은 비겁한가요?"

에우튀데모스가 대답했다. "제 생각에는 그렇습니다."

12. 소크라테스는 왕정과 참주정 모두가 통치형태라고 여겼지만, 양자는 서로 다르다고 생각했다. 왜냐하면 그는 자발적인 사람들을 폴리스의 법률에 의거해서 다스리는 것은 왕정인 반면, 원치 않는 사람들을 법률에 의거하지 않고 통치자가 원하는 대로 다스리는 것은 참주정이라고 생각했기 때문이다. 또한 그는 합법적 조건들을 만족하는 사람들 중에서 통치자들이 선출되는 경우, 이러한 통치형태가 귀족정[123]이라고 생각했다. 반면 재산이 공직의 조건인 경우에 통치형태는 부에 의한 통치(ploutokratia)이며, 모든 이들에게 공직이 열려 있는 통치형태는 민주주의(dēmokratia)라는 것이다.

13. 만약 누군가가 무언가에 대해 명확한 바를 말할 수 없으면서도 소크라테스를 논박하고자 하여, 증거도 제시하지 않은 채 자신이 언급하는 사람이 더 지혜롭다거나 정치술에 능하다거나 더 용감하다고 하거나 아니면 이와 같은 어떤 것을 주장하면, 소크라테스는 다음과 같은 방식으로 논의 전체를 상위 전제로 되돌렸다.

---

123 aristokratia : 직역하면 가장 훌륭한 자들에 의한 통치.

14. "당신께서 칭찬하는 그 사람이 내가 칭찬하는 사람보다 더 나은 시민이라고 주장하는 겁니까?"

"그렇습니다."

"그러면 어떻습니까? 먼저 좋은 시민의 역할이 뭔지 따져볼까요?"

"그렇게 합시다."

"재산의 경영에 있어서, 폴리스로 하여금 금전적으로 더 부유하게 만드는 사람이 더 나은 시민 아닌가요?"

"물론 그렇지요."

"전쟁에 있어서는, 자신의 폴리스를 적들보다 우월하게 만드는 사람이 더 나은 시민이지요?"

"어떻게 그런 사람이 아닐 수 있겠습니까?"

"외교의 경우, 적들을 친구로 만드는 사람이 더 나은 시민이지요?"

"그런 것 같습니다."

"그러면 대중연설의 경우에도, 반목을 종식시키고 폴리스 안에 한마음 한뜻(homonoia)을 심어주는 사람이 더 나은 시민이겠지요?"

"제 생각에는 그렇습니다."

이렇게 논의를 [상위 전제로] 돌이킴으로써 소크라테스의 논적들 자신에게조차 진실이 명확해졌다.

15. 한편 소크라테스 자신이 논증을 통해 무언가를 상세히 검토할 경우에는 모든 사람이 만장일치로 동의하는 사실들을

통해 논의를 전개했는데, 이것이 안전한 논증 방법이라고 여겼기 때문이다. 따라서 그가 말할 때, 내가 아는 사람들 가운데 최고로 청중의 동의를 이끌어냈다. 또한 소크라테스는 호메로스가 오뒷세우스에게 '안전한 연설가'[124]라는 이름을 붙인 까닭은 오뒷세우스가 사람들의 견해를 기초로 해서 논의를 이끌어가는 데 능통했기 때문이라고 말했다.

§7장

1. 내가 생각하기에, 소크라테스가 자신의 견해를 자신과 논의하는 이들에게 평이하게 밝혔다는 점은 앞서 언급한 것들로부터 분명하다. 이제 나는 대화 상대방들이 적합한 행동에 자족하게 되도록 소크라테스가 어떻게 애썼는지 논의해 보겠다. 내가 아는 모든 사람 중 소크라테스는 자신과 함께 지내는 사람이 무엇을 알고 있는지 알아내는 데 가장 큰 관심을 가졌던 사람이다. 또한 그는 훌륭하고 좋은 사람이 마땅히 알아야 하는 것에 관해, 자신이 아는 한 모든 것을 전심전력으로 가르쳤다. 한편 자신이 알지 못하는 경우에는 이를 아는 사람들에게 안내했다.

2. 또한 소크라테스는 올바르게 교육받은 사람이 각각의 문

---

124 《오뒷세이아》 VIII 171.

제에 대해 얼마만큼 경험을 갖추어야 하는지도 가르쳤다. 가령 그는 기하학에 관련해서는, 만약 필요할 경우, 땅을 올바르게 측량해서 취득하거나 양도하거나 분할하거나 아니면 일을 지정하는 데 능하게 될 때까지 공부해야 한다고 말했다. 또한 기하학은 배우기가 너무 쉬워서, 계산하는 데 정신을 집중한 사람은 곧바로 그 땅이 얼마만큼 큰지 알 것이고, 떠날 때도 땅이 어떻게 측량되는지 알 수 있다는 것이다.

3. 하지만 소크라테스는 이해하기 힘든 도형에 이르기까지 기하학을 배우는 것에는 동의하지 않았다. 이것이 무슨 쓸모가 있는지 알 수 없으니 말이다. 그렇다고 해서 소크라테스가 이런 것에 무지한 것은 아니었다. 하지만 그는 기하학에 대한 지나친 배움이 사람의 삶을 소진할 수 있으며 다른 많은 유익한 배움을 방해한다고 주장했다.

4. 한편 그는 동료들로 하여금 천문학에 관해서도 경험을 쌓도록 권유했다. 하지만 이 경우에도 여행과 항해 및 경비를 위해 그리고 밤과 1개월과 1년 동안 행해지는 다른 일들을 위해, 밤의 시간과 1개월 및 1년의 시간을 측정할 수 있을 만큼까지만 알도록 하여, 앞서 언급한 것들의 시간을 식별해서 표지로 사용할 수 있도록 했다. 또한 소크라테스는 이런 지식이 야경꾼이나 항해사 또는 이런 내용을 아는 일에 관심 있는 다른 많은 사람들로부터 쉽사리 배울 수 있는 것이라고 말했다.

5. 그런데 소크라테스는 동일한 공전궤도 내에서 운행하지

않는 대상과 행성 및 혜성에 이르기까지 천문학을 배우거나, 지구로부터 이들까지의 거리와 이들의 궤도 그리고 그 원인을 탐구하느라 스스로를 소진하는 것은 강력하게 만류했다. 왜냐하면 이런 것에서 하등의 유익을 발견할 수 없다고 보았기 때문이다. 물론 그가 이런 것들에 대해 배우지 않았던 것은 아니다. 하지만 그는 이런 것들 또한 사람의 삶을 소진해서, 많은 유익한 것들을 탐구하지 못하도록 방해한다고 주장했다.

6. 소크라테스는 자신의 동료들이 천체와 관련해서 신이 각각의 천체를 어떻게 제작했는지 연구하는 자가 되는 것을 전적으로 만류했다. 왜냐하면 그가 생각하기에, 사람들이 이런 것들을 발견하지도 못할뿐더러, 신들이 명확히 밝히기 원치 않는 것들을 탐구하는 자는 신들을 기쁘게 하지 않기 때문이다. 소크라테스는 이런 일들로 전전긍긍하는 사람이 실성할 위험에 처한다고 말했다. 신들이 제작한 것들을 설명하는 것에 엄청난 자부심을 가졌던 아낙사고라스[125]가 제 정신이 아니었던 것처럼 말이다.

7. 소크라테스는 불과 태양이 동일한 것이라고 말했는데, 이는 사람들이 불은 쉽사리 쳐다볼 수 있는 반면 태양은 직시

---

125 클라조메나이 출신의 아낙사고라스(대략 기원전 499년 출생)는 젊어서 이오니아를 떠나 아테나이로 이주했다. 그리고 아테나이에서 페리클레스와 에우리피데스의 스승이자 친구가 되었다. 그러나 페리클레스의 대적자들은 아낙사고라스가 불경하다고 고소했고 결국 그는 아테나이로부터 추방되었다. 아낙사고라스는 우주만물이 생겨나기 전에 모든 것이 한 곳에 함께 있었다고 보았으며 이를 움직인 최초의 원리는 정신(nous)이라고 보았다.

할 수 없고, 햇볕을 쬔 사람은 피부가 검게 그을리는 반면 불을 쬔 사람은 그렇지 않음을 그가 알지 못했기 때문이다. 더구나 그는 땅에서 자라나는 것들은 태양 광선이 없이 잘 자랄 수 없는 반면 불에 의해 가열되면 모든 식물이 시든다는 사실을 알지 못했다. 한편 태양이 불처럼 뜨거운 돌이라고 말했을 때, 소크라테스는 불 속에 놓인 돌이 빛을 발산하지도 않고 오랜 시간동안 견디지도 못하는 반면 태양은 모든 것들 중 가장 밝게 빛을 발하면서 영원히 존속한다는 사실을 알지 못했다.

8. 소크라테스는 자기 동료들에게 산수를 배우도록 권유했다. 하지만 다른 배움의 경우와 마찬가지로 여기서도 쓸데없이 꼬치꼬치 탐구하는 것은 경계하도록 했다. 반면 유익한 것에 관한 한, 그는 자신의 동료와 함께 모든 것을 조사했고 샅샅이 훑었다.

9. 또한 소크라테스는 자신의 동료들에게 건강 돌보기를 강력하게 권면했다. 아는 이들로부터 가능한 만큼 배워야 하고, 각자가 전 생애 동안 자신에게 주의를 기울여 무슨 음식을 먹어야 하고 무슨 음료를 마셔야 하며 어떤 종류의 노동이 이롭고 어떻게 이런 것들을 활용해서 가장 건강하게 삶을 영위할 수 있는지 살펴야 한다는 것이다. 소크라테스가 말하기를, 이런 식으로 스스로를 돌보는 자는 자기 건강을 위해 유익한 것을 자신보다 더 잘 아는 의사를 발견하기 힘들다는 것이다.

10. 만약 누군가가 사람의 지혜로 가능한 것 이상의 도움을

받기 원하면 소크라테스는 신탁에 문의하라고 조언했다. 왜냐하면 그는 신탁—즉 신들이 사람들에게 그들의 일에 관해 계시하는 수단—을 아는 사람이 신들의 조언에 문외한일 리 없다고 보았기 때문이다.

§8장

1. 만약 신적 존재(daimonion)가 자신에게 무엇을 해야 하고 무엇을 하면 안 되는지 계시해 준다고 소크라테스가 말했지만 배심원들에 의해 사형판결을 당한 점을 고려할 때 그가 신적 존재에 관해 거짓말했음을 스스로 증명한다고 누군가가 생각한다면, 이 사람은 먼저 소크라테스가 이미 그 당시에 나이가 그만큼 먹었기 때문에 설령 그때 죽지 않았더라도 그 이후에 삶을 오래도록 영위하지 못했을 것이라는 사실을 생각해 보라. 다음으로 그가 삶의 가장 고통스러운 순간 그리고 모든 사람이 정신적으로 쇠해지는 순간을 피하는 대신 영혼의 힘을 보여줌으로써 영광도 얻었음을 생각해 보라. 그는 사형선고를 가장 온화하고 가장 용감하게 참아내면서, 모든 사람들 가운데 가장 참되고 가장 자유로우며 가장 올바르게 재판정에서 변론했다.

2. 우리가 기억할 수 있는 사람들 중 도대체 어느 누구도 죽음을 소크라테스보다 더 훌륭하게 감내한 사람이 없음은 누구나 인정하는 바이다. 소크라테스는 사형선고 이후 30일 더 살

아야 했는데, 이는 그 달에 델로스 제전[126]이 끼어 있어서 델로스로부터 사절이 되돌아오기까지는 누구도 공적으로 사형에 처해지는 것을 허용치 않는 법령이 있었기 때문이다. 그런데 이 기간 동안 모든 지인들은 소크라테스가 이전에 살았던 모습과 별반 다르지 않게 지낸다는 사실을 분명히 볼 수 있었다. 정말이지 소크라테스는 그 이전에도 즐겁고 만족스러운 삶으로 인해 모든 사람들 중 최고로 존경받고 있었다.

3. 어떻게 누군가가 이보다 더 훌륭하게 죽음을 맞이할 수 있겠는가? 또는 가장 훌륭하게 생을 마감한 [소크라테스의] 죽음보다 어떤 죽음이 더 훌륭하겠는가? 어떤 죽음이 가장 훌륭한 죽음보다 더 행복한 죽음일 수 있겠는가? 또는 어떤 죽음이 가장 행복한 죽음보다 더 신의 친애를 받는 죽음이겠는가?

4. 나는 히포니코스의 아들 헤르모게네스로부터 소크라테스에 관해서 들은 다음 이야기를 전하고자 한다.

멜레토스가 소크라테스에 대해 기소장을 작성했을 때, 헤르모게네스는 소크라테스가 재판에 관한 것 말고 다른 모든 것에 대해 대화하고 있음을 곁에서 듣고서 소크라테스에게 말했다. "무슨 말로 법정에서 자신을 변호해야 할지 궁리해 보셔야지요."

그러자 소크라테스는 먼저 이렇게 대답했다. "당신이 보기

---

126 플라톤의 《파이돈》 58b 참고. 델로스 제전은 테세우스가 크레타의 미노타우로스로부터 아테나이의 남녀들을 구원한 것을 기념하는 축제였으며, 매년 Thargelion 달(오늘날 달력으로는 5월)에 개최되었다.

에는, 내가 그것을 평생 동안 연마해 왔다고 생각되지 않나요?"

헤르모게네스가 "어떻게요?"라고 물었을 때, 소크라테스는 자신이 올바른 것들과 올바르지 않은 것들을 탐구하는 것 외에 다른 어떤 일도 하지 않고 살아왔으며, 올바른 것들을 행하는 반면 올바르지 않은 일들을 피해 왔다고 답했다. 소크라테스는 이것이야말로 법정변론에 대한 가장 훌륭한 연마라고 생각한다는 것이다.

5. 그러자 헤르모게네스가 다시 말했다. "오! 소크라테스여! 당신은 이미 많은 아테나이 배심원들이 불의를 저지르지 않은 자들을 그들의 말로 인해 언짢아서 죽여 버린 반면 불의를 저지른 많은 자들을 석방한 사실을 모르십니까?"

이에 소크라테스는 다음과 같이 대답했다고 한다. "제우스께 맹세컨대, 오! 헤르모게네스여! 나는 이미 배심원들에게 변론할 말을 궁리하려 애썼소. 하지만 신적 존재(daimonion)가 이를 막더군요."

6. 헤르모게네스가 말했다. "놀라운 말씀을 하시네요."

그러자 소크라테스가 대답했다. "내가 지금 삶을 마감하는 것이 신에게 더 좋게 여겨진다면, 당신은 이에 놀라겠습니까? 당신은 지금 이 시간까지 그 어떤 사람도 나보다 더 나은 삶을 살았거나 더 즐거운 삶을 살았다는 것을 내가 인정하지 않을 것임을 모르나요? 왜냐하면 나는 가능한 한 가장 좋은 삶을 살도록 주의를 기울인 사람이야말로 최선의 삶을 사는 사람이며, 자신이 더 좋은 사람이 되고 있음을 잘 깨닫는 자가 가장 즐거운 삶을 산다고 생각하기 때문입니다.

7. 이것이 내가 느낀 바, 지금까지 나에게 생겨난 일입니다. 그리고 다른 사람들과 만나서 내 자신을 다른 이들과 비교해 본 결과, 나는 나 자신에 대해 이런 견해를 계속 가지게 되었습니다. 단지 나뿐 아니라 내 친구들 또한 나에 대해서 그렇게 느끼고 있습니다. 이것은 그들이 나를 사랑해서가 아니라—왜냐하면 [나 말고] 다른 사람들을 사랑하는 이들도 자기 친구들에 대해서는 동일하게 평가할 테니까요—, 그들이 나와 함께 있음으로 인해 가장 훌륭해진다고 생각하기 때문입니다.

8. 그런데 만약 내가 더 오래 살게 된다면, 아마도 필연적으로 노령의 대가를 치러야 할 것입니다. 즉 보고 듣는 능력이 감퇴하고 사고력도 떨어지고 새로운 것을 배우기 힘들어질 뿐 아니라 쉽게 잊어버리게 되고 이전에는 더 닥월했던 것에 너 형편없게 되면서 말입니다. 더구나 만약 내가 위와 같은 사실을 알지 못한다면 삶이 무가치하게 될 것인 반면, 이를 안다면 더 형편없고 괴롭게 사는 게 필연적이지 않겠습니까?

9. 그뿐만 아니라 만약 내가 불의하게 사형당한다면 나의 죽음은 나를 불의하게 죽인 자들에게 수치스러운 일일 겁니다. 왜냐하면 만일 불의를 행하는 것이 수치스러운 일이라면, 불의하게 무언가를 행하는 것이 어떻게 수치스럽지 않을 수 있겠습니까? 반면 다른 사람들이 나에 대해 올바른 것들을 판단하지 못하고 올바른 일들을 행하지 못한 것이 나한테 뭐가 수치스러운 일이겠습니까?

10. 그리고 나는 후손들에게 남겨진 선조들에 대한 견해가 그들이 불의를 행한 사람들인지 아니면 불의를 당한 사람들인지에 따라 상이하다는 사실을 알고 있습니다. 비록 지금 죽더라도 나는 사람들로부터 돌봄을 받게 되리라는 것을 알고 있습니다. 나를 죽인 사람들의 경우는 전혀 다르지요. 나는 압니다. 내가 도대체 어떤 사람에게도 해를 끼치지 않았으며 어떤 사람을 더 형편없게 만든 적도 없음을 사람들이 항상 증언해 줄 것이라는 사실 말입니다."

소크라테스가 헤르모게네스 및 다른 사람들과 나눈 대화는 이런 것이었다.

11. 소크라테스가 어떤 사람이었는지 아는 사람들 중 탁월함을 얻고자 하는 모든 이들은 지금까지도 그를 그 누구보다 간절히 열망한다. 그것은 소크라테스가 탁월함에 대한 돌봄에 있어서 가장 큰 도움을 준 사람이었기 때문이다. 내가 보기에 소크라테스는 앞서 기술한 바와 같은 사람이었다. 즉 그는 너무나 경건했기에 신들의 뜻 없이는 어떤 것도 행하지 않았고, 올바른 사람이었기에 다른 사람을 조금이라도 해치지 않았으며, 그를 상대하는 이들에게 최대로 유익을 주었다. 또한 그는 자제력 있는 사람이었기에 결코 더 나은 것 대신 더 즐거운 것을 택하지 않았고, 현명한 사람(phronimos)이었기에 더 나은 것과 더 형편없는 것을 구별하는 데 있어서 실수하지 않았고 다른 사람의 도움을 필요로 하지 않았으며 이러한 것들을 판단함에 있어서 자기 능력만으로 감당할 수 있었다. 또한 소크라테

스는 위와 같은 내용을 말로 진술하고 정의하는 데 유능했다. 즉 그는 다른 사람들을 평가해서 그들이 잘못하고 있으면 논박하는 데 유능했고, 사람들을 탁월함 및 훌륭하고 좋음으로 권면하는 일에 유능했다. 내가 보기에 그는 가장 훌륭하고 행복한 사람의 풍모를 갖춘 사람처럼 보였다. 만약 지금 내가 말한 내용을 누군가가 못마땅하게 여긴다면, 다른 사람들의 품성을 위와 같은 소크라테스의 품성과 비교해서 판단해 보시라.

배심원들에 대한 소크라테스의 변론

1. 내가 생각하기에, 소크라테스가 재판에 회부되었을 때 자신의 변론과 인생의 마지막에 관해 어떻게 생각했는지 기록하는 일은 가치 있다. 물론 이 일에 관해 이미 다른 이들도 기록한 바 있고, 그들 모두는 소크라테스의 대단한 언변(megalēgoria)을 재현했다. 이는 소크라테스가 실제로 그렇게 말했다는 사실을 분명히 보여준다. 하지만 다른 이들은 소크라테스가 이미 죽음을 삶보다 더 선호할만한 것으로 생각했다는 사실을 분명히 보여주지 못했다. 그 결과 그의 대단한 언변이 제대로 검토되지 않은 듯하다.

2. 그런데 히포니코스의 아들 헤르모게네스[01] 는 소크라테스의 동료였고, 소크라테스의 대단한 언변이 소크라테스의 생각과 걸맞도록 보일만한 것들을 보고해 주었다. 가령 그는 소

---

01 헤르모게네스에 관해서는 알려져 있는 것이 거의 없으나, 그는 플라톤의 대화편《변명》20a5에서 칼리아스의 형제로 소개되고 있으며,《파이돈》59b7—8에서는 소크라테스가 죽음을 맞이할 때 임종을 지켰다고 기록되어 있다. 또한 그는《크라튈로스》에서도 주요한 등장인물로 등장하고 있다.

크라테스가 재판을 제외한 온갖 것들에 관해 논의하는 것을 보고서 다음과 같이 말했다고 한다.

3. "오! 소크라테스여! 어떻게 변론할지도 생각해 봐야 하지 않겠습니까?" 소크라테스는 먼저 이렇게 답했다고 한다. "당신이 보기에는 내가 평생 변론을 훈련하면서 보냈다고 생각하지 않나요?" "어떻게 그렇죠?"라고 헤르모게네스가 묻자, 소크라테스가 답했다. "나는 어떤 불의도 행하지 않고 살았거든요. 나는 그게 최선의 변론이라고 생각합니다."

4. 그러자 다시 헤르모게네스가 "당신은 아테나이 법정이 그토록 자주 논변에 오도되어서 아무런 불의도 저지르지 않은 사람들을 사형에 처한 반면, 불의를 저지른 자들을 종종 그 연설에 연민을 느껴서 또는 아부에 현혹되어서 방면한 것을 알지 못하나요?"라고 물었을 때, 소크라테스가 답했다. "제우스께 맹세코! 당연히 압니다. 그런데 내가 두 번이나 나의 변론에 관해 숙고하려고 했을 때, 신적 존재(daimonion)의 계시[02]가 나를 막았습니다."

5. 헤르모게네스가 "놀라운 말씀을 하시는군요."라고 말하자, 소크라테스는 재차 답했다. "신조차 내가 지금 죽는 것을 더 나은 일이라고 여긴다면, 당신은 놀라운 일이라고 생각하시겠습니까? 지금까지 어느 누구도 내가 살아온 삶보다 더 나은 삶을 살았다는 것을 내가 인정하지 않으리라는 것을 당신은 모

---

02   플라톤의 《변명》 31c7—d4.

르나요? 왜냐하면 나에게 가장 즐거운 일은, 전 생애를 신에게는 경건하게, 인간에게는 정의롭게 살아왔음을 깨닫는 것이기 때문입니다. 이로 인해 나는 나 자신에 대해 강한 자긍심을 가지게 되었고, 나의 친구들 또한 나에 관하여 동일한 판단을 내리고 있음을 발견했던 것입니다.

6. 그런데 지금 만약 내 나이가 연장되면, 필경 노년의 일들이 뒤따를 것임을 나는 압니다. 즉 나는 잘 보지도 못하게 되고, 잘 듣지 못하게 되고, 잘 배우지도 못하게 될뿐더러 배운 것을 쉽게 망각하게 될 것입니다. 이처럼 내가 노쇠를 자각해서 나 스스로를 비난하게 되면, 어떻게 즐겁게 살아갈 수 있겠습니까?"

7. 소크라테스는 계속 말했다. "아마도, 당신도 잘 알듯이, 신이 호의를 베풀어서 적절한 때에 그리고 가장 쉬운 방식으로 내가 생을 마치도록 인도하는 것 같습니다. 왜냐하면 만약 지금 나에게 유죄선고가 내려지면, 나는 이 문제를 담당하는 자들이 판단하기에 가장 용이하고, 친구들에게 가장 덜 고통을 주고 망자에 대해 가장 큰 애도를 야기할 것으로 생각되는 최후를 맞이할 수 있을 것임이 분명하기 때문입니다. 왜냐하면 누군가가 이웃들의 생각 속에 수치스러운 기억이나 짜증나는 기억을 하나도 남기지 않으며, 건강한 몸과 친절을 보일 마음을 가진 채 죽는다면, 어떻게 이런 사람을 애도하지 않을 수 있겠습니까?"

8. 소크라테스는 이어서 말했다. "모든 방법을 동원해서 내

가 방면될 묘안을 찾아야 한다고 우리가 생각하는 바로 그때 신들은 내가 적절한 논증을 찾는 일을 막았는데, 이것은 옳은 일이었습니다. 왜냐하면 만일 내가 이 목적을 달성했다면, 이제 삶을 마감하는 대신 나는 질병에 의해서 혹은 노령에 의해서 고통 받으며 죽을 준비를 했을 것이 틀림없기 때문입니다. 노령이란 모든 곤경이 함께 흘러들어 모이는 곳이며, 그 어떤 즐거움도 전적으로 결여된 곳이지요."

9. 소크라테스가 덧붙였다. "오! 헤르모게네스여! 제우스께 맹세코, 나는 그런 일들을 열망하지 않을 겁니다. 오히려 나는 신들과 사람들로부터 좋은 일들을 그토록 많이 얻었다고 생각하기에, 설령 내가 내 자신의 견해를 드러내어 배심원들을 언짢게 하더라도, 죽음 대신 훨씬 더 형편없는 삶을 얻도록 구걸하여 마치 노예처럼 사는 것보다는 차라리 삶을 마감하는 것을 택하겠습니다."

10. 헤르모게네스는 원고들이 "폴리스가 믿는 신들을 믿지 않으며 새로운 신적 존재들(daimonia)을 들여와서 젊은이들을 타락시킨다."고 소크라테스를 기소[03]했을 때, 소크라테스가 변론하기 위해 법정에 출두하면서 이렇듯 비장하게 결심했음

---

03 아테나이 법률에 따르면, 모든 시민은 범법행위를 저지르고 있다고 의심되는 사람을 기소할 수 있었다. 이 경우 기소자는 검사와 증인의 역할을 동시에 수행한다. 이때문에 멜레토스는 소크라테스를 불경죄로 기소했을 뿐 아니라, 아뉘토스, 뤼콘과 함께 소크라테스가 저지른 불경한 일들에 관한 증인으로 법정에 등장했다.

을 보고한다.

11. 이때 소크라테스는 다음과 같이 대답했다. "오! 사람들이여! 내가 멜레토스에 관해 놀라는 첫 번째 점은 그가 무슨 생각으로 내가 국가가 믿는 신들을 믿지 않는다고 말하는가입니다. 왜냐하면 내 곁에 있었던 다른 사람들이, 심지어 멜레토스 자신—만약 그가 원하기만 했다면—조차, 내가 공적인 제전들과 공공 제단에서 제사지내는 광경을 목격한 바 있기 때문입니다.

12. 그리고 정말이지 새로운 신적 존재들과 관련해서는, '내가 무엇을 해야 할지 신의 목소리가 나에게 계시한다.'고 말한다고 해서, 어떻게 내가 새로운 신적 존재들을 들여온 것이겠습니까? 물론 새들의 소리로 점치는 자들과 사람들의 음성으로 점치는 사람들은 소리를 징조로 사용해서 판단을 내립니다. 천둥소리가 의미 있는 소리라는 사실이나 천둥이 가장 강력한 징조라는 데 항변할 사람이 있을까요? 퓌토[04]의 삼발이에 앉아 있는 여사제 자신 또한 자신의 목소리를 통해, 신의 뜻을 선포하지 않습니까?

13. 한편 신이 미래를 미리 안다는 것과 신이 원하는 사람에게 미리 계시한다는 것은 모든 사람들이 말하고 믿는 바인데, 나도 그렇다고 말합니다. 하지만 다른 사람들은 '새점'과

---

04 즉 델포이.

'음성', '징조',05 그리고 '예언자'라고 부르는 반면, 나는 이것을 '신적인 것(daimonion)'06이라고 부릅니다. 내가 생각하기에, 이 용어를 사용함으로써, 신들의 능력을 새들에게 속하는 것으로 생각하는 자들보다 더 진실하고 더 경건하게 말하는 것입니다. 내가 진실로 신에 대해 거짓말하는 것이 아니라는 또 다른 증거는 다음과 같습니다. 나는 많은 친구들에게 신의 조언을 전하곤 했는데, 허위로 말했다고 여겨진 적이 이제껏 한 번도 없었거든요."

14. 배심원들이 소크라테스의 이러한 변론을 듣자, 소동이 일었다. 어떤 이들은 그가 말한 것을 믿지 않았고, 다른 이들은 그가 자신들보다 신들로부터도 더 큰 호의를 얻은 것이 아닐까 생각해서 질투하였다. 그러자 소크라테스가 다시 말했다고 한다. "자! 좀 더 들어보세요. 당신들 중 원하는 이들이 내가 신적 존재들에 의해 호의를 얻었다는 사실을 더욱 의심하도록, 내 말을 좀 더 들어 보세요. 일전에 카이레폰이, 다른 이들도 동석한 가운데, 나에 대해 델포이 신탁에 문의했을 때, 아폴론께서는 나보다 그 누구도 더 자유롭지 않고, 더 정의롭지 않고, 더 절제하지 않다고 답했습니다."

---

05 직역하면 "우연한 조우".

06 또는 신적 존재의 계시. 플라톤에 따르면, 신적 존재의 계시는 소크라테스에게 특정 행동을 명령하는 소리가 아니라, 소크라테스나 그의 동료들이 혹시라도 올바르지 않은 일들을 하려고 생각했을 때 이를 막는 양심의 소리로 기능하는 것이었다.

15. 그러자 배심원들은 다시 이러한 변론을 듣자, 그도 그럴 것이 훨씬 더 큰 소동이 일어났다. 이때 소크라테스가 또 다시 다음과 같이 말했다. "하지만 오! 사람들이여! 아폴론께서는 라케다이몬의 입법자 뤼쿠르고스[07]에 관해 신탁으로 계시할 때, 나에 관해 신탁을 내릴 때보다 더 대단한 것들을 말했답니다. 뤼쿠르고스가 신전으로 들어갈 때 신께서 다음과 같이 말했다고 합니다. '나는 너를 신이라 부를지 아니면 인간이라 부를지 생각하고 있노라.' 아폴론께서는 나를 신에 비유하지 않으셨습니다만, 다른 사람들보다 훨씬 뛰어나다고 판정하셨지요. 그렇지만 설령 위와 같은 것들이 신의 말씀이더라도 당신들은 성급하게 믿지 마시고 신께서 말씀하신 것들을 하나하나 검토해 보세요.

16. 육체의 욕망들에 나보다 덜 노예인 자가 누구인지 혹시 여러분은 압니까? 또한 사람들 중 나보다 더 자유로운 자가 누굽니까? 나는 누구로부터도 아무런 선물이나 봉급도 받지 않으니 말입니다. 또한 자신의 현재 상황에 그토록 잘 적응해서 다른 사람의 어떤 소유물도 원하지 않는 사람[08]보다 더 정의로운 사람이 도대체 누구라고 당신들은 온당하게 생각하겠습니까? 더구나 어떻게 누군가가 나를 현명한 사람이 아니라고 온당하게 말할 수 있겠습니까? 왜냐하면 나는 말을 이해할 수 있

---

07 스파르타 법률의 기초자.

08 즉 소크라테스 자신.

게 된 때부터, 좋은 것을 가능한 한 모두 찾고 배우기 시작했고, 이런 일을 결코 멈추지 않았기 때문입니다.

17. 나의 노고가 헛되지 않다는 사실은 다음 증거에 의해 확증되지 않나요? 즉 탁월함(aretē)[09]을 열망하는 많은 동료 시민들과 많은 이방인들이 다른 사람들보다 나와 함께 있기를 선호한다는 사실 말입니다. 한편 다음 현상의 이유는 무엇이겠습니까? 즉 내가 돈이 거의 없어서 대가를 지불할 수 없다는 사실을 모든 사람이 아는데도 불구하고, 많은 이들이 나에게 선물하려고 간절히 바란다는 사실 말입니다. 또한 많은 사람들이 나에게 은혜를 빚지고 있노라고 고백하는 반면, 친절의 빚을 갚으라고 나에게 요구하는 사람은 단 한 명도 없다는 사실도 지적할 수 있습니다.

18. 더구나 스파르타가 아테나이를 포위하였을 때[10] 다른 사람들은 스스로를 가련하게 여겼지만, 나는 폴리스가 가장 번창했을 당시보다 별반 곤궁하지 않게 삶을 영위하지 않았던가요? 또한 다른 사람들은 시장에서 값비싼 사치품들을 구매하는 반면, 나는 돈을 지불하지 않고도 내 자신의 영혼에서 저 사람들보다 더 큰 즐거움을 획득하지 않습니까? 만약 지금 내가 나 자신에 대해 말한 모든 것들이 거짓말이라고 반박할 사람이 없다면, 나는 지금 신들과 인간들에 의해 마땅히 칭송받을 만

---

09 혹은 덕.

10 기원전 405—404년 경, 펠로폰네소스 전쟁 말미에 아테네는 스파르타에 의해 포위당한 바 있다.

하지 않겠습니까?

19. 그런데도 오! 멜레토스여! 당신은 내가 이런 일들로 젊은이들을 타락시킨다고 말씀하시는 겁니까? 확실히 우리는 젊은이들을 타락시키는 것이 무엇인지 알지 않나요? 그러니 당신이 한번 말씀해 보시지요. 나로 인해서 경건한 자에서 불경한 자로 변질된 사람, 혹은 절제하는 자에서 자기 분수를 넘어선 자[11]로 변한 사람, 혹은 검소한 자에서 사치스러운 자로 변질된 사람, 혹은 음주를 절제하는 자에서 술주정뱅이가 된 사람, 혹은 근면한 자에서 태만한 자로 변질된 사람, 혹은 여타 저열한 쾌락에 노예가 된 자를 당신이 알고 있다면 말입니다."

20. 그러자 멜레토스가 말했다. "제우스께 맹세코, 물론 있지요. 내가 알기로는, 당신은 저 사람들을 설득해서 그들이 자기 부모님들보다 당신을 더 따르도록 했습니다." 이때 소크라테스는 다음과 같이 답했다고 한다. "나는 적어도 교육과 관련해서는 그 점을 인정합니다. 왜냐하면 사람들은 내가 교육문제에 관심을 기울여 왔다는 사실을 알기 때문입니다. 그런데 건강에 관한 한, 사람들은 양친보다 의사의 말에 따릅니다. 더구나 민회가 열릴 때, 확실히 모든 아테나이 사람들은 자기 친척들보다 가장 현명한 말을 하는 사람들을 믿습니다. 그렇다면 당신들은 장군들을 선출할 때에도 아버지나 형제들 그리고, 제우스께 맹세코, 심지어 당신들 자신들보다도, 전쟁과 관련해

---

11 또는 "오만한 자(hybristēs)".

서 가장 현명하다고 생각되는 사람들을 뽑지 않겠습니까?"그러자 멜레토스가 다음과 같이 말했다고 한다. "그렇습니다. 오! 소크라테스여! 그것은 이득이 되는 일일뿐 아니라 관습이기도 하니 말입니다."

21. 이에 소크라테스가 답했다고 한다. "그렇다면 당신은 다음과 같은 일이 놀랍다고 생각하지 않으십니까? 다른 행위들에 있어서는 가장 훌륭한 자들이 훌륭함에 합당한 보상을 얻을 뿐 아니라 더 큰 명성을 얻는데, 나는 사람들에게 있어 최상의 선 즉 교육에 관해 가장 뛰어나다고 사람들한테 판정받았음에도 불구하고, 바로 그 이유 때문에 당신에 의해 사형죄로 기소되었으니 말입니다."

22. 물론 소크라테스 자신과 그의 변호에 동참한 친구들은 이보다 많은 것들을 말했음이 분명하다. 하지만 나는 재판과 관련된 모든 일들을 언급하고자 애쓴 것이 아니라, 다음 두 가지 내용을 증명하는 것으로 만족한다. 첫째, 소크라테스는 신들에 대해 불경하지 않았고 다른 사람들에 대해 불의하게 보이지 않는 것을 그 무엇보다도 중히 여겼다. 그리고 둘째, 그는 죽음을 모면하기 위해 배심원들에게 간절히 애원해서는 안 된다고 여겼으며, 오히려 이제 자신에게 최후를 맞이할 때가 왔다고 믿었다.

23. 그가 그렇게 생각하고 있었다는 사실은 재판 결과가 선포되고서야 분명히 드러났다. 그 이유는 다음과 같다. 먼저 소크라테스는 배심원들에게 더 가벼운 형량을 제안하라고 권유

받았을 때 스스로 더 가벼운 형량을 제안하지도 않았을 뿐더러 친구들에게 그것을 허락하지도 않았다. 오히려 그는 더 가벼운 형량을 제안하는 일은 스스로 유죄임을 인정하는 것이라고 말했다. 또한 그는 친구들이 몰래 그를 감옥에서 빼내고자 했을 때 이에 따르지 않았을 뿐 아니라, 죽음을 피할 수 있는 장소를 아티카 밖에서 찾을 수 있냐고 물으면서 친구들을 조롱하는 듯했다.

24. 마침내 재판이 종료되었을 때, [헤르모게네스에 따르면] 소크라테스는 다음과 같이 말했다고 한다. "오! 사람들이여! 증인들로 하여금 위증하게 하고 나에 대해 거짓으로 진술하도록 가르친 자들 그리고 이런 자들에게 동조한 자들은, 마땅히 마음속에서 심대한 불경과 불의를 깨달아야 합니다. 반면 나로 말하자면, 내가 왜 유죄판결을 받기 전보다 지금 더 의기소침해야 합니까? 기소장에 기록된 내용들 중 어떤 일도 내가 저질렀다는 것이 입증된 바 없는데 말입니다. 왜냐하면 내 자신이 제우스나 헤라 그리고 이들과 함께 하는 다른 신들 대신 다른 어떤 신적 존재들에게 제사지내거나 맹세한 바 없으며 다른 신들의 이름을 부르다가 발각된 적도 없기 때문입니다.

25. 더구나 인내와 검약 습관을 훈련하면서 내가 어떻게 젊은이들을 타락시킬 수 있겠습니까? 사형죄가 언도되는 행위들—가령 신전 약탈, 주거침입, 인신매매, 폴리스에 대한 배반—과 관련해서, 나를 기소한 자들 자신도 내가 이런 죄들 중 어떤 것이라도 저질렀다고 말하지 않습니다. 따라서 도대체 어

떻게 내가 죽어 마땅한 일을 행했다고 당신들이 생각했는지 나에게는 놀라울 따름입니다.

26. 하지만 그럼에도 불구하고 내가 불의하게 죽는다고 해서 의기소침해서는 안 될 것입니다. 왜냐하면 그것은 나에게 수치스러운 것이 아니며, 오히려 나에게 판결을 내린 자들에게 수치스러운 일이기 때문입니다. 나와 유사한 방식으로 최후를 맞이한 팔라메데스가 나에게는 얼마간의 위안이 됩니다. 왜냐하면 불의하게 그를 죽인 오뒷세우스보다 팔라메데스가 훨씬 더 아름다운 찬가의 주제를 오늘날까지도 제공하기 때문입니다.[12] 내가 누구에게도 아무런 불의를 행하지 않았고 어느 누구도 더 사악한 사람으로 만들지 않았다는 사실, 그리고 오히려 내가 힘이 닿는 한 선[13]을 무료로 가르침으로써 나와 대화하는 사람들에게 유익을 끼쳤다는 사실은 과거뿐 아니라 앞으로 올 미래에 의해서도 증명될 것임을 나는 압니다."

27. 위와 같은 것들을 말한 후 그는 자신이 말한 내용들과 진실로 합치하는 방식으로, 다시 말해 눈빛과 풍모와 걸음걸이에 있어서 즐겁게 걸어 나갔다. 하지만 곁에서 따르는 자들이 눈물을 흘리는 것을 보고서 그는 다음과 같이 말했다고 한다. "이게 뭡니까? 지금 당신들은 우는 겁니까? 내가 태어났던 시점부터 자연이 나에게 이미 사형 선고를 내렸음을 당신들은 이

---

12 오뒷세우스는 팔라메데스를 반역 혐의로 거짓 참소했고, 그 결과 팔라메데스는 억울하게 돌에 맞아 죽었다.

13 agathon은 "좋은 것" 또는 "좋음"으로 번역 가능하다.

미 예전부터 알고 계시지 않습니까? 물론 나에게 좋은 일들이 물밀듯 계속 밀려오고 있을 때 내가 제명보다 일찍 죽어야 한다면, 그것은 나에게나 나에게 선의를 가진 사람들에게 분명히 애통한 일이겠지요. 하지만 힘든 일들이 예견될 때 내가 삶을 마감한다면, 당신들 모두는 나의 행운을 기뻐해야 할 것이라고 나는 생각합니다."

28. 이때 아폴로도로스라고 하는 사람이 동석하고 있었다. 그는 소크라테스를 맹렬히 사모하는 사람이었지만 단순한 자였다. 그는 다음과 같이 말했다. "오! 소크라테스여! 내 자신에게 가장 견디기 힘든 일은 당신이 불의하게 죽는 것을 지켜보는 일입니다." 그러자 소크라테스는 그의 머리를 쓰다듬으면서 다음과 같이 말했다고 한다. "오! 친애하는 아폴로도로스여! 당신은 내가 불의하게 죽는 것보다 정의롭게 죽는 것을 더보고 싶었나요?" 이렇게 말하면서 소크라테스는 미소 지었다.

29. 한편 소크라테스는 아뉘토스[14]가 곁을 지나가는 것을 보고서 다음과 같이 말했다고 한다. "여기 이 사람은 나를 죽게 한 일이 무슨 대단하고 훌륭한 업적인 양 자랑하고 있습니다. 이 사람이 나를 죽게 한 까닭은 아뉘토스가 폴리스로부터 가장

---

14 30인 독재정 이후 기원전 403년 경 민주주의를 아테나이에 복원하는 데 기여한 인물. 아테나이 군대의 장군이었던 아뉘토스는 기소되어 재판정에 서게 되었으나, 배심원들에게 뇌물을 줌으로써 방면되었다(아리스토텔레스, 《아테나이의 제도》27.5). 그는 소피스테스를 맹렬히 증오했으며(플라톤《메논》89e6—92c5), 소크라테스가 자기 아들을 망쳐 놓았다고 확신했다.

큰 영예를 받을만한 자격이 있다고 여기고 있을 때, 아들에게 가죽 무두질하는 것만 교육하면 안 된다고 내가 말했기 때문입니다." 소크라테스는 계속 말했다. "이 얼마나 나쁜 사람입니까? 확실히 이 사람은 우리 둘 중에 누가 영구히 더 유익하고 더 훌륭한 일을 행했는지 알지 못하는 듯합니다. 이런 일을 행한 자야말로 진정한 승자인데 말이지요."

30. 그러면서 소크라테스는 다음과 같이 말했다고 한다. "호메로스도 생을 마감할 때가 된 등장인물들 중 어떤 이들에게 미래를 예지할 수 있는 능력을 부여했습니다. 그러니 나도 무언가를 예언하고 싶군요. 일전에 나는 아뉘토스의 아들과 잠시 알고 지낸 적이 있는데, 내가 보기에는 그가 영혼에 있어서 나약하지 않다고 생각되었습니다. 그래서 나는 말합니다. 아뉘토스의 아들은 자기 아버지가 자신에게 마련해 준, 노예한테나 걸맞은 삶의 방식을 고수하지 않을 겁니다. 하지만 그를 돌보아 줄 훌륭한 조언자가 없기 때문에, 그는 수치스러운 욕망에 빠져들 것이고 확실히 타락으로 깊숙이 침잠하게 될 것입니다."

31. 소크라테스의 말은 거짓이 아니었다. 그 청년은 포도주를 즐겨하여 밤이나 낮이나 술 마시는 일을 그치지 않았고, 결국 자신의 폴리스나 친구들 그리고 심지어 자기 자신에게도 아무 짝에도 쓸모없는 자가 되고 말았다. 그래서 아뉘토스는 비록 이미 고인이 되었지만, 자기 자식에 대한 나쁜 훈육과 자기 자신의 어리석음으로 인해 지금까지도 오명을 남기고 있다.

32. 반면 소크라테스는 법정에서 스스로를 칭송함으로써 질시를 받았고 배심원들로 하여금 그에 대해 유죄선고를 내리도록 야기했다. 그런데 내가 생각하기에 소크라테스는 신이 원하는 운명을 맞이한 듯하다. 왜냐하면 그는 삶 중에 가장 어려운 순간을 피했고 가장 용이한 종류의 죽음을 얻었기 때문이다.

33. 또한 그는 영혼의 강한 힘을 보여주었다. 왜냐하면 더 이상 사는 것보다 죽는 것이 더 나음을 깨달았을 때, 그는 죽음에 직면해서—마치 다른 좋은 것들에 대해 그가 외면하지 않았던 것처럼—나약해지지 않았으며, 기꺼이 죽음을 받아들였고 최후를 맞이했기 때문이다.

34. 나는 그분의 지혜와 고결한 성품을 목도하고서 소크라테스를 망각할 수 없으며 그를 상기하면서 칭송하지 않을 수도 없다. 만약 탁월함을 추구하는 자들 중 누군가가 소크라테스보다 더 유익한 어떤 사람과 알고 지내게 된다면, 나는 그가 가장 행복한 사람이라고 일컬어질 만하다고 생각한다.

1. 저자 : 크세노폰

크세노폰(기원전 대략 430—354년 경)은 아테나이의 군인이자 역사가였으며 소크라테스의 제자 중 한 사람이었다.

크세노폰은 아테나이의 부유한 기사 가문에서 태어난 시민이었지만, 아테나이 민주정보다 스파르타의 귀족정을 선호했고 스파르타의 왕 아게실라오스 2세와도 친분을 가졌다. 이 때문에 크세노폰은 아게실라오스의 전기《아게실라오스》와《라케다이몬 사람들의 제도》를 저술하기도 했다.

크세노폰의 젊은 시절에 관해서는 기록된 바가 거의 없다. 하지만 기원전 401년 경 크세노폰은 친구 프로크세노스의 초청으로 페르시아에 용병으로 가게 된다. 크세노폰은 페르시아 왕자 퀴로스와 페르시아 왕 아르타크세르크세스 2세 사이의 내전에 개입하는데, 퀴로스의 군대는 쿠낙사 전투에서 승리를 거두었으나 퀴로스는 죽고 크세노폰은 적들의 땅에 남게 된다. 그래서 크세노폰은 만 명의 용병을 이끌고 고향으로 돌아오게 된다. 바로 이 내용이《원정 Anabasis》에 생생하게 기록되어 있다.

귀국 이후 크세노폰은 스파르타를 도와 코로네아 전투에서 아테나이 군대와 싸우게 된다. 하지만 그 결과 아테나이로부터 추방당하게 된다.

한편 스파르타는 군사적 활약에 대한 보상으로 크세노폰에게 올림피아 부근의 엘리스 지역에 땅을 준다. 이곳에서 크세노폰은 23년간 전원생활 내지 은퇴생활을 하게 된다. 그리고 여기서 많은 책을 저술하게 된다. 그러나 스파르타가 기원전 371년 레욱트라 전투에서 패퇴하자 엘리스 사람들은 크세노폰의 재산을 압류하고 추방한다. 그래서 크세노폰은 아테나이 혹은 코린토스로 이주해서 생을 마감하게 된다.

크세노폰은 평이한 문체로 소크라테스에 관한 대화편들을 저술했는데, 훗날 철학사가 디오게네스 라에르티오스는 크세노폰을 "철학자들의 역사를 저술한 최초의 인물"이라고 불렀다.

소크라테스에 관한 주요한 대화편에는《소크라테스의 변론》,《소크라테스 회상록 Memorabilia》,《경영론 Oeconomcus》,《향연 Symposium》등이 있는데, 이 중《소크라테스의 변론》과《소크라테스 회상록》은 젊은이들을 타락시키고 국가의 신을 믿지 않는다는 소크라테스에 대한 중상모략에 맞서 소크라테스를 옹호하는 내용을 담고 있다.

2. 소크라테스 회상록(Memorabilia)

Memorabilia라는 제목은 1569년 Johann Lenklau가 크세노폰 저작의 라틴어 번역본에 붙인 제목이다. 그 이전에는 희랍어 제목 Apomnemoneumata(회상록)이 사용되었다.

《소크라테스 회상록》은 총 4권(39장)으로 구성되는데, 특히 첫 부분(1권 1—2장)은 소크라테스의 법정 변론을 다루고 있다. 소크라테스는 기원전 399년 국가의 신을 믿지 않고 젊은이들을 타락시킨다는 죄목으로 재판을 받았다. 재판 당시 크세노폰은 아시아에 체류 중이어서 재판광경을 목격하지 못했고, 소크라테스의 고소인 아뉘토스, 멜레토스, 뤼콘의 실제 법정변론이 출판되지도 않았기 때문에, 크세노폰은 멜레토스에 의해 작성된 고소장을 요약 형태로밖에 전할 수 없었다.

크세노폰에 따르면 고소인이 소크라테스를 고소한 까닭은 다음과 같다.

① 소크라테스는 자신의 동료들로 하여금 법을 무시하도록 종용했다(I. ii. 9).

② 국가에 커다란 해를 끼친 크리티아스와 알키비아데스는 소크라테스의 제자였다(I. ii. 12).

③ 소크라테스는 젊은이들이 부모와 친지를 무시하고 친구들에게

충실하지 않도록 가르쳤다(I. ii. 49).

④ 소크라테스는 반민주적 사상을 선동했다(I. ii. 56).

하지만 크세노폰은 고소인들의 논증에 맞서, 소크라테스가 행동과 말을 통해 동료들을 도왔다고 반박한다(I. iii. 1). 그래서 크세노폰은 자신이 기억할 수 있는 한 모든 것들을 기술함으로써 소크라테스를 변호하고자 했다.

크세노폰은 소크라테스가 여러 대화 상대들과 나눈 대화를 통해, 그가 신에 대해 경건했고 정의로웠으며 사려 깊고 현명했음을 보여주고자 한다. 크세노폰에 따르면, 소크라테스는 국가의 신을 부정하지 않았으며, 오히려 법률에 대한 복종을 가르쳤고 부모에 대한 자녀의 의무와 친구들 간의 관계에 관해 가르쳤다.

《소크라테스 회상록》은 소크라테스에 관한 많은 일화들과 소크라테스의 다양한 언행을 담고 있지만, 크세노폰에 따르면 소크라테스는 사람들로 하여금 삶의 모든 측면에서 더 나은 삶을 살도록 도와준 사람이고, 모든 상황과 방법으로 유익을 준 사람이다(IV. i. 1).

《소크라테스 회상록》 각 권의 내용은 대체로 다음과 같다.

1권 : 소크라테스에 대한 기소의 내용과 반박이 주로 다루어지고 있다. 즉 국가의 신을 믿지 않는다는 고소인들의 주장과는 달리, 소크라테스는 동료들에게 경건과 신탁에 대한 존경을 가르쳤으며, 특히 소크라테스는 아리스토데모스와의 대화에서 종교적 신념을 정당화하기 위해 일종의 "설계논증"을 제시했다(I. iv. 3—19). 한편 젊은이들을 타락시킨다는 고소인들의 주장과는 반대로, 소크라테스는 스스로도 감정과 욕망을 통제하는 데 있어서 탁월한 사람이었고, 사람을 사랑했기에 자신이 가진 것을 다른 사람들에게도 아낌없이 나누어주었으며 동료들에게 절제를 가르쳤다(I. v. 1—6, I. ii. 60).

2권 : 자제력이 논의되고 있으며, 소위 "헤라클레스의 선택"이라는 일화가 제시되고 있다(II. i. 21—33). 즉 진로 때문에 고민하는 젊은 헤라클레스에게 두 여인(탁월함과 악덕)이 나타나는데, 악덕은 헤라클레스에게 온갖 종류의 쾌락과 탐닉으로 가득한 삶을 약속하는 반면 탁월함은 절제와 진정한 행복을 강조한다. 헤라클레스가 어떤 삶을 선택했는지는 명확히 제시되지 않았으나, 크세노폰은 헤라클레스가 탁월함에 의해 교육받았다고 결론짓고 있다. 한편 좋은 삶을 위해 필요한 요소들에 관한 논의가 이어진다. 특히 소크라테스는 아리스타르코스와의 대화를 통해 행복한 삶을 얻는 데 노동이 필수불가결함을 보여주고 있다(II. vii.).

3권 : 소크라테스는 군사 지도자가 갖추어야 할 소양에 관해 논의한다. 군사 지도자의 궁극적 목표는 병사들을 더 나은 사람들로 만드는 데 있다. 그런데 군사 지도자에게 요구되는 앎과 전문기술은 다른 영역(가령 경영술)에도 유용하다.《경영론 Oeconomicus》에서처럼《소크라테스 회상록》에 등장하는 소크라테스도 올바른 경영의 중요성을 강조하고 있으며, 소크라테스에 따르면 경영의 목적도 군사 지도술의 목적과 마찬가지로 사람들을 더 낫게 만드는 데 있다(Ⅲ. iv.). 한편 소크라테스는 인간관계에 있어서 선의의 중요성을 강조하고 있는데, 아름다운 여인 테오도테와의 유머러스한 대화를 통해, 친구들에게 어떻게 대해야 하는지 논의하고 있다(Ⅲ.xi). 그 밖에도 소크라테스는 몸을 최선의 상태로 만들기 위해 운동이 필요함을 강조하는 동시에 건강한 식사법에 관해서도 논의하고 있다.

4권 : 절제의 중요성이 다시 한 번 강조되고 있다. 사제력은 신들에 대한 우리의 행동에 있어서 반드시 필요한 도덕적 품성이며, 자유와도 밀접한 관계를 가진다. 왜냐하면 육체적 쾌락에 의해 지배당하는 사람은 결코 자유로울 수 없기 때문이다(Ⅳ. v.).《소크라테스 회상록》말미에서 크세노폰은 소크라테스의 품성에 관해 다음과 같은 결론을 내린다.

"내가 보기에 소크라테스는 앞서 기술한 바와 같은 사람이었다. 즉 그는 너무나 경건했기에 신들의 뜻 없이는 어떤 것도 행하지 않았고, 올바른 사람이었기에 다른 사람을 조금이라도 해치지 않았으며, 그를 상대하는 이들에게 최대로 유익을 주었다. 또한 그는 자제력 있는 사람이었기에 결코 더 나은 것 대신 더 즐거운 것을 택하지 않았고, 현명한 사람(phronimos)이었기에 더 나은 것과 더 형편없는 것을 구별하는 데 있어서 실수하지 않고 다른 사람의 도움을 필요로 하지 않았고 이러한 것들을 판단함에 있어서 자기 능력만으로 감당할 수 있었다. 또한 소크라테스는 위와 같은 내용을 말로 진술하고 정의하는 데 유능했다. 즉 그는 다른 사람들을 평가해서 그들이 잘못하고 있으면 논박하는 데 유능했고, 사람들을 탁월함 및 훌륭하고 좋음으로 권면하는 일에 유능했다. 내가 보기에 그는 가장 훌륭하고 행복한 사람의 풍모를 갖춘 사람처럼 보였다. 만약 지금 내가 말한 내용을 누군가가 못마땅하게 여긴다면, 다른 사람들의 품성을 위와 같은 소크라테스의 품성과 비교해서 판단해 보시라."(IV. viii. 11)

3. 소크라테스의 변론

《소크라테스의 변론》은 소크라테스가 동료 헤르모게네스에게 자신이 어째서 법정변론을 위해 노심초사하면서 준비하지 않는가에 관해 설명하는 것으로 시작하고 있다. 소크라테스가 법정변론에 대해 개의치 않은 까닭은 신적 존재의 계시가 법정변론 준비를 두 번이나 막았기 때문이며, 가장 적절한 때에 그리고 가장 쉬운 방식으로 생을 마치도록 신적 호의가 소크라테스를 인도했기 때문이다.

소크라테스가 생각하기에, 설령 자신이 더 오래 살게 되더라도 노년으로 인한 부작용들을 겪을 수밖에 없다. 즉 그는 잘 보지 못하게 되고 잘 듣지 못하게 되며, 잘 배우지도 못하게 될 뿐더러 배운 것을 쉽게 망각하게 될 것이다. 따라서 형편없는 삶을 살기 위해 애원하면서 마치 노예처럼 사는 것보다는, 차라리 삶을 마감하는 것을 택하는 편이 더 낫다는 것이다.

물론 그렇다고 해서 소크라테스가 법정에서 아무런 자기변호 논증을 제시하지 못했던 것은 아니다. 오히려 법정에 선 소크라테스는 자신이 "신들을 믿지 않으며 새로운 신적 존재들을 들여와서 젊은이들을 타락시킨다."는 기소내용에 대해 적극적으로 반박했다. 오히려 소크라테스는 국가의 종교행사나 종교제전에 빠짐없이 참가했으며, 젊은이들을 타락시키는 대신 바르게 교육하고자 애썼다.

하지만 결국 소크라테스는 소송에서 패소했고 사형선고를 받게 되었다. 이때 곁에서 눈물을 흘리던 동료들을 향해 소크라테스는 이렇게 말했다.

"이게 뭡니까? 지금 당신들은 우는 겁니까? 내가 태어났던 시점부터 자연이 나에게 이미 사형선고를 내렸음을 당신들은 벌써 예전부터 알고 계시지 않습니까? 물론 나에게 좋은 일들이 물밀듯 계속 밀려오고 있을 때 내가 제명보다 일찍 죽어야 한다면, 그것은 나에게나 나에게 선의를 가진 사람들에게 분명히 애통한 일이겠지요. 하지만 힘든 일들이 예견될 때 내가 삶을 마감한다면, 당신들 모두는 나의 행운을 기뻐해야 할 것이라고 나는 생각합니다."(《소크라테스의 변론》27)

크세노폰이 보기에, 소크라테스는 법정에서 스스로를 칭찬함으로써 질시를 얻었고 배심원들로부터 유죄선고를 받았다. 그럼에도 불구하고 소크라테스는 신이 원하는 운명을 맞이했다. 왜냐하면 그는 가장 힘든 삶의 길을 피했고 가장 용이한 죽음을 얻었기 때문이다.

크세노폰은 소크라테스의 최후를 다음과 같이 평가하고 있다.

"그는 영혼의 강한 힘을 보여주었다. 왜냐하면 더 이상 사는 것보다 죽는 것이 더 나음을 깨달았을 때, 그는 죽음에 직면해서 —마치 다른 좋은 것들에 대해 그가 외면하지 않았던 것처럼— 나약해지지 않았으며, 기꺼이 죽음을 받아들였고 최후를 맞이했기 때문이다."(《소크라테스의 변론》33)

역자후기

크세노폰의 《소크라테스 회상록》을 처음 읽어 본 것은 1990년대 초반이었다. 범우사에서 나온 번역을 통해 접하게 되었으나, 너무 지루하고 재미없어서 읽다가 중도 포기했던 기억이 난다.

하지만 20여 년이 흐른 지금 다시 읽어 보니, 이 책은 예상 외로 흥미로운 내용을 많이 담고 있었고 소크라테스의 새로운 면모를 보여주고 있었다. 특히 크세노폰은 이론가 소크라테스가 아니라 실천가 소크라테스의 면모를 보여주는 데 주력하고 있다. 이를테면 소크라테스는 자신의 동료들을 모든 면에서 더 나은 사람들로 만들고자 애썼기 때문에, 이들에게 용병술이나 경영술, 정치술 그리고 심지어 건강의 비결까지 가르치고자 했다는 것이다.

역사적 소크라테스의 실제 모습을 있는 그대로 반영하고 있는 것이 플라톤의 소크라테스인지 아니면 크세노폰의 소크라테스인지는 결론내리기 어려울 듯하지만, 크세노폰은 오늘날 우리에게도 행복한 삶, 더 나은 삶이 어떤 것인지에 관해 유용한 조언을 제공해 주고 있다.

이 책을 번역하는 데 주로 참고한 원문과 번역은 다음과 같다.

E.C. Marchant & O.J. Todd (eds.), *Xenophon: Memorabilia and Oeconomicus, Symposium and Apology*, Cambridge, Massachusetts: Harvard University Press(The Loeb Classical Library), 1968.

Peter Jaerisch, *Xenophon*: *Erinnerungen an Sokrates*, Muenchen und Zuerich: Artemis Verlag, 1987.

C.D.C. Reeve (ed.), *The Trials of Socrates: Six Classic Texts,* Indianapolis/Cambridge: Hackett Publishing Company, Inc., 2002.

Amy L. Bonnette, *Xenophon: Memorabilia*, Ithaca and London: Cornell University Press, 1994.